OS NEGROS NA AMÉRICA LATINA

HENRY LOUIS GATES JR.

Os negros na América Latina

Tradução
Donaldson M. Garschagen

1ª reimpressão

COMPANHIA DAS LETRAS

Copyright © 2011 by Henry Louis Gates Jr.
Todos os direitos reservados, incluindo os direitos de reprodução do todo ou de parte.

Grafia atualizada segundo o Acordo Ortográfico da Língua Portuguesa de 1990, que entrou em vigor no Brasil em 2009.

Título original
Black in Latin America

Capa
Victor Burton

Imagem de capa
Human races (Las castas) (séc. XVIII), óleo sobre tela, 104 × 148 cm. Museo Nacional del Virreinato, Tepotzotlan, México. Foto: Hugh Sitton/ Corbis/ Latinstock.

Preparação
Flávia Lago

Índice remissivo
Luciano Marchiori

Revisão
Luciana Baraldi
Jane Pessoa

Dados Internacionais de Catalogação na Publicação (CIP)
(Câmara Brasileira do Livro, SP, Brasil)

> Gates Jr., Henry Louis
> Os negros na América Latina / Henry Louis Gates Jr. ; tradução Donaldson M. Garschagen — 1ª ed. — São Paulo : Companhia das Letras, 2014.
>
> Título original: Black in Latin America.
> ISBN 978-85-359-2426-8
>
> 1. América Latina — Civilização — Influências africanas 2. Escravidão — América Latina — História 3. Negros — América Latina — História 4. Negros — Identidade racial — América Latina 5. Relações raciais — América Latina — I. Título.

14-01780   CDD-980.00496

Índice para catálogo sistemático:
1. América Latina : Negros : Civilização : História   980.00496

[2021]
Todos os direitos desta edição reservados à
EDITORA SCHWARCZ S.A.
Rua Bandeira Paulista, 702, cj. 32
04532-002 — São Paulo — SP
Telefone: (11) 3707-3500
www.companhiadasletras.com.br
www.blogdacompanhia.com.br
facebook.com/companhiadasletras
instagram.com/companhiadasletras
twitter.com/cialetras

Para Glenn H. Hutchins

Sumário

Agradecimentos 9

Introdução 13
1. Brasil: "Que Exu me conceda o dom da palavra" 29
2. México: "A vovó preta como um segredo de família" ... 92
3. Peru: "O sangue dos incas, o sangue dos mandingas"... 135
4. República Dominicana: "Pretos atrás das orelhas" 173
5. Haiti: "Elevo-me de minhas cinzas; Deus é minha causa
   e minha espada". 208
6. Cuba: A próxima revolução cubana 251

Apêndice: Categorias de cor na América Latina 309
Referências bibliográficas 323
Índice remissivo 339

Agradecimentos

Este projeto não teria sido possível sem o apoio de um enorme grupo de pessoas dedicadas que me assessoraram em todas as fases, desde o planejamento e a produção da série de documentários *Black in Latin America* [Os negros na América Latina], com duração total de quatro horas, exibidos pelo Public Broadcasting Service (PBS), até a pesquisa, a redação e a finalização deste livro. Não tenho como lhes agradecer o suficiente. Faço aqui uma simples tentativa de reconhecer minha imensa dívida.

Antes de tudo, gostaria de agradecer aos professores que me ajudaram em todo o longo processo de pesquisa e redação dos documentários. Aprendi muito com cada um deles. Todos são especialistas na história da presença dos negros e da escravidão nos seis países examinados na série e neste livro, e serei para sempre grato a eles pela gentileza e paciência que tiveram enquanto eu pesquisava as diferentes maneiras como a questão racial e o racismo se configuraram, na América Latina, de forma diversa da encontrada nos Estados Unidos. São eles: Carlos Aguirre, Wlamyra R. de Albuquerque, Guy Alexandre, George Reid Andrews, Paul

Austerlitz, María del Carmen Barcia, Manuel Barcia, Miguel Barnet, Maribel Arrelucea Barrantes, Celsa Albert Batista, Rachel Beauvoir-Dominique, Herman Bennett, Alexandra Bronfmann, Ginetta E. B. Candelario, Glenda R. Carpio, Mónica Carrillo, Roberto Cassa, Graciela Chailloux, Sagrario Cruz-Carretero, Torres Cuevas, José "Cheche" Campos Dávila, Martha Ellen Davis, Juan Manuel de la Serna, Robin Derby, Laurent Dubois, David Eltis, Sujatha Fernandes, Ada Ferrer, Maria Filomena, Alejandro de la Fuente, Júnia Furtado, Anita González, Raymundo González, Frank Guridy, Aline Helg, Judith Hernández, Rafael Figueroa Hernández, Linda Heywood, Juliet Hooker, Laura Lewis, J. Lorand Matory, April Mayes, Elizabeth McAlister, Kathryn McKnight, Robin Moore, Lisa Morales, Arturo Motta, Abdias do Nascimento, Maria Lúcia Pallares-Burke, Franklin Franco Pichardo, Frank Moya Pons, Armando Rangel, João José Reis, Sabrina María Rivas, Tomás Fernández Robaina, Juan Rodríguez, Marilene Rosa Nogueira da Silva, Mark Q. Sawyer, Julie Sellers, Theresa A. Singleton, Katherine Smith, Carlos Hernández Soto, Edward Telles, John Thornton, Silvio Torres-Saillant, Richard Turits, Marial Iglesias Utset, Bobby Vaughn, Bernardo Vega, María Elisa Velázquez, Chantalle F. Verna, Ben Vinson III, Peter Wade, Paula Moreno Zapata e Roberto Zurbano.

Em segundo lugar, quero agradecer aos seguintes professores por terem lido e comentado várias versões preliminares deste livro: Carlos Aguirre, Laurent Dubois, Ada Ferrer, Linda Heywood, J. Lorand Matory, Frank Moya Pons, João José Reis, John Thornton, Silvio Torres-Saillant, Marial Iglesias Utset, María Elisa Velázquez e Ben Vinson III.

Além deles, gostaria de agradecer a muitas pessoas fora do meio universitário que me concederam tempo, apoio e informações para este projeto, principalmente Susana Baca, Chebo Ballumbrosio, Max Beauvoir, MV Bill, Frank Cruz, Patrick Delatour,

Bernard Diederich, coronel Víctor Dreke, Soandres del Rio Ferrer, Mestre Boa Gente, padre Glyn Jemmott, Louis Lesley Marcelin, Román Minier, Marta Moyano, Tato Quiñones, Israel Reyes, José Rijo e Eduardo Zapata.

Cabe uma palavra de agradecimento também a muitos colegas e amigos que me auxiliaram com conselhos e ânimo, em várias fases e de diversas maneiras, durante o longo e às vezes difícil processo de preparação do livro: Charlie Davidson, Anne DeAcetis, Angela de Leon, Liza e Maggie Gates, Sharon Adams, dr. Paul e Gemina Gates, Bennett Ashley, William Baker, dra. Barbara Bierer, Lawrence Bobo, Tina Brown, Alvin Carter III, Charles Davidson e seus colegas da Andover Shop, Brenda Kimmel Davy, Jorge Dominguez, James Early, Caroline Elkins, Richard Foley, Badi Foster, Despina Papazoglou Gimbel, Amy Gosdanian, Bill Grant, Vera Ingrid Grant, Merilee Grindle, Patrícia Harrison, dr. Galen Henderson, Jonathan Hewes, Evelyn Brooks Higginbotham, Glenn H. Hutchins, dr. Steve Hyman, Paula Kerger, Stephen M. Kosslyn, Paul Lucas, Mark Mamolen, Dyllan McGee e Peter Kunhardt, Ciara McLaughlin, Ingrid Monson, Marcyliena Morgan, dr. Tom Nash, Donald e Susan Newhouse, Diane Peterson, Evan Pimental, Steven Rattner, Tammy Robinson, Daniel Rose, Dr. Marty Samuels, Stephen Segaller, John Sexton, Neal Shapiro, Graham Smith, Doris Sommer, Marta Vega, Darren Walker, John Wilson, Abby Wolf, Donald Yacovone e Eric Zinner.

Quero também expressar minha profunda gratidão à equipe de produção que me ajudou a criar a versão do projeto para televisão, e que esteve ao meu lado durante cada momento: Raquel Alvarez, Fernando Continentino, Mario Delatour, Christina Daniels, Paula García, George Hughes, Beth James, Francisco Lewis, Jeanne Marcelino, Francis Martinez Maseda, Deborah McLauchlan, Raúl Rodríguez Notario, Verity Oswin, Diene Petterle, Ricardo Pollack, Tricia Power, Minna Sedmakov, Ilana Trachtman, Jemila Twinch,

Nelson Rivera Vicente e Tamsynne Westcott. Sou grato também aos pesquisadores que esquadrinharam centenas de horas de transcrições de entrevistas para me ajudar a dar forma aos roteiros de cada um dos quatro episódios da série e dos seis capítulos deste livro: Jemila Twinch, Donald Yacovone e, sobretudo, Sabin Streeter.

Por fim, não posso deixar de agradecer também aos financiadores do projeto, por sua generosidade, sobretudo a Darren Walker, Orlando Bagwell e à Fundação Ford, Richard Gilder, Lewis Lehrman, James Basker e à Fundação Gilder-Lehrman, Alphonse Fletcher Jr. e à Fundação Fletcher, Patricia Harrison, Ernest Wilson III e à Corporation for Public Broadcasting, Paula Kerger, John Wilson e à PBS, Badi Foster, Luis Murillo e Phelps Stokes, Luis Alberto Moreno e sua equipe no Banco Interamericano de Desenvolvimento, Tammy Robinson, Bill Grant, Neal Shapiro e ao Channel Thirteen/WNET, bem como todas as estações da PBS nos Estados Unidos e a seus fiéis espectadores.

Introdução

Só descobri que havia negros em outras partes do hemisfério Ocidental, além dos Estados Unidos, quando meu pai me contou qual tinha sido a primeira coisa que ele quisera ser quando crescesse. Ele era um menino mais ou menos da minha idade, disse, e sonhava em ser pastor, pois admirava o ministro da Igreja Episcopal de São Filipe, em Cumberland, no estado de Maryland, um negro que viera de um lugar chamado Haiti. É claro que eu já sabia que havia negros na África, por causa dos filmes de Tarzã e de programas de televisão como *Sheena, a rainha das selvas* e *Ramar*. Depois, em 1960, quando eu tinha dez anos e estava na quinta série, tivemos uma disciplina na escola chamada "Temas da atualidade" e aprendemos que dezessete países africanos tinham se tornado independentes naquele ano. Fiz o que pude para decorar os nomes daqueles países e de seus governantes, embora não soubesse direito por que achava esses fatos tão interessantes. Mas o que meu pai tinha me dito sobre seu desejo de infância me fez saber que em outras partes do Novo Mundo havia negros, o que achei surpreendente.

Somente em meu segundo ano na Universidade Yale, quando fiz, como ouvinte, o curso de história da arte de Robert Farris Thompson, "A tradição transatlântica: da África para as Américas negras", foi que comecei a me dar conta de que o Novo Mundo era, na verdade, muito "negro". O professor Thompson usava uma metodologia que ele chamava de "Enfoque tricontinental" — com três projetores de slides — para mostrar leitmotiven visuais recorrentes nas tradições artísticas africana, afro-americana e afrodescendente, bem como em seus artefatos, no Caribe e na América Latina. Procurava mostrar, à la Melville Herskovits, a persistência do que ele chamava de "africanismos" no Novo Mundo. Por isso, num sentido muito real, tenho de dizer que meu fascínio pelos afrodescendentes no hemisfério, ao sul dos Estados Unidos, começou em 1969, com as interessantíssimas e esclarecedoras palestras do professor Thompson. Também os cursos de antropologia de Sidney Mintz e seu brilhante trabalho sobre o papel que o açúcar desempenhou na escravidão agrária no Caribe e na América Latina tiveram o poder de despertar minha curiosidade com relação a um outro mundo negro, muito semelhante e muito diferente do nosso, ao sul de nossas fronteiras. E Roy Bryce-Laporte, primeiro professor do Programa de Estudos Afro-Americanos, que me apresentou à cultura negra de seu país de origem, o Panamá. Devo muito do que sei a respeito da cultura afro-americana no Novo Mundo a esses três mestres sábios e generosos.

No entanto, só percebi com clareza o pleno peso da presença africana no Caribe e na América Latina ao conhecer o Banco de Dados do Comércio Transatlântico de Escravos, concebido pelos historiadores David Eltis e David Richardson, e hoje mantido pela Universidade Emory. Entre 1502 e 1866, 11,2 milhões de africanos sobreviveram à terrível travessia oceânica e chegaram como escravos ao Novo Mundo. Essas estatísticas me fascinaram porque, de acordo com Eltis e Richardson, dos 11,2 milhões de africanos, só

450 mil desembarcaram nos Estados Unidos. Esse é um dado assombroso para mim e, acredito, para a maioria dos americanos. Todos os demais desembarcaram em lugares situados ao sul do país. Só para o Brasil foram 4,8 milhões. Ou seja, em certo sentido, a grande "experiência africana nas Américas" não ocorreu nos Estados Unidos, como nós, ensinados a crer no "Excepcionalismo Africano-Americano" poderíamos pensar, mas em todo o Caribe e na América Latina, se considerarmos esse fenômeno somente em termos numéricos.

Há cerca de dez anos, decidi que tentaria fazer uma série de documentários sobre esses afrodescendentes, uma sequência de quatro horas sobre a raça e a cultura negras no hemisfério Ocidental fora dos Estados Unidos e do Canadá. Fiz as filmagens no verão passado, fixando-me em seis países — Brasil, Cuba, Haiti, México, Peru e República Dominicana — e escolhendo cada um deles como representante de um fenômeno maior. Essa é a terceira parte de uma trilogia que começou com *Wonders of the African World* [Maravilhas do mundo africano], documentário em quatro episódios transmitido em 1998. A esta seguiu-se *America Beyond the Color Line* [Os Estados Unidos além da linha de cor], outra série em quatro partes levada ao ar em 2004. Em certo sentido, queria repetir a metodologia "tricontinental" de Robert Farris Thompson para fazer, em documentários de tv, uma análise comparativa desses pontos cardeais do Mundo Negro. Outro desejo era conseguir reiterar os pontos do comércio triangular atlântico: a África, as colônias europeias do Caribe e da América Latina e os negros nos Estados Unidos. *Black in Latin American*, outra série de quatro horas, é portanto a terceira parte dessa trilogia, e este livro amplia bastante o que pude incluir nela. Não seria errado dizer que tive a sorte de me encontrar, durante a última década, numa posição das mais curiosas: fazendo filmes sobre temas a respeito dos quais tenho curiosidade e sobre os quais de início eu sabia pouquíssimo, com a ajuda generosa de muitos especialistas e de vários outros informantes que entrevistei.

A pergunta mais importante que o livro procura responder é a seguinte: o que significa ser "negro" nesses países? Em tais sociedades, quem é considerado "negro", em quais circunstâncias e por quem? As respostas a tais perguntas variam bastante de um ponto a outro da América Latina e surpreenderão a maioria da população dos Estados Unidos tanto quanto surpreenderam a mim. Um antigo colega, J. Lorand Matory, antropólogo da Universidade Duke, há pouco tempo me mostrou a complexidade dessas questões num longo e-mail: "Serão as palavras que designam várias tonalidades de afrodescendentes no Brasil, como *mulatos, cafuzos, pardos, morenos, pretos, negros* etc., tipos de 'pessoas de raça negra'? Ou *pretos* e *negros* são apenas as pessoas de aspecto mais africano num cline multidirecional de combinações de cor de pele, traços faciais e textura do cabelo?". E como entram as variáveis sociais nesse quadro? Matory dizia:

> Suponhamos que duas pessoas de fenótipos muito próximos sejam classificadas de forma diferente, segundo seu nível econômico e educacional, ou que uma mesma pessoa seja descrita de maneira diferente conforme o nível de cortesia, intimidade ou nacionalismo que se deseje demonstrar. Em que contextos a mesma palavra tem uma conotação pejorativa, justificando que seja traduzida para o inglês como *nigger*, e em que outros passa a ter uma conotação afetuosa, como a do termo *negrito*?

Em que medida a relação entre raça e classe é importante? Como me disse Matory, "os debates sobre 'raça' quase sempre envolvem classe. Debatemos o valor relativo desses *dois* termos ao analisar a estrutura e a história da hierarquia em nossas duas sociedades. Os norte-americanos", concluiu ele, mordaz, "costumam ser tão cegos diante da centralidade da classe e vigilantes quanto à centralidade da raça em nossa sociedade como os latino-americanos são vigilantes em relação à realidade da classe e cegos quanto à realidade da raça." E o que dizer do termo *América Latina?* Embora ele agrupe os falantes de línguas neolatinas na mesma categoria e deixe de lado o fato de haver milhões de falantes de inglês, holandês e várias línguas crioulas em todo o Caribe e na América Latina, por questão de conveniência pareceu ser o termo mais adequado e econômico para nos referirmos, mediante consenso, a esse imenso e variado conjunto de sociedades, cada qual com sua história de escravidão, caldeamento e relações raciais.

Quanto mais estudo o tráfico transatlântico de escravos, mais me dou conta de como são complexos e extensos os contatos culturais entre os três pontos do triângulo "tricontinental" de Robert Farris Thompson, até, ou principalmente, no nível pessoal — tanto os de escravos quanto os das elites negras com europeus, americanos e outros negros. Nas escolas americanas, em geral, a história da escravidão é ensinada (quando chega a ser ensinada) mediante estereótipos simples de sequestros por brancos, dispersão de membros das mesmas tribos no estrado do leilão (a fim de impedir as comunicações e, portanto, rebeliões) e total afastamento das comunidades negras no Novo Mundo entre si e de suas origens africanas. A constatação de que alguns membros da elite africana eram agentes ativos no tráfico escravista e viajavam ao Novo Mundo e à Europa (e depois voltavam para a África) com objetivos comerciais, diplomáticos ou educacionais é, além de surpreendente, muito perturbadora.

Alguns acadêmicos que atuam na área da história da escravidão e de estudos afro-americanos (é nesse segundo grupo que me incluo) tardaram a perceber a notável extensão do contato entre os africanos com outros africanos na Europa e nas Américas (assim como, para as finalidades deste livro, demoraram a ver as semelhanças e diferenças nas experiências históricas e nas instituições sociais e culturais que os afrodescendentes criaram em todo o hemisfério Ocidental). Entretanto, desde os séculos XVII e XVIII, ou mesmo antes, intelectuais, escritores, músicos e elites de cor há muito acham-se bem informados uns sobre os outros. Por exemplo, as comunicações entre governantes africanos e as cortes europeias tiveram início numa fase muito recuada da era moderna. Sabemos, por exemplo, por registros visuais em arquivos, que emissários de monarcas da Etiópia e do reino do Congo estiveram no Vaticano, já nos séculos XV e XVI, respectivamente, e estabeleceram com a Santa Sé relações diplomáticas formais. Uma das almofadas de bronze na porta da basílica de São Pedro representa uma comitiva etíope diante do papa Eugênio IV, no Concílio de Florença (1439). E em 1604, o rei Álvaro II, do Congo, enviou Antônio Emanuele Funta (ou Ne Vunda), através do Brasil e da Espanha, para servir como seu embaixador no Vaticano, durante o papado de Paulo V. O embaixador lá chegou em 1608, ano em que morreu.

O papel das elites africanas no comércio transatlântico de escravos, na primeira metade da década de 1500, levou a negociações diplomáticas e comerciais entre a Europa e a África, e entre a África e o Brasil, por exemplo. E era evidente que isso acontecia, desde que concedamos aos africanos o mesmo grau de iniciativa que presumimos aos europeus no exercício do tráfico de escravos, que era antes de tudo, lamento dizer, um negócio. Mas a esses contatos comerciais seguiram-se também aqueles entre letrados e intelectuais. "El negro Juan Latino", um ex-escravo que trazia sua africanidade no nome, tornou-se o primeiro professor africano de gramática na Universidade de Granada e o primeiro africano a publicar um livro de poesia em latim, em 1573. Latino é mencionado no começo de *Dom Quixote* e citado em dicionários biográficos do século XVIII como indicação da "perfectibilidade" dos africanos. O etíope Abbas Gregorius colaborou com um alemão na criação da primeira gramática do amárico, menos de um século depois do sucesso de Juan Latino. Lembramo-nos dele não só por sua gramática, como também devido a uma admirável imagem sua que foi conservada. Entretanto, homens e mulheres de letras de todo o mundo negro também parecem ter sentido um certo fascínio recíproco e ter se inspirado nas realizações uns dos outros, ainda que apenas através de obras como *De la Littérature des nègres*, do *abbé* Henri Grégoire, publicada em 1808. Em 1814, o imperador haitiano Henri Christophe encomendou cinquenta exemplares do livro de Grégoire e convidou-o a visitar seu reino.

Talvez, da mesma forma que na baixa Idade Média o latim e o catolicismo conferiam a homens e mulheres de letras (digamos, onde hoje fica a Itália ou nos territórios da atual Alemanha ou França) um certo grau de cultura comum, ainda que os trabalhadores ou servos nessas sociedades não tivessem o mesmo acesso a essa identidade, também os escritores negros em Boston e Nova York, em Londres e Paris, na Jamaica e na Costa do Ouro, durante todo o século XVIII, podiam saber da existência dos outros, e às vezes teciam comentários sobre a vida deles, liam e discorriam sobre seus livros e viajavam entre a África e a Europa, os Estados Unidos e a Europa ou entre a África, a América Latina, os Estados Unidos e a Europa. Lembro-me de Jacobus Capitein e Anton Wilhelm Amo, da Costa do Ouro, que frequentaram universidades na Europa antes de voltarem para a África; do jamaicano Francis Williams, um dos primeiros negros a se formar em direito na Lincoln's Inn, em Londres (Hume menosprezou sua obra no influente ensaio "Os caracteres nacionais", de 1754), e que voltou para a Jamaica depois de formado para fundar uma escola, tal como fez Capitein na Costa do Ouro; da poeta Phillis Wheatley, muito conhecida e comentada, a primeira pessoa de origem africana a publicar um livro de poesia em inglês, que viajou a Londres para esse fim e ali serviu de inspiração a alguns abolicionistas negros; do mestre da epístola Ignatius Sancho, que se correspondeu com Sterne e escreveu sobre a enorme importância de Phillis Wheatley; e dos primeiros cinco autores de um novo gênero literário, as narrativas de escravos, que revisaram o que chamo de "o tropo do livro falante" nas memórias que cada um escreveu sobre sua escravização. Um deles, Olaudah Equiano (Gustavus Vassa), nascido na África, esteve em catorze ilhas nas Índias Ocidentais como escravo (entre elas as Bahamas, Barbados, Jamaica, Montserrat, São Cristóvão e a Costa do Mosquito) e os Estados Unidos antes de, por fim, radicar-se na Inglaterra como liberto. Os adversários da escravidão citavam com frequência muitas dessas pessoas como uma prova concreta de que o africano era, ao menos potencialmente, tão capacitado do ponto de vista intelectual quanto os europeus. Isso, portanto, era um argumento em favor da abolição da escravatura. Com efeito, Grégoire dedicou seu livro a Amo, Sancho, Vassa, seu amigo Cugoano e Wheatley, entre outros.

Com o crescimento da comunidade de afro-americanos libertos no século XIX, nos Estados Unidos, multiplicaram-se os contatos com o Caribe e a América Latina. Os abolicionistas negros Henry Highland Garnet e Frederick Douglass constituem dois exemplos notáveis. Garnet, abolicionista militante, o primeiro pastor negro a pregar na Câmara dos Representantes e pioneiro no movimento de colonização negra, viajou a Cuba como camareiro, antes dos dez anos de idade, e em 1849 fundou a Sociedade de Civilização Africana, entidade que lutava pela emigração de pretos libertos para o México e as Índias Ocidentais, assim como para a Libéria. Garnet foi missionário durante três anos na Jamaica. Em 1881, foi nomeado ministro dos Estados Unidos na Libéria, onde morreu dois meses depois e onde foi sepultado. Frederick Douglass, entre 24 de janeiro e 26 de março de 1871, atuou, nomeado pelo presidente americano Ulysses S. Grant, como secretário assistente da comissão enviada a São Domingos para avaliar a possibilidade de anexar a República Dominicana como o primeiro estado negro do país, segundo Douglass, que por essa razão apoiou o plano com entusiasmo. Entre 1889 e 1891, Douglass serviu como cônsul-geral dos Estados Unidos no Haiti e encarregado de negócios na República Dominicana. Durante esse período, escreveu vários ensaios e discursos sobre a Revolução Haitiana e seu líder, Toussaint L'Ouverture, e a importância do Haiti como "uma das nações mais civilizadas do mundo", título de um discurso que proferiu em 2 de janeiro de 1893. Mesmo na literatura afro-americana do século XIX, Cuba tinha forte presença, como mostram, por exemplo, o romance *Blake* (publicado em 1859 e 1861-2 em folhetim) e um conto editado por Thomas Detter em 1871, intitulado "O escravo oitavão de Cuba".

No século XX, como era de esperar, os contatos aumentaram em número e grau. Como observa o historiador Frank Andre Guridy, no começo do século, Booker T. Washington manteve um amplo relacionamento com intelectuais cubanos negros, como Juan Gualberto Gómez, cujo filho estudou em Tuskegee. A primeira edição cubana de sua autobiografia saiu em 1903, apenas dois anos após ter sido publicada nos Estados Unidos. Em seu Instituto Tuskegee, Washington criou programas para que estudantes cubanos negros se formassem em cursos profissionalizantes, em artes e ofícios industriais. Seu programa educacional também influenciou o pensamento do intelectual brasileiro negro Manuel Querino.

Sabe-se hoje, também graças à pesquisa de Frank Guridy, que nas primeiras décadas do século XX, a Associação Universal para o Progresso Negro (Universal Negro Improvement Association, UNIA), de Marcus Garvey, teve maior presença em toda a área do Caribe e da América Latina do que poderíamos imaginar. Como seria de esperar, Garvey deu aos navios da Linha Black Star nomes de heróis negros, como Phillis Wheatley e Frederick Douglass, mas também o de Antonio Maceo, o "Titã de Bronze", um dos principais generais da guerra de independência cubana e um dos fundadores de Cuba. A primeira escala do *Frederick Douglass*, em sua viagem de 1919 pelo Caribe, foi em Cuba; naquele ano criou-se a filial cubana da UNIA, e Garvey visitou Cuba dois anos depois, em março de 1921, em uma viagem coberta pelo jornal *Heraldo de Cuba*, de Havana. Na verdade, Cuba tinha mais filiais da UNIA do que qualquer outro país, exceto os Estados Unidos. A UNIA cubana funcionou até 1929, quando foi fechada pelo governo Machado, que lançou mão do mesmo instrumento, a Lei Morua, que fora utilizado em 1912 para proscrever o Partido Independiente de Color, negro, e a organização de partidos políticos segundo linhas raciais.

W. E. B. Du Bois — ele próprio de origem haitiana por parte de pai, o qual nascera ali em 1826 — orgulhava-se do fato de que muitos afro-latino-americanos participaram da Conferência Pan-Africana de Londres, em 1900, e do primeiro Congresso Pan-Africano de Paris, em 1919. A conferência de 1900 teve a presença de representantes de São Cristóvão, Trinidad, Santa Lúcia, Jamaica, Antigua e Haiti. Nas páginas de *The Crisis*, Du Bois informou que treze representantes das Índias Ocidentais Francesas compareceram ao congresso de 1919 (apenas três a menos que a delegação dos Estados Unidos), além de sete do Haiti, dois das colônias espanholas, um da colônia portuguesa e um de São Domingos. Segundo ele, Tertullian Guilbaud tinha vindo de Havana, "Candace" e "Boisneuf", de Guadalupe, "Lagrosil", das Índias Ocidentais Francesas e "Grossillere", da Martinica. Du Bois diz ainda que o congresso recebeu Edmund Fitzgerald Fredericks, "um negro de sangue puro" da Guiana Britânica.

A historiadora Rebecca Scott descobriu que os cubanos Antonio Maceo e Máximo Gómez não só visitaram os Estados Unidos, como alugaram juntos uma casa em New Orleans, no bairro de Faubourg Treme, em 1884. Como não poderia deixar de ser, o papel crucial de soldados e oficiais negros, como Maceo, na Guerra Hispano-Americana atraiu a atenção de jornalistas, intelectuais e ativistas negros em todo o território dos Estados Unidos. Du Bois, é claro, cobria regularmente fatos referentes às comunidades negras em todo o Caribe e na América do Sul, bem como na África, nas páginas de *The Crisis*, e publicou o relato do porto-riquenho Arturo Schomburg sobre o massacre cubano de 3 mil adeptos do Partido Independiente de Color, em 1912.

James Weldon Johnson, talvez o "homem renascentista" do Renascimento do Harlem, manteve profusos contatos com afro-latino-americanos. Nomeado cônsul na Venezuela em 1906, em 1909 foi transferido para a Nicarágua. Em 1920, a Associação Nacional para o Avanço de Pessoas de Cor (National Association for the Advancement of Colored People, NAACP) determinou que Johnson averiguasse acusações de abusos por parte de fuzileiros navais americanos da força de ocupação. Numa série de reportagens em três partes, publicadas na revista *Nation*, na década de 1920, ele denunciou as intenções imperialistas da ocupação americana no Haiti. Essas reportagens foram publicadas em livro com o título *Self-Determining Haiti* [O Haiti autônomo]. Em sua autobiografia, *Along This Way* [Por este caminho], Johnson narra uma história curiosa e divertida. No momento exato em que ele e um companheiro, que viajavam de trem, estavam para ser postos para fora de um "vagão de primeira classe", ou seja, exclusivo para brancos, e levados para o vagão destinado aos negros, começaram a falar um com o outro em espanhol. Eis o que aconteceu em seguida:

> Assim que o condutor nos ouviu conversar numa língua estrangeira, sua atitude mudou; perfurou nossos bilhetes, que nos foram devolvidos, e tratou-nos com a mesma civilidade que dispensava aos demais passageiros no vagão. [...] Esse foi meu primeiro contato com o preconceito racial como fato concreto. Quinze anos de-

pois, uma experiência semelhante à que tive com esse condutor me fez chegar à conclusão de que qualquer tipo de negro viveria uma situação como essa, desde que não fosse cidadão americano.

Esses níveis de contato não ocorriam somente entre intelectuais ou escritores e na esfera diplomática. Histórias sobre jogadores de beisebol negros que fingiam ser cubanos faziam parte do folclore da cultura popular negra quando eu era menino. Já no fim do século XIX, equipes das Ligas Negras de Beisebol participavam de certames em Cuba e até assumiam nomes "cubanos", como os Cuban Giants, os Cuban X-Giants, os Genuine Cuban Giants (uma equipe chamava-se Columbia Giants). E vários times "cubanos", que presumivelmente contavam com atletas cubanos, negros e brancos, e alguns afro-americanos, atuavam nos Estados Unidos com esses nomes, desafiando a barreira da cor. Entre eles estavam o All Cubans, o Cuban Stars (Oeste), o Cuban Stars (Leste) e o New York Cubans. Assim, o que poderia ser considerada uma "consciência transnacional negra" desdobrou-se em muitos níveis de cultura, alta e baixa, entre afro-americanos e negros no Caribe e na América Latina, e com a mesma amplitude nas artes e nas letras quanto em formas culturais populares, como os esportes.

É claro que nos ocorrem várias parcerias raciais na área da música, como "Cubana Be, Cubana Bop", gravada em 1948, por Dizzie Gillespie, Chano Pozo e George Russell, como também os discos *Orgy in Rhythm*, gravado por Art Blakey, Sabu Martinez e Carlos "Patato" Valdés, em 1957, e *Uhuru Afrika*, gravado em 1960 por Randy Weston e Candido Camero, apenas para mencionar alguns exemplos antigos mais importantes.

Havia relacionamentos complexos entre escritores e críticos negros do Renascimento do Harlem, sobretudo Langston Hughes, que morou ao todo um ano e meio com o pai no México e traduziu obras de escritores caribenhos, como Nicolás Guillén e Jacques

Roumain, do espanhol e do francês para o inglês. Como modelos a seguir, Hughes e seus companheiros, criadores do Renascimento do Harlem, foram fundamentais para Aimé Césaire e Leopold Sédar Senghor, fundadores do movimento da *Négritude* em Paris, em 1934. Ambos os movimentos sofreram influência direta do trabalho pioneiro de Jean Price-Mars, na área de tradições vernáculas negras e do vodu como religião, em obras como *Ainsi Parla l'Oncle* [Assim falou o tio].

Em suma, é óbvio que durante bem mais de 250 anos, em vários graus e níveis, houve uma multiplicidade de comunidades intelectuais pan-africanas, cada qual com uma viva consciência da existência das outras, que contavam com apoio e motivação recíprocos para combater o racismo nos hemisférios Norte e Sul: na África, na América Latina, no Caribe e nos Estados Unidos. E pode-se argumentar que agora são os especialistas em estudos da diáspora que estão chegando ao ponto em que, durante muito tempo, estavam escritores, artistas plásticos, ativistas, atletas e intelectuais que julgavam ter em comum um certo tipo especial de postura "negra" no Novo Mundo.

Malgrado as singularidades das histórias da escravidão e das pessoas de origem africana em cada um dos seis países examinados aqui, alguns temas se repetem. Em certo sentido, este livro constitui um estudo do crescimento e do fim da economia açucareira, como também dos ciclos do café e do fumo, em vários desses países. Na maioria dessas sociedades ocorreu, já desde os primórdios do tráfico negreiro, uma intensa miscigenação e cruzamento genético entre senhores e escravos. Vários desses países patrocinaram políticas oficiais de "branqueamento", mediante a imigração de europeus, visando diluir o número de seus cidadãos negros ou de mestiços mais escuros.

Aliás, com relação à cor da pele, cada um desses países tinha (e continua a ter) muitas categorias de cor e tom, desde apenas doze na República Dominicana e dezesseis no México, a 134 no Brasil, o que, em comparação, faz empalidecer o uso de palavras como *octoroon* (oitavão), *quadroon* (quadrarão) e *mulatto* nos Estados Unidos. As categorias latino-americanas de cor podem dar a um americano a impressão de terem sofrido o efeito de um tratamento com esteroides. Ao falar com pessoas que ainda empregam essas categorias em conversas cotidianas sobre raça em suas sociedades, compreendi que é extremamente difícil para nós, nos Estados Unidos, enxergar no uso dessas categorias o que elas realmente são: a desconstrução social da oposição binária entre "preto" e "branco", fora do filtro da "regra de uma gota" que nós, americanos, herdamos de leis racistas destinadas a manter os filhos de um branco e de uma escrava negra como propriedade do senhor dessa escrava. Muitos de nós, nos Estados Unidos, consideramos o uso dessas palavras como uma tentativa de uma pessoa "passar" por qualquer coisa que não seja "preto", e não como termos específicos, do ponto de vista histórico e social, que pessoas de cor inventaram e continuam a usar para descrever uma realidade complexa, maior do que os termos *preto*, *branco* e *mulato* conseguem abarcar.

Após dilatados períodos de "embranquecimento", várias dessas mesmas sociedades iniciaram períodos do que chamo de "mestiçagem", exaltando e reconhecendo suas raízes trans e multiculturais, declarando-se singulares justamente devido à extensão da mistura racial de seus cidadãos. (A abolição de "raça" como uma categoria oficial nos recenseamentos federais de alguns países que visitei, como o México e o Peru, tornou extremamente difícil para as minorias negras exigir seus direitos.) O trabalho de José Vasconcelos, no México, de Jean Price-Mars, no Haiti, de Gilberto Freyre, no Brasil, e de Fernando Ortiz, em Cuba, formou uma espécie de quarteto multicultural, mesmo que cada um deles tenha abordado o tema de perspectivas diferentes, embora correlatas. Todavia, as teorias de "mestiçagem", abraçadas por Vasconcelos, Freyre e Ortiz, podiam ser facas de dois gumes: valorizavam as raízes negras de suas sociedades, mas, às vezes, pareciam denigrir implicitamente a importância dos artefatos e das práticas culturais negras fora de uma ideologia da mestiçagem. No fim das contas, o que todas essas sociedades têm em comum? Resposta: o fato lamentável de que, em todas elas, as pessoas de origem africana "mais pura" ou "sem mistura" ocupam, desproporcionalmente, a parte mais baixa da escala econômica. Em outras palavras, as pessoas de pele mais escura, de cabelo mais encarapinhado e de lábios mais grossos formam em geral o grupo mais pobre da sociedade. Ou seja, nesses países, a pobreza foi construída socialmente em torno de graus de origem africana óbvia. Uma das questões mais importantes estudadas neste livro é se — ou como — esse fato econômico é um legado da escravidão, de histórias longas e específicas de racismo, mesmo em sociedades que se vangloriam de ser "democracias raciais", "livres de racismo" ou "pós-raciais". Trata-se de uma questão que clama por ser explorada e atacada pelas políticas sociais de cada um dos seis países.

1. Brasil

"Que Exu me conceda o dom da palavra"

De modo geral, a emancipação [no Brasil] foi pacífica, e os brancos, negros e índios estão hoje se amalgamando numa nova raça.

W. E. B. Du Bois, 1915

Faz muito tempo que, na América do Sul, temos feito de conta que vemos uma possível solução no amálgama de brancos, índios e negros. Entretanto, esse amálgama não prevê nenhuma redução do poder e do prestígio dos brancos, em relação aos dos índios, dos negros e dos mestiços, e sim uma inclusão, no chamado grupo branco, de uma porção considerável de sangue escuro, ao mesmo tempo que se mantêm a barreira social, a exploração econômica e a privação dos direitos políticos do sangue negro como tal. [...] E apesar dos fatos, nenhum brasileiro ou venezuelano ousa jactar-se de seus ancestrais negros. Por isso, o amálgama racial na América Latina nem sempre ou raramente traz consigo uma ascensão social e um esforço planejado para levar os mulatos e mestiços à liberdade num Estado democrático.

W. E. B. Du Bois, 1942

Durante muito tempo, a palavra "raça" só me trazia à mente imagens de negros nos Estados Unidos. Por mais tolo que hoje isso possa parecer, naquele tempo, para mim, *raça* era um codinome que designava os negros e suas relações com os brancos em meu país. Creio que se trata, provavelmente, de algum tipo de excepcionalismo afro-americano para pessoas de minha idade, que chegaram à maioridade por ocasião do Movimento pelos Direitos Civis do fim dos anos 1950 e da década de 1960. Mesmo hoje, em nossa era de multiculturalismo, às vezes ainda tenho de me lembrar de dois fatos: primeiro, que *raça* não é somente um fato negro, que *raça* (palavra com que a maioria das pessoas pretende dizer etnicidade) designa diversos tipos de pessoas, representando todo um leque de etnicidades, em muitos lugares diferentes; segundo, que os afro-americanos nos Estados Unidos não têm uma patente sobre o termo ou sobre as condições sociais que resultaram da escravidão ou da triste história das relações raciais que se seguiram à escravidão norte-americana.

Cabe dizer que os afro-americanos não têm uma patente *principalmente* sobre a escravidão em todo o Novo Mundo, como vim a compreender bem mais tarde. Quando adolescente, eu simplesmente supunha que a experiência da escravidão no Novo Mundo era dominada por nossos ancestrais, que chegaram aos Estados Unidos entre 1619 e a Guerra de Secessão. E creio que muitos americanos ainda pensam assim. A verdade, porém, é que os ancestrais escravos dos afro-americanos atuais foram só uma fração ínfima — menos de 5% — de todos os africanos importados para as Américas a fim de trabalhar como escravos. Mais de 11 milhões de africanos sobreviveram à travessia atlântica e chegaram ao Novo Mundo, e desses, inacreditavelmente, apenas cerca de 450 mil desembarcaram nos Estados Unidos. Ou seja, a experiência africana "real" no Novo Mundo, com base somente em números, desenrolou-se ao sul de nossa longa fronteira meridional, ao sul de Key West, ao sul do Texas, ao sul da Califórnia — nas ilhas do Caribe e em toda a América Latina. E nenhum país do hemisfério Ocidental recebeu mais africanos do que o Brasil.

A primeira vez em que pensei em raça, integração, segregação ou cruzamento fora do contexto dos Estados Unidos, das leis Jim Crow* e do Movimento pelos Direitos Civis foi, provavelmente, na noite em que assisti ao filme *Orfeu do Carnaval*. Eu vinha pensando muito sobre a África e sobre os negros que viviam na África desde que cursara a quinta série, em 1960, o grande ano da descolonização africana, quando dezessete nações do continente se tornaram independentes. Entretanto, pensar em negros e na África não é o mesmo que pensar em raça. Não, isso aconteceu, pela primeira vez, em meu segundo ano em Yale, e assisti a *Orfeu do Carnaval* como parte de um trabalho intitulado "Da África às Américas Negras", o curso de história da arte ministrado por Robert Farris Thompson.

Orfeu do Carnaval, dirigido por Marcel Camus e rodado no Brasil, foi lançado em 1959 e aclamado pela crítica. Ganhou a Palma de Ouro no Festival de Cannes, naquele ano, o Oscar de melhor filme em língua estrangeira e o Globo de Ouro de melhor filme estrangeiro em 1960. Baseado na peça *Orfeu da Conceição*, de Vinicius de Moraes, uma adaptação da lenda de Orfeu e Eurídice, o filme é ambientado sobretudo no morro da Babilônia, no bairro do Leme, no Rio de Janeiro. Cinquenta anos depois, o filme impressiona por transpor, à perfeição, um conto clássico grego para o mundo dos negros e mulatos cariocas, sem pregação sobre raça ou classe, sem protesto social ou propaganda. Apenas assume suas teses, por assim dizer. Os principais personagens gregos estão pre-

---

* Leis estaduais e municipais, promulgadas entre 1876 e 1965, para impor a segregação racial de jure nos estados do sul dos Estados Unidos, em contraposição à segregação de facto em vigor no norte. (N. T.)

sentes, entre eles Hermes, o mensageiro dos deuses, e Cérbero, o cão de três cabeças que monta guarda nas portas do Hades, além, é claro, de Orfeu e Eurídice, representados pelo atlético Breno Mello e por Marpessa Dawn, lindíssima, a deusa do cinema negro brasileiro, que, no entanto, nasceu em Pittsburgh, na Pensilvânia, de ascendentes filipinos e afro-americanos.

Três coisas me fascinaram quando vi esse filme. A primeira, como já disse, foi a tradução perfeita do mito grego para um contexto brasileiro, com a raça dos personagens encarada como natural e não trombeteada ou repisada em nenhum momento. A segunda foi o uso da umbanda e do candomblé, religiões afro-brasileiras. Quando Orfeu desce ao Hades (por uma escada em espiral numa repartição pública que informa sobre pessoas desaparecidas) para procurar Eurídice e tirá-la de lá, o "Hades" é mostrado como um ritual de umbanda, com as filhas de santo vestidas de branco e o orixá iorubá Ogum. O espírito de Eurídice incorpora-se numa dessas filhas de santo e fala a Orfeu. Do ponto de vista sociológico, chama a atenção o fato de praticamente todos no filme serem negros ou mulatos. Figuram nele pouquíssimos brancos, e nenhum deles num papel de destaque; o mesmo, descobri depois, ocorre no romance de Zora Neale Hurston, *Their Eyes Were Watching God* [Os olhos deles viam Deus]. Ao assistir ao filme, meus amigos e eu achamos que o Brasil era o mais extraordinário dos lugares: uma democracia mestiça. A julgar pelo filme, o Brasil era mulato. Para nós, *Orfeu do Carnaval* parecia um equivalente cinematográfico da teoria de Gilberto Freyre sobre o Brasil como uma democracia racial. E tudo aquilo me fez desejar visitar o país, mas, para ser honesto, com a vã esperança de topar com uma das filhas da bela Marpessa Dawn.

Pensava em tudo isso, durante o voo (sobrevoando a Amazônia, imagino) para minha primeira visita ao Brasil, rumo ao Carnaval, em fevereiro de 2010. Entre 1561 e 1860, o Brasil, como vimos, foi o destino final de quase 5 milhões de escravos africanos — alguns deles, talvez, meus primos distantes. No entanto, não era para isso que minha mente me levava. Por mais que tentasse, não conseguia parar de pensar no Brasil de minha imaginação: o fausto e a empolgação dos desfiles de Carnaval; suas misturas sincréticas de elementos culturais indígenas, africanos e europeus; a dança ao som de uma música nascida na África; as religiões de origem iorubá, fon e angolana fundidas no candomblé e na umbanda; as muitas expressões regionais das religiões afro-brasileiras, como o xangô, o batuque e o tambor de mina. Todas essas formas culturais eram aspectos notáveis de uma cultura nacional irresistivelmente vibrante, criada com base nas múltiplas contribuições da diversidade multiétnica da população — um mar de belos rostos mestiços, com sorrisos brancos brilhantes, ao menos como eu os via em minhas lembranças de *Orfeu do Carnaval*.

Muito do sincretismo cultural brasileiro se manifesta no Carnaval, e a mais "africana" das várias manifestações das tradições carnavalescas do Brasil ocorre a cada ano na Bahia. Ao embarcar no avião que me levaria de São Paulo a Salvador — lotado de turistas brasileiros de outros estados do país, de turistas de outros países e até de outros afro-americanos, alguns dos quais, como vim a saber, eram visitantes habituais —, comecei a imaginar o que, exatamente, eu encontraria quando o avião pousasse. Como cerca de 43% de todos os escravos embarcados para as Américas acabaram no Brasil, hoje mais de 97 milhões de brasileiros, numa população total de 190 milhões, têm um nível substancial de genes africanos e se identificam como pardos ou negros no censo federal (entre cinco categorias: branca, preta, amarela, parda e indígena). Isso torna o Brasil o segundo país de população negra no mundo, depois da Nigéria, se usarmos as definições raciais empregadas nos Estados Unidos. (O Brasil, pode-se dizer, é geneticamente pardo, embora haja algumas áreas do país, como Porto Alegre, que são esmagadoramente brancas.) E um terço dos escravos brasileiros — cerca de 1,5 milhão — desembarcou no Brasil pelo porto da Bahia.

Graças ao Banco de Dados do Comércio Transatlântico de Escravos, sabemos hoje que 70% deles vieram de Angola, e que grande parte das religiões afro-brasileiras provém de duas fontes: a primeira, dos iorubás do oeste da Nigéria e do Benin; e, a segunda, do que os historiadores Linda Heywood e John Thornton chamam de "catolicismo angolano", que tinha raízes em Angola e foi trazido ao Brasil pelos escravos. (O catolicismo angolano surgiu do engenhoso e deliberado sincretismo, promovido pelo rei Afonso I do Congo [Mvemba a Nzinga], entre o cristianismo e os cultos centro-africanos chamados "xinguilas" pelos portugueses, processo que já se achava bem avançado em 1516, antes, portanto, da presença de africanos no Brasil. E o catolicismo angolano era, em todos os aspectos, uma religião africana, tanto quanto a religião iorubá dos orixás. Quando chegaram ao Brasil, muitos escravos de outras partes da África converteram-se ao catolicismo, não da maneira como a religião era praticada em Portugal, mas como era praticada em Angola, e, de fato, muitos foram catequizados, de modo formal ou informal, por angolanos.) E esse sincretismo se manifesta na religião chamada candomblé, um dos mais sedutores produtos da cultura pan-africana no Novo Mundo. O candomblé é a essência da cultura negra no Brasil. E se a cultura negra brasileira tem uma capital, sem dúvida é a Bahia.

Eu sabia também que o Brasil era um lugar de contradições. Foi o último país do hemisfério Ocidental a abolir a escravatura, em 1888, pouco depois de Cuba (1886). Mas foi também o primeiro a afirmar estar isento de racismo, e a tese da "democracia racial" de Gilberto Freyre era considerada uma doutrina oficial brasileira. Quando li textos sobre o Brasil na faculdade, no fim da década de 1960, o país ainda era visto, em geral, como uma sociedade modelo de um mundo pós-racial — bem diferente dos Estados Unidos, cuja rígida segregação o Movimento pelos Direitos Civis tentava desmontar —, embora essa ideologia de democracia racial fosse desmerecida (Du Bois criticou-a em 1942) e a ditadura militar tenha acabado com o debate sobre raça e racismo no país. Na realidade, o Brasil é um dos países de maior mistura racial no planeta — uma nação híbrida cuja população descende, principalmente, de africanos, de europeus e de seus primeiros habitantes indígenas. Nos Estados Unidos, todos os afrodescendentes são classificados como negros; no Brasil, as categorias raciais passaram por um processo anabolizante e existem pelo menos 134 categorias de afro-brasileiros. Os brasileiros, ou pelo menos assim me disseram, creem que a cor está nos olhos de quem a vê. Entretanto, quem são os afro-brasileiros? E o que eles pensam de sua história — de sua própria relação com a África e com a negritude? Eu queria ouvi-los.

A Bahia me inflamara a imaginação, pois grande parte dos estudos a respeito de vestígios da África no Novo Mundo aborda ritos e práticas culturais que ganharam corpo ali. Há quinhentos anos, os portugueses criaram um império açucareiro nessa região, nos atuais estados da Bahia e de Pernambuco — uma das maiores economias de plantations do mundo. De início, usaram-se índios como mão de obra agrária, mas o número deles se mostrou insuficiente. Os portugueses precisavam de braços escravos para atender à demanda de trabalhadores, e por isso os africanos foram importados em grande número. Os primeiros vieram das ilhas atlânticas dominadas pelos portugueses, como trabalhadores qualificados empregados no processo de produção do açúcar. Com o aumento da demanda pelo produto, o número de escravos enviados ao Brasil cresceu de forma exponencial. Angola tornou-se a fonte principal desses escravos.

Em 1600, o Brasil produzia metade do açúcar do mundo, graças à mão de obra de escravos africanos. Eu estava ansioso para conhecer aquele lugar, o primeiro a ser visto por tantos africanos ao desembarcar dos navios negreiros, decerto aterrorizados e absolutamente desorientados, temerosos de seu destino no Novo Mundo e, alguns, até convencidos de que estavam ali para ser devorados por canibais brancos! Entretanto, nada que sonhara ou imaginara, nada do que lera ou até pesquisara, havia me preparado para o que experimentei na Bahia. Saí de meu carro numa rua movimentada, olhei em torno e pensei: "Meu Deus, estou de volta à *África!*". Falo a sério. Para onde quer que eu olhasse, via brasileiros com a África estampada em seus rostos e, com a mesma intensidade, em sua cultura. Do outro lado da rua, vi uma mulher com um turbante igual à que eu vira poucos anos antes na Nigéria. Devido à longa história de intercâmbio cultural entre a Bahia e a África Ocidental, que remontava ao século XIX, panos e outros objetos culturais dessa região tinham vindo junto com os escravos.

Poucos percebem que o tráfico dos iorubás entre o Brasil e a Nigéria foi uma via de mão dupla pelo menos desde o começo do século XIX, quando um número crescente de escravos libertos voltou para a África após a supressão da rebelião muçulmana de 1835, causando, entre outras coisas, uma polinização cruzada nas práticas religiosas dos iorubás. Hoje em dia, fui informado, alguns negros brasileiros, com consciência cultural, tentam ser "autênticos", e artigos como panos ainda são importados, embora tecidos brasileiros sejam os mais utilizados por adeptos do candomblé e por negros de classe média, já que o tecido importado é caríssimo. A Bahia orgulha-se de suas raízes e de sua herança africana, sobretudo por ocasião do Carnaval. As pessoas ali são mais "africanas", do ponto de vista genético, do que em qualquer outra região muito populosa do Brasil. Os cheiros no ar, o modo como os homens caminham na rua, o jeito como as mulheres andam, as formas de culto e suas crenças religiosas, os pratos que comem — tudo me lembrou demais as coisas que eu tinha visto, cheirado e ouvido na

Nigéria e em Angola, mas transplantadas para o outro lado do oceano — semelhantes e familiares, mas diferentes: África, sim, mas com um toque do Novo Mundo, uma África com variantes claras.

Magnetizado, avidamente atento às filhas de Marpessa Dawn que eu ia vendo, caminhei horas pelas ruas antes de chegar ao meu primeiro encontro, com João José Reis, professor de história na Universidade da Bahia. Queria compreender o que ocorrera ali, e por isso queria começar com o professor Reis, que dedicou toda sua vida profissional ao estudo da história da escravidão no Brasil. Logo de saída, ele me disse que o número de africanos trazidos para o Brasil como escravos fora dez vezes maior do que o dos levados para os Estados Unidos. Os motivos disso, explicou, eram de ordem econômica e geográfica. O Brasil ficava mais perto da África do que qualquer outro destino importante no Novo Mundo (muito mais perto do que as colônias inglesas no Caribe ou na América do Norte). Na verdade, embora isso aparentemente não faça sentido, para um navio que partisse de certos portos africanos com destino à Europa, era mais fácil chegar lá passando pelo Brasil. Além disso, as terras do Recôncavo Baiano, em torno da baía de Todos os Santos, onde em 1549 se fundou Salvador, a capital da Bahia, eram férteis e adequadas a um dos produtos agrícolas mais cobiçados e lucrativos na época — o açúcar. Por isso, no início do século XVII, *açúcar* e *Brasil* eram sinônimos. E praticamente todo o açúcar era produzido por escravos. O açúcar é um dos temas em destaque neste livro. Com o deslocamento do centro da produção açucareira do Brasil para o Haiti e dali para Cuba, também mudaram, ao longo de um período de duzentos anos, o volume do comércio de escravos e o tamanho da população escrava. Embora tanto o México quanto o Peru tivessem engenhos de açúcar, com mão de obra escrava, em sua maioria os afro-mexicanos e afro-peruanos viviam em áreas urbanas. Muitos trabalhavam na indústria têxtil e outros ainda produziam alimentos nas cidades. Na

Colômbia, ou "Nova Granada" (área não tratada aqui), trabalhavam sobretudo em minas, e não com o açúcar.

"Salvador, Bahia, foi uma das cidades atlânticas mais importantes nos séculos XVI e XVII e durante todo o século XVIII", disse-me Reis, com a paciência de um grande mestre habituado a dar aulas a universitários americanos absolutamente despreparados. "No século XIX, a cidade vivia cheia de estrangeiros que vinham da Europa, dos Estados Unidos, do Caribe e da África. Era uma sociedade multicultural, uma sociedade cosmopolita, talvez até mais do que hoje em dia." O Brasil era um dos destinos preferenciais de aventureiros e, por isso, muitos europeus que iam para a Bahia eram homens solteiros. Nas colônias britânicas da América do Norte, era comum que chegassem famílias inteiras para começar vida nova. Contudo, no começo da história da Bahia, portugueses solteiros eram a norma, e eles faziam conquistas sexuais onde conseguiam — de forma brutal ou coerciva e, às vezes, consensual —, primeiro entre as mulheres nativas e, depois, entre as escravas africanas. Assim começou o caldeamento racial que viria a definir o Brasil.

Perguntei ao professor Reis como eram tratados esses escravos, sobretudo em comparação com o tratamento dado aos escravos nos Estados Unidos. Eram tratados melhor, de forma mais humana, do que os americanos? A resposta positiva, é claro, faz parte da explicação de Gilberto Freyre para a origem da "democracia racial" do Brasil, e hoje está integrada à mitologia nacional. O que os brasileiros gostam de dizer hoje sobre seu passado escravagista é bastante inusitado. De acordo com essa história, foi devido à intimidade (especificamente, sexual) entre senhores e escravas que o país fez uma transição com poucos sobressaltos da escravatura para a tolerância, passando de um racismo extremamente informal, mas extremamente eficaz (não havia no Brasil lei alguma que proibisse os negros de ocuparem qualquer cargo na sociedade ou na política), para uma democracia racial. Como isso foi possível? Poderia algum país fazer essa transição? Teria sido a escravidão no Brasil fundamentalmente diferente da que existiu nos Estados Unidos? As respostas que ouvi foram complexas.

Reis me disse que as pessoas na Bahia com frequência libertavam seus escravos ou permitiam que comprassem a própria liberdade. Com efeito, os baianos concederam manumissão — emancipação — a um maior número de escravos do que qualquer outra região das Américas. Alguém poderia pensar que isso tornava o escravo baiano um sujeito de sorte, se é que pode haver alguma relação entre sorte e a condição de escravo. No entanto, isso escondia uma realidade mais profunda e desagradável. Havia na Bahia muito mais escravos, num certo momento do tráfico negreiro, do que em quase todos os demais lugares — e para a maioria dos nascidos na África, a existência no novo país era breve e de dureza insuportável. (À medida que a escravidão crescia no sul do Brasil, graças à mineração e, mais tarde, ao café, as províncias de Minas Gerais, Rio de Janeiro e São Paulo vieram a ter maiores populações de escravos. Em meados do século XIX, por exemplo, não havia em todo o hemisfério Ocidental uma cidade com maior número de escravos que o Rio de Janeiro — quase 100 mil.) A oferta contínua de mão de obra servil na Bahia fazia com que muitos escravos tivessem um tratamento particularmente ruim, porque podiam ser substituídos com muita facilidade. As condições de trabalho eram muitas vezes de uma brutalidade indescritível.

"Os fazendeiros americanos não tinham acesso tão fácil às fontes de escravos na África", disse Reis, "e por isso nos Estados Unidos os escravos eram mais bem tratados do que no Brasil. Tinham melhores moradias, melhores roupas, melhor alimentação. E desde o início do tráfico, a população escrava pôde se reproduzir. Isso não aconteceu no Brasil."

No Brasil, prosseguiu Reis, os senhores de escravos podiam sempre substituir africanos mortos por africanos vivos, a custo módico. A maioria dos americanos não se dá conta do quanto o Brasil fica perto da costa ocidental da África, de forma que trazer novos escravos acabava sendo menos oneroso do que proporcionar alimento, remédios e acomodação decente a escravos mais idosos. Essa realidade não ocorria nos Estados Unidos, onde os custos de transporte dos escravos alcançavam valores substanciais e onde, por isso, contraditoriamente, dava-se muito valor à vida de cada um deles. No Brasil, porém, os portugueses muitas vezes faziam os escravos trabalhar até a morte, pois era mais barato substituí-los do que cuidar deles.

Os escravos libertados eram a exceção, e não a regra, em vista do número imenso de escravos importados pelo Brasil. Segundo Reis, muitos desses escravos libertados eram filhos — ou outros descendentes — de escravas com seus senhores, muitas vezes resultantes de estupros. Nesses casos, as crianças mestiças, nascidas no Brasil, se saíam muito melhor na vida, ao obter a liberdade, do que suas mães africanas, do que a maior parte das escravas ou do que quase todos os outros escravos do sexo masculino. Com isso, já durante a escravidão, surgiram diferentes classes de negros, que perpetuaram sua posição de classe, sendo a "classe" indicada pela cor, por graus de mestiçagem. Assim começa a mestiçagem do Brasil. Contudo, é claro que a maioria dos escravos não se reproduzia com brancos; se tinham filhos, era entre eles.

"Não estou dizendo que não houvesse mestiçagem", disse Reis.

Havia. Mas não era a regra. E os escravos nascidos no Brasil eram alforriados muito mais depressa e com mais facilidade do que os nascidos na África, porque podiam criar ligações mais pessoais com os senhores — uma situação muito diferente da dos africanos, que chegavam ao país sem conhecer a língua e eram mandados diretamente para a lavoura. A maioria dos escravos domésticos, por exemplo, tinha nascido no Brasil. Trabalhavam na casa-grande, mais próximos da família do senhor. E assim era-lhes mais fácil obter a manumissão. Há estatísticas que demonstram isso claramente: na competição pela alforria, os escravos nascidos no Brasil, sobretudo os mestiços, tinham muito mais êxito do que os africanos. Era uma situação injusta.

Depois de me despedir de Reis, quis examinar por minha própria conta as raízes africanas da Bahia, depois de ter lido tanto a respeito. Por isso fui visitar o Pai João Luiz em seu terreiro de candomblé. Como vimos, o candomblé é a religião criada no Brasil por escravos que buscavam uma forma de manter contato com seus deuses ancestrais em Angola, na Nigéria e no Daomé (hoje Benin). O Brasil aleitou, acalentou, criou e adotou os rituais do candomblé. Mas foi a África que os gerou.

O terreiro do Pai João é um dos mais de 1100 existentes em Salvador. Gosto muito de ler e ouvir histórias sobre os deuses iorubás — histórias tão ricas quanto as que compõem a mitologia greco-romana —, em suas várias manifestações nos dois lados do Atlântico. Se Zeus e Júpiter, bem como as demais divindades olímpicas, vivem na cultura ocidental por meio da literatura, aqui os deuses vivem nos rituais e no culto, em geral ao lado da Santíssima Trindade e dos santos cristãos, embora a literatura da umbanda e do candomblé, escrita por iniciados, também seja muito popular no Brasil, tal como em Cuba. Admiro o Pai João, e lhe disse isso, por manter os deuses africanos vivos no Novo Mundo.

"Isso é da maior importância para mim", disse-me ele, ao nos sentarmos, do lado de fora, numa favela, enquanto esperávamos que os frequentadores chegassem para a cerimônia.

1. *Ritual de candomblé no terreiro de Pai João, em Salvador.* (Foto de Christina Daniels.)

Eu nasci numa família religiosa. Quando estava com sete anos, o espírito se incorporou em mim. Aos catorze, ele voltou, e aos dezesseis eu já tomava conta de um terreiro. Agora estou com 49 anos, e nem penso em parar. Tudo o que quero é me desenvolver e crescer. Criamos nossos filhos para que eles assumam essa religião viva e verdadeira quando eu não puder mais trabalhar.

Pai João me disse que o candomblé combina as tradições africanas com certos elementos do catolicismo — doutrinas que alguns africanos haviam conhecido primeiro em Angola, porque os portugueses muitas vezes batizavam os escravos capturados antes de embarcá-los para o Brasil, mas que outros só tinham encontrado depois de chegar ao Brasil. No entanto, Thornton e Heywood observaram que as origens africanas do candomblé são bem mais complexas: "Realmente, os portugueses capturavam e depois batizavam escravos africanos", explicaram.

> Em geral faziam isso, mas as coisas não acabam aí. O cristianismo já existia na África Central, não somente no Reino do Congo, onde era a religião "nacional" desde o começo do século XVI e onde as pessoas se orgulhavam muitíssimo de ser católicas, como também em Angola, onde a população colonizada também era cristã, e até em lugares como Matamba e entre os dembos, que não estavam submetidos aos portugueses, mas mesmo assim aceitavam a religião.

Assim, embora o candomblé provenha de fontes múltiplas, tem raízes profundas no catolicismo angolano, como já vimos, e nas religiões iorubás e fons, dos orixás e voduns, importadas da Nigéria e do Daomé. Essas religiões, baseadas no culto aos orixás, ainda hoje são praticadas ativamente na África Ocidental e, sob várias formas, em todo o Novo Mundo, como o candomblé na Bahia, a *santería* em Cuba, e o vodu (também chamado de *Sevi Lwa*, em crioulo) no Haiti. (A palavra iorubá "oriṣa" é grafada orixá em português, *oricha* em espanhol, e *orisha* em inglês. As divindades do vodu chamam-se *iwa*, e não orixás.)

A disseminação dessas religiões e suas semelhanças em toda a comunidade escrava latino-americana é um dos grandes mistérios da história das religiões, além de ser um dos aspectos mais fascinantes da história da escravidão no Novo Mundo. Como e por que os deuses iorubás se tornaram o fundamento dessa religião realmente pan-africana é outro grande mistério, uma vez que os iorubás não eram um grupo étnico dominante entre os escravos. Muitas hipóteses, entre as quais o fluxo relativamente tardio de escravos iorubás para certas partes da América Latina, ou seja, Bahia e Cuba, pretendem explicar isso. A despeito das consideráveis barreiras de caráter geográfico, nacional e linguístico enfrentadas pelos africanos transportados para o Brasil, Cuba e Haiti, por exemplo, todas as religiões de base iorubá criadas por eles são, por assim dizer, primas entre si, e seus deuses ostentam os mesmos nomes (ressalvadas as diferenças linguísticas nos países de língua francesa, espanhola, inglesa e portuguesa), funções e características semelhantes como divindades. Também é verdade que os precedentes do candomblé no aglomerado étnico ewe-gen-aja-fon são "quase tão ricos quanto seus precedentes entre os ancestrais dos iorubás", como o antropólogo J. Lorand Matory me mostrou. Os adeptos do candomblé, a versão brasileira dessa pan-religião maior, rezam aos orixás, entidades que representam diferentes expressões da complexa experiência humana e do mundo natural. O deus supremo, Olodumaré, não tem lugar nos rituais, por estar distante demais dos homens. A rigor, nem sequer é considerado um orixá. Os orixás formam um panteão de deuses que ajudam seus devotos a levar vidas plenas; os orixás pertencem a uma religião solucionadora de problemas. Um pouco como os deuses gregos e romanos, e um pouco, talvez, como os santos católicos, os orixás mantêm abertas as linhas de comunicação entre os mortais e o divino — existindo como seres entre o homem e Deus.

Pai João me expôs sua teoria de como a ânsia dos escravos para se libertarem das condições horrendas em que viviam os levou a invocar os orixás, dando origem ao candomblé. "Os escravos chegaram aqui como animais", disse. "Não tinham nenhum valor. Deles, as pessoas só queriam trabalho. Se não fossem os orixás que trouxeram para o Brasil em seu coração e em sua mente..." Sua voz se extinguiu aos poucos, e ele balançou a cabeça, como se imaginasse o desespero daquelas pessoas.

Acredito que os negros sobreviveram... ou conseguiram continuar a viver... porque tinham muita fé nos orixás. As igrejas jamais poderiam substituir os deuses africanos. Foi a forma que arranjaram para prestar culto, porque não tinham liberdade de expressar sua religião. O catolicismo não lhes oferecia um caminho. Por isso usaram o candomblé a fim de se comunicar com os orixás e pedir proteção. Foi assim que sobreviveram.

Perguntei a Pai João como essa singular mistura de credos tinha mudado no decorrer dos séculos e como ele via o futuro. "Houve uma época em que o candomblé enfrentou muita discriminação", respondeu ele, sorrindo, referindo-se à oposição por parte da elite brasileira, branca.

Mas hoje a população brasileira está começando a lhe dar o respeito merecido. Nesse tempo, o candomblé não tinha como se desenvolver porque os negros não podiam estudar. Viviam oprimidos. Hoje vivemos numa sociedade mais civilizada, em que as pessoas procuram compreender a religião. Acho que o candomblé tem tudo para crescer.

A seguir, porém, disse que atualmente, e cada vez mais, membros de igrejas evangélicas fazem críticas pesadas contra os adeptos do candomblé e até partem para agressões físicas contra eles.

Depois de uma cerimônia religiosa, que me pareceu muito semelhante a outras que eu vira na Nigéria e às que eu veria ainda em Cuba e no Haiti, deixei o terreiro de Pai João refletindo sobre o fato de que, por mais que os africanos fossem oprimidos durante a escravidão, a cultura, a energia e o estilo de vida e de culto deles não tinham se extinguido. Assumiram formas novas e poderosas que perduram ainda em todo o Brasil (e, com efeito, onde quer que tenham existido escravos no Novo Mundo). O candomblé é apenas uma manifestação desse processo. A próxima parada em minha viagem tinha como meta examinar outra dessas formas culturais pan-africanas: a capoeira.

Como muitas formas de arte, não é fácil descrever a capoeira com palavras. Trata-se de uma disciplina física extraordinária, que combina artes marciais, danças e ritmos. Hoje, sua elegância e seu poder podem ser vistos em todo o mundo. No entanto, acredita-se que suas raízes remontem ao espaço urbano do Rio de Janeiro oitocentista. No distrito de Vale das Pedrinhas, no município fluminense de Guapimirim, estive com o famoso capoeirista Mestre Boa Gente, que seria entrevistado ao vivo num programa patrocinado por ele na rádio comunitária. Ele começou a entrevista falando da forma como os escravos criaram a capoeira. "Os senhores da casa-grande, ou seja, os barões e os coronéis, não queriam que os negros se organizassem", disse ele, com um brilho nos olhos e com o corpo todo envolvido na história. "Não se permitiam armas nos cafezais nem nos canaviais. Mas os negros estavam sendo torturados. Eles acharam, na capoeira, uma forma de se fortalecer e de se defender."

De acordo com o Mestre Boa Gente, os escravos passaram a fazer treinamentos físicos, por meio dos movimentos e exercícios

2. *O autor com o Mestre Boa Gente e seu grupo de capoeira.* (Foto de Christina Daniels.)

que se transformaram na capoeira, como preparação para a autodefesa ou rebelião, embora não haja indícios de que o jogo tenha sido utilizado em combates reais. Para não serem pilhados preparando-se para lutar, disse, disfarçavam a capoeiragem, fazendo com que ela ficasse parecida com uma dança cerimonial, até festiva, com movimentos bem coordenados e sincopados, alguns dos quais lembravam gestos de um balé.

"Eles estavam lá, treinando", explicou, "e aí ouviam a cavalaria chegando. Um vigia, também capoeirista, ficava de sentinela, e quando avistava o pelotão da polícia, dava o sinal com um toque diferente do berimbau. E tudo mudava, passando de luta para dança." Os estudiosos acreditam que a capoeira se origine de diferentes artes marciais africanas tradicionais, mas ninguém sabe ao certo. Uma versão da capoeira chama-se Capoeira Angola, mas surgiu no Brasil. A referência a Angola se deve, sem dúvida, ao fato de que a grande maioria dos escravos brasileiros vinha de lá. A Capoeira

Angola é menos difundida que a Regional. Ao mesmo tempo que os africanos eram transformados pela escravidão, também transformavam as tradições africanas e criavam coisas novas. Criaram uma nova cultura em seu novo mundo, e um produto disso foi a capoeira.

"A cavalaria chegava e dava com os pretos dançando seu samba", continuou o Mestre Boa Gente, rindo. "Os soldados diziam: 'Os pretos estão dançando, para se divertir.' E os negros se punham a bater palmas. Quando a polícia ia embora, voltavam a treinar." Hoje, o Mestre Boa Gente ajuda a manter os jovens da Bahia longe das ruas perigosas da favela ensinando-lhes a capoeira. Com uma energia e um entusiasmo indisfarçáveis, passa-lhes uma tradição negra que eles terão orgulho de cultivar. (Na verdade, ele tem uma energia que nunca vi num homem de sessenta anos.)

Nem todos os historiadores concordam com a história que o Mestre Boa Gente conta sobre a origem da capoeira. Em 1890, dois anos após a abolição da escravatura, o código penal republicano criminalizou a prática da capoeira, e a polícia passou a reprimir, processar e desterrar seus praticantes para o Rio. Aos poucos, porém, a capoeira — sempre vivíssima na clandestinidade — saiu das sombras e passou a se exibir como uma dança cerimonial em desfiles. No entanto, muitos acreditam que suas aplicações militares não passam de folclore. Ainda assim, é difícil, diante desse homem vibrante, não respeitar a autoridade das tradições orais dos negros brasileiros e deixar de aceitar cada palavra que ele diz. A capoeira com certeza não tem um defensor maior. "Se todo mundo jogasse capoeira, não haveria guerras", ele declarou. "A capoeira não é um esporte. É algo que penetra na gente. A cada treino, a cada dia, a pessoa fica mais forte."

Tendo captado um pouco da energia aparentemente inextinguível do Mestre Boa Gente, botei o pé na rua outra vez, ansioso por conhecer melhor o famoso Carnaval da Bahia. Como muitas

3. *Uma integrante do Ilê Aiyê, em Salvador, num desfile de Carnaval.* (Foto de Toninho Muricy.)

festas populares, o Carnaval combina inúmeras tradições. Os antigos gregos realizavam saturnais e bacanais, festividades estouvadas em que se juntavam senhores e escravos. Mais tarde, muito antes que tivesse início o tráfico de escravos para o Novo Mundo, a Igreja Católica assimilou essas festas para criar o que chamamos hoje de Carnaval. Em New Orleans, o Mardi Gras ou Terça-Feira Gorda — e as tradições litúrgicas da Igreja Católica, da Episcopal e de algumas outras — é o ponto culminante dessa festa, a véspera da Quarta-Feira de Cinzas, que assinala o começo da Quaresma.

Em essência, o Carnaval brasileiro, como o seu primo americano, o Mardi Gras, é a explosão anual de alegria que marca o começo da Quaresma — a última oportunidade de se divertir antes dos sombrios quarenta dias de jejum, que terminam com a festa da Páscoa. Tradicionalmente, muitos católicos e outros cristãos

4. *Carnaval: baianas no desfile*. (Foto de Toninho Muricy.)

privam-se de carne e de outros prazeres por quarenta dias. (Na verdade, a palavra "Carnaval" vem do latim medieval *carnelevare*, "afastar a carne".) No Brasil, os africanos acrescentaram suas próprias tradições às europeias. Os desfiles de Carnaval no Rio de Janeiro e em São Paulo reúnem várias escolas de samba, blocos e outros tipos de agremiações, com seus respectivos figurinos, baterias e carros alegóricos. Essas agremiações assemelham-se aos "krewes" do Mardi Gras de New Orleans. No começo do desfile de um dos principais blocos africanos, o Ilê Aiyê, uma mãe de santo atira pipoca nos espectadores, como uma propiciação simbólica ao senhor da peste, Omulu, pedindo sua intercessão em favor de um Carnaval tranquilo.

Durante muito tempo, o que podemos chamar de afrocarnaval na Bahia foi um desfile muito alegre e bastante influenciado por tradições iorubás, mas relativamente simples se comparado ao evento nacional e bem organizado que acontece hoje. Na verdade, na virada do século XX, as sociedades negras foram banidas das festas oficiais do Carnaval carioca, por serem demasiado "africanas" ou "primitivas". No começo do período colonial, essas sociedades desempenharam um papel vital na promoção da participação de afro-brasileiros em todas as festas religiosas no Brasil, bem antes que os iorubás figurassem de modo significativo no comércio de escravos. Conquanto não fossem proibidas nessa época, havia queixas de que alguns de seus costumes eram "pagãos". Essas denúncias ocorreram quando o Brasil adotou uma política oficial de "embranquecimento", incentivando a imigração de milhões de europeus. (Entre 1872 e 1975, entraram no Brasil pouco mais de 5,4 milhões de imigrantes europeus e do Oriente Médio.) No entanto, na segunda metade do século xx, grupos negros de samba voltaram a ser bem acolhidos nas festas oficiais; mais adiante, na década de 1970, sob a influência do movimento americano Black Power, do reggae e de movimentos pan-africanos na América do Sul, surgiu uma variação desses grupos de samba: os blocos afro, testemunhos do orgulho e da consciência dos negros.

Viajei para me encontrar com João Jorge, fundador do Olodum, um dentre vários grandes blocos afro. Embora algumas dessas organizações culturais afro-brasileiras apresentem uma forte orientação cultural-nacionalista e ativista, o Olodum é mais multicultural que nacionalista ou tradicionalmente africano, como o bloco afro do Ilê Aiyê ("o mundo é minha casa", na língua iorubá), liderado por uma figura senhorial chamada Antônio Carlos "Vovô", um homem que chama a atenção pelo ar régio, com um porte nobre que recorda um busto de bronze do Benin. "Vovô" me explicou que o Ilê Aiyê tem como missão preservar as formas tradicionais do candomblé e se restringe a membros negros. Quando lhe perguntei como é que alguém consegue determinar quem é "negro" no arco-íris de pardos e pretos que configuram o rosto do Brasil, ele riu e respondeu que compete aos candidatos se autoidentificar.

J. Lorand Matory me informou que "o teste original de ingresso no Ilê Aiyê consistia em arranhar a pele do candidato com a unha. O candidato só era admitido se a pele ficasse cor de cinza". De bom humor, "Vovô" acrescentou: "Nós sabemos a diferença". Fiquei com a impressão de que a definição de afro-brasileiro de "Vovô" era muito cosmopolita: se alguém diz que é negro, negro passa a ser. E no Brasil, uma enorme percentagem da população, demonstrada por seu DNA, quase com certeza atenderia aos requisitos da lei americana sobre hipodescendência,* reafirmada pela Corte Suprema em 1986 (como observa James Davis num livro fascinante sobre classificação racial nos Estados Unidos, *Who is Black? One Nation's Definition* [Quem é negro? A definição de nosso país]).

Segui o desfile impressionante do Ilê Aiyê, que saiu de sua sede em Curuzu, um trecho do bairro da Liberdade, mais ou menos às nove da manhã, para chegar ao Campo Grande, no centro da cidade, por volta das três da tarde. Todos os integrantes do bloco usavam trajes brancos, vermelhos e amarelos (as cores oficiais do Ilê Aiyê) e cantavam músicas belíssimas. Ao que tudo indicava, eu podia perfeitamente estar na Iorubalândia. O Ilê Aiyê, de "Vovô", representa uma vertente na política de cultura dos blocos afro: o Olodum, de João Jorge, outra. Tanto "Vovô" quanto João Jorge compreendem plenamente o imenso potencial político da cultura negra no Brasil, mas buscam suas metas por caminhos diferentes.

"O Olodum foi fundado como um bloco carnavalesco, para criar arte e cultura a partir do movimento de consciência negra", disse João Jorge.

Antes disso, o Carnaval era uma festa, diversão pura e simples. A população negra participava, mas sem uma *consciência* negra. A

---

* Em sociedades racistas, o conceito de hipodescendência, criado pelo antropólogo americano Marvin Harris, designa a classificação automática de crianças mestiças no grupo racial considerado socialmente inferior. (N. T.)

5. *O autor com João Jorge, do Olodum.* (Foto de Toninho Muricy.)

mudança... a ruptura... se deu quando o Olodum e outras organizações se afirmaram como negras, afirmaram que essas identidades servem a papéis políticos. Hoje, o Carnaval na Bahia é um instrumento da população negra, um meio de promoção social — diversão por meio de ampliação da consciência.

Isso é uma folia de rua e um desfile habilmente coreografado, pensei. Contudo, percebi também a tensão entre o Carnaval do passado e o Carnaval de hoje. Conquanto as religiões, as ideias, a arte e a exuberância africanas tivessem encontrado maneiras de perdurar e florescer, estava claro que a marca da escravidão nunca desaparecera de todo da realidade afro-brasileira, e as conotações de inferioridade associadas à escravidão sombreavam os mais escuros e "mais africanos" dos brasileiros. Entendi que o Ilê Aiyê e o Olodum, bem como os demais blocos afro, nasceram como parte de um esforço mais amplo para devolver o legado da África a um lugar de honra do qual ele caíra no período de embranquecimento do Brasil, o longo período, após a abolição da escravatura, em que o país procurou negar suas raízes negras.

Por mais que me aborrecesse deixar aquele centro mágico da cultura africana no Novo Mundo, senti que chegara a hora de ir além da Bahia. Eu sabia que no interior do país ocorrera comumente uma mistura genética ainda maior de africanos, indígenas e europeus. E percebi que entender as múltiplas complexidades dessa mestiçagem era a única forma de entender as complexidades de raça e racismo no Brasil contemporâneo.

Seguindo de carro pelas encostas dos morros do interior, vendo a paisagem se elevar continuamente, à medida que demandávamos a região de mineração, ocorreu-me que muitos escravos tinham feito aquela viagem no século XVIII. Com a queda dos preços nos mercados mundiais, o ciclo do açúcar chegava ao fim. Mas haviam descoberto ouro e diamantes na serra, e investidores portugueses importaram escravos para trabalhar na região das Minas Gerais.

Logo cheguei a Diamantina, onde eu me encontraria com Júnia Furtado, professora de história. Impressionou-me o novo ambiente. Diamantina era uma cidade colonial portuguesa, fundada em 1710 e preservada quase à perfeição. Há desenhos da cidade de trezentos anos atrás que reproduzem quase o mesmo aspecto da cidade hoje. Contudo, no século XVIII, a cidade era um centro movimentado, ao passo que hoje é uma cidade universitária e turística.

Com um simples olhar, qualquer pessoa poderia constatar que Diamantina era diferente da Bahia — e estava muito longe da África. Mas logo de saída, Júnia me deu uma informação que afastou ainda mais as duas cidades uma da outra. Em Diamantina, disse ela, durante toda a época da escravidão, negros e brancos ti-

6. *Desfile do Ilê Aiyê em direção ao Campo Grande.* (Foto de Toninho Muricy.)

nham vivido lado a lado. Na verdade, muitos escravos libertos eram donos de propriedades, tal como acontecia na Bahia, em Pernambuco e em São Paulo. (Na Bahia havia também uma classe de escravos urbanos, os chamados *negros de ganho*, que se movimentavam livremente, ganhavam a vida e pagavam ao senhor uma taxa fixa.) "Às vezes chegavam a ter seus próprios escravos", contou-me Júnia. "Sabemos que brancos, negros forros e mulatos libertos moravam nas mesmas ruas, em toda a cidade. Havia negros livres que moravam nas ruas maiores, em belas casas assobradadas."

Depois de tomar conhecimento das terríveis condições de trabalho nas fazendas canavieiras da Bahia, bem como nas lavouras e nas áreas de mineração de Minas, essas informações me surpreenderam. Perguntei a Júnia como fora possível isso numa época em que os europeus consideravam os africanos bárbaros, selvagens e inferiores. Nos Estados Unidos, afinal, tínhamos comunidades de negros livres, tanto no norte quanto no sul; em 1860, cerca de 10%

7. *Diamantina: o autor e a professora Júnia Furtado.* (Foto de Toninho Muricy.)

da população negra era livre. Normalmente, porém, não moravam em comunidades integradas, ao lado de brancos.

"Este lugar ficava muito distante de todos os demais", ela me explicou, referindo-se ao contexto urbano, em contraposição à vida do escravo numa fazenda ou numa mina. "No século XVIII, era preciso meses para se chegar até aqui, de modo que essas pessoas viviam muito apartadas do resto do mundo." Em outras palavras, em Diamantina pretos e brancos podiam viver fora das normas sociais. O que acontecia em Diamantina, por assim dizer, ficava em Diamantina. E aconteciam muitas coisas, sobretudo à noite. Perguntei a Júnia como os negros forros, para começo de conversa, tinham sido libertados. Ela explicou que muitos dos libertos eram mulheres, que os brancos em Diamantina muitas vezes tomavam africanas como concubinas, a quem libertavam em seus testamentos ou no leito de morte, enquanto outros permitiam que as mulheres trabalhassem nas minas ou como prostitutas, economizando dinheiro para comprar a liberdade. "Eles tinham de viver entre si mesmos", disse ela. "A maior parte da população livre era formada de homens brancos, e eles precisavam de mulheres para o sexo."

O fator celibato de novo, pensei, dando-me conta de que, embora em certos sentidos Diamantina parecesse até progressista, por acaso as escravas não tinham sido sempre obrigadas a ser concubinas de homens brancos durante toda a era da escravatura e em todo o Novo Mundo? Perguntei a Júnia o que tornava as mulheres de Diamantina tão diferentes.

"As mulheres realmente atingiram aqui um status social superior", ela afirmou. "Em 1774, cerca de 70% das casas eram de propriedade de negras. Possuíam escravos. Eram capazes de alcançar uma posição social muito semelhante à dos homens com quem viviam."

Achei difícil acreditar que a Igreja tolerasse aquilo. Júnia assentiu com uma risadinha. "É claro que a Igreja desaprovava totalmente essa situação", disse ela, "mas o que havia aqui era uma espécie de vista grossa por parte da Igreja. Por ocasião de visitas de bispos, todos esses pecados eram denunciados. As pessoas faziam donativos à Igreja e prometiam não errar mais. Mas assim que o bispo virava as costas, todo mundo voltava a viver junto de novo!"

A linha divisória, segundo a professora, era traçada no casamento. Embora casais pudessem viver juntos, sabendo que todos olhariam para o outro lado, só "iguais" tinham direito ao santo sacramento do matrimônio. "Brancos casavam-se com brancos, libertos com libertos e pretos com pretos", disse ela, sem rodeios.

A seguir, Júnia se prontificou a me levar à casa que fora de propriedade da negra mais famosa na história do Brasil, Chica da Silva, uma das mais bem-sucedidas mulheres de Diamantina no século XVIII. Na década de 1970, sua história foi levada ao cinema num filme estrelado pela primeira superstar negra do Brasil, Zezé Motta. Poucas escravas na história dos Estados Unidos poderiam imaginar uma vida complexa como a de Chica. E a diferença entre a escravidão no Brasil e nos Estados Unidos estava na essência de sua história: Chica da Silva *quase* escapou da cor.

Júnia me contou que Chica da Silva nasceu no Brasil e chegou a Diamantina como escrava. Seu senhor, um contratador de diamantes branco, apaixonou-se por ela. "Quando ele a conheceu", disse a professora, "tinha acabado de chegar de Portugal. Ela já tinha um filho pequeno, com seu ex-senhor, um médico, de quem ele a comprou. E eu creio que foi um caso de amor... Um caso de amor à primeira vista, porque ele chegou em agosto, em dezembro ela já lhe pertencia, e no dia de Natal ele a libertou.

"Viveram juntos durante quinze anos", continuou Júnia, enquanto caminhávamos pela imponente casa de Chica. "Tiveram treze filhos juntos, um atrás do outro. E ela foi enterrada na igreja de São Francisco, restrita à irmandade branca."

A ideia de uma africana ascendendo a essas alturas numa cultura escravagista pareceu-me miraculosa. Mas Júnia explicou que essa ascensão não se deu sem um custo. Chica da Silva era negra, mas sua conquista de poder na comunidade foi parte de um esforço consciente de branqueamento. "Ela agia como se fosse uma branca", disse a professora. "Vestia-se como branca. Foi sepultada na igreja dos brancos. O que posso dizer? Foi uma forma de integração."

As consequências da opção de Chica — a perda da maior parte dos vestígios de sua identidade negra — repercutiu por gerações na vida de seus filhos e netos. "Eles realmente adotaram o modelo dos brancos", disse Júnia. "Porque essa era a forma de ascensão social nessa sociedade. A meta era tornar-se branco." Com efeito, a pesquisa de Júnia mostra que muitos dos filhos de Chica transferiram-se com o pai para Portugal, radicando-se em Lisboa e apresentando-se como brancos na sociedade portuguesa. Existem até documentos que levam a crer que alguns descendentes de Chica da Silva em Lisboa fizeram pagamentos oficiais à Coroa para que fossem apagados os registros de sua ascendência negra. "Temos as comprovações", disse ela,

de investigações sobre o sangue dela, porque seus filhos e netos que desejassem ocupar alguma posição na sociedade portuguesa tinham de passar por uma investigação de linhagem, de sua genealogia. O surgimento nessa genealogia de algum negro, mouro ou judeu causava problemas. Eles seriam impedidos de entrar para a Ordem de Cristo, para uma universidade ou candidatar-se a um emprego ou um cargo. Por isso tinham de agir dessa forma em Lisboa, e depois tinham de pedir o perdão da rainha por ter uma avó ou uma mãe negra. Tudo aquilo custava dinheiro. E por causa do dinheiro que tinham, na verdade, esses jovens obtiveram bons cargos e bons empregos, mesmo em Portugal.

Conseguiram apagar a ancestralidade negra pela via burocrática.

Isso aponta para um fato crucial na história de Chica. Não devemos ver o caso dela como o de uma mestiça que "passa por branca", que é a conclusão a que nós, americanos, em geral chegamos imediatamente. O caso era muito mais complicado do que isso. Chica da Silva era, decididamente, africana, e não haveria roupas europeias ou imitações de comportamento que mudassem tal fato. Mas ela não estava simplesmente tentando escondê-lo. Ela estava fazendo algo radicalmente diferente: estava avançando na hierarquia de classes. Afinal, os portugueses de classe baixa que enriqueciam faziam praticamente a mesma coisa: se podiam, abandonavam seus costumes rurais e adotavam os da aristocracia. Nos Estados Unidos, em contraste, nenhum montante de dinheiro ou nenhum comportamento transformaria um negro em "branco", e

8. *Retrato de Chica da Silva*. (Foto de Toninho Muricy.)

essa é uma diferença fundamental entre as duas sociedades. A classe era algo fluido no Brasil, de uma forma inexistente para negros nos Estados Unidos. Em outras palavras, o processo levava em conta, sempre e antes de mais nada, a classe, e muito menos a raça em si, algo que para nós, americanos, é dificílimo de compreender. Ao sairmos da casa, fiquei pensando naquilo. A transformação de Chica da Silva, de escrava em matriarca rica, incluiu um processo de branqueamento. Sua estrela não teria brilhado se ela praticasse o candomblé, usasse trajes tradicionais africanos e... resumindo, se continuasse negra. Sua decisão teve efeitos sobre sua família durante gerações. Achei fascinante essa capacidade de mobilidade social demonstrada por uma escrava, por ser tão diferente da experiência pela qual essa mesma pessoa passaria nos Estados Unidos, mas devo dizer que fiquei também um tanto mexido com aquilo. E quanto mais eu pensava na história, mais ela me parecia desconcertante. Dei-me conta, de repente, de que estava pensando em como Chica da Silva "poderia passar por branca" nos Estados Unidos, e não na maneira como a raça era construída socialmente no Brasil. Todos no Brasil sabiam que Chica era negra; o dinheiro e as maneiras a "embranqueceram" apenas socialmente. Nos Estados Unidos, basta uma gota de sangue para uma pessoa ser "negra" — e a história de passar por branco está repleta de tragédias, desde os descendentes do escritor e médico abolicionista James McCune Smith ao romancista Jean Toomer, do Renascimento do Harlem, e do crítico literário Anatole Broyard, do *New York Times*. Mas será que os negros no Brasil podiam escolher uma identidade racial mais nuançada do que nós, americanos? Seriam as dezenas e dezenas de tipos raciais que os mestiços brasileiros aplicavam a si mesmos apenas descritores neutros? Ou eram meios de se distanciar das características mais escuras, mais "negroides" da experiência africana no Brasil, e também de suas conotações, vistas como indignas, inferiores e degeneradas? Estaria eu impondo um quadro interpretativo americano às sutilezas de uma sociedade que eu me esforçava para compreender? Teria a longa história brasileira de miscigenação criado uma estrutura social complexa, com base em matizes sutis, que iam do branco, numa extremidade, ao negro, na outra, que conseguira escapar à negrofobia tão presente na sociedade americana? Em outras palavras, deveríamos festejar a fluidez social que Chica da Silva conquistara para si mesma e sua progênie, em vez de criticá-la? Em caso positivo, deveríamos, na era do multiculturalismo e das identidades mestiças, encarar Chica e outras figuras semelhantes como profetas da construção social da raça, como arautos de uma nova era nas relações raciais?

Perguntas como essas podem rapidamente tornar-se abstratas, acadêmicas e impossíveis de responder. Já verifiquei, várias vezes, que o melhor lugar para buscar um teste de realidade é a barbearia ou o salão de beleza. Afinal de contas, o cabelo negro é um problema e tanto — quer você o aceite, o amanse ou o alise com uma chapinha ou com produtos químicos. Queria saber como a cultura mestiça do Brasil lidava com o cabelo duro, e o que se escondia "na cozinha".

Viajei para a capital de Minas Gerais, Belo Horizonte. Sabia que havia comunidades com alta concentração de afro-brasileiros nas favelas, as áreas mais pobres. E foi ali, na parte mais negra de Minas Gerais, que entrei no salão de Dora Alves, resolvido a descobrir até que ponto "*black is beautiful*" no Brasil. Dora cuida de cabelos, mas, na qualidade de ativista cultural, também cuida de política. Disse-me que suas freguesas muitas vezes lhe pedem que faça seu cabelo parecer mais liso, menos crespo, menos pixaim... mais branco. Dora insiste com elas para que se orgulhem de seu cabelo e de sua herança negra.

"Às vezes, chega uma mulher no salão", ela me disse,

muito deprimida, com a autoestima lá embaixo. Acha que seu cabelo é feio, que seu cabelo é um horror. Às vezes, a mãe vem com um neném ainda no carrinho, e me pergunta: "Pelo amor de Deus, existe algum meio de consertar o cabelo dela?". Às vezes a gente vai a uma escola, e o professor se aproxima com uma menina... e sussurra, bem baixinho, em meu ouvido: "Você acha que se pode dar um jeito?".

A ideia de expor o crânio de uma criancinha à tortura de produtos químicos alisadores me deixou estarrecido.

"Eu digo: 'Não, vamos conversar, vamos?'", continuou Dora Alves, enfática. "Sento, ponho a criança no colo e digo: 'Seu cabelo é lindo, você é linda. Estou organizando um desfile, e você pode participar'. E a criança começa a relaxar e logo está pulando de um lado para outro. Está feliz, alegre, caminhando pelo salão que nem a Gisele", disse ela, referindo-se à brasileira Gisele Bündchen, que a revista *Forbes* informou recentemente ser a top model mais bem paga do mundo.

Dora quer falar com as crianças enquanto ainda são pequenas, e por isso vai com frequência a escolas e centros comunitários para promover o orgulho negro. É um esforço grande, principalmente para uma mulher que trabalha por conta própria. E não se conforma em ver afro-brasileiras tentando deixar de ser negras, assim como Chica da Silva.

"Por que tantas negras aqui no Brasil sofrem de baixa autoestima por terem cabelo duro?", perguntei. Por que tantos negros se preocupam dessa maneira em ter cabelo negro no país com a segunda população negra do mundo?

"É uma questão de história", respondeu Dora, balançando a cabeça.

É também uma questão ligada aos meios de comunicação. As pessoas veem os anúncios, em revistas, na televisão... veem que a maioria das mulheres são brancas. Quem contar, vai ver que talvez só apareça uma negra, não mais de uma. E todas as outras são brancas, de cabelo liso. Por isso, as negras não conseguem enxergar a si mesmas.

Elas não veem a si mesmas nunca, pensei, saindo do salão. Virei-me para acenar para Dora e lhe agradecer mais uma vez. Minha cabeça estava a mil, cheia de perguntas. Havia negros por toda parte, mas teriam eles assimilado a ânsia brasileira de branqueamento? E a história deles incluía personagens como Chica da Silva, que havia rejeitado a africanidade — e tinha sido admirada por isso. Nos Estados Unidos, todo mundo me vê como negro, e é assim que penso em mim. Entretanto, teria a mescla racial no Brasil tornado as coisas mais complicadas, mais nuançadas?

Então, o que é ser negro no Brasil? E até onde ser branco é bonito? Sendo eu mesmo mestiço, resolvi perguntar a pessoas na rua o que pensavam a meu respeito. E logo descobri que minha cor estava nos olhos de quem me via.

"Se eu morasse no Brasil", perguntei a um homem, "de que cor eu seria?"

"Caboclo", ele respondeu.

Perguntei a outro homem: "De que raça eu sou, de que cor?".

"Pardo", foi a resposta.

As opiniões se sucederam, nenhuma igual a outra. "Moreno claro." "Mulato." "Cafuzo." Cada uma delas era específica, como se a pessoa se referisse a uma cor específica do arco-íris. As respostas pareciam objetivas — até certo ponto.

"Todos somos pretos, ainda que tenhamos tons de pele diferentes", argumentou um homem.

"Eu é que sou preto", disse outro. "Ele é moreno claro."

"Negro. Ele seria chamado de negro", disse uma mulher. "E eu não sou racista, nada disso."

A resposta dela ficou em minha cabeça. Não pude deixar de notar que as pessoas que se identificavam a si mesmas e a mim como negros faziam-no com uma certa atitude de desafio, ou como que se desculpando. Muitas pessoas queriam ser classificadas numa das tonalidades brasileiras de mulato, uma lista cromática aparentemente infinita, e não como negro, e queriam me garantir que eu também era mulato. Seriam essas categorias, esses muitos nomes de graus de mestiçagem, um escudo contra ser negro? No tempo da escravidão, os cruzamentos na Bahia, em Minas Gerais e em outras áreas, que desde então não cessavam, haviam produzido brasileiros mestiços. Mas era evidente que essas muitas tonalidades de pretos e mulatos não tinham valor idêntico.

Falei com o professor Reis e lhe descrevi minha experiência. Ele me lembrou que, de fato, havia mais de cem palavras diferentes para descrever tons de miscigenação no Brasil. Para sermos exatos, 134, um termo para cada tonalidade. O negro muito escuro é chamado de "preto (ou negro) azul"; o menos retinto é "escuro"; e o de pele mais clara é "preto desbotado". Se a pessoa é clara o suficiente para passar por branca e pareça estar tentando isso, é "mulato disfarçado". "Sarará" indica a pessoa de pele clara e cabelo muito crespo. O foco do país na cor, pensei, raiava a obsessão. A lista parecia interminável.

Resolvi voltar a Salvador, a capital negra do país, para tentar descobrir o que, no passado do país, tornava tão problemáticas as atitudes em relação à cor — informar-me melhor sobre o Brasil depois da escravidão, quando os graus de mestiçagem já tinham se espalhado pelo país. Encontrei-me com a professora Wlamyra Albuquerque, outra historiadora que leciona na Universidade Federal da Bahia. Instalamo-nos na biblioteca do Instituto Geográfico e Histórico da Bahia, sorvendo copos de água gelada. Eu lhe perguntei o que a classe dominante branca pensava sobre a cultura africana no Brasil após a abolição da escravatura, em 1888. "A elite reagiu muitíssimo mal ao fim da escravidão", ela respondeu. "O que mais a incomodava era como lidar com a grande população de cor. Muitos ministros acreditavam que, se o Brasil quisesse se tornar um país civilizado, teria de passar por um processo de branqueamento. O governo investiu muito na imigração europeia para cá."

A abolição pode ter posto um ponto final à escravidão, disse a Wlamyra, mas não transformou o Brasil na nação multicultural tolerante que tantos abolicionistas, negros e brancos decerto esperavam que ele se tornasse. Entre 1884 e 1939, 4 milhões de europeus e 185 mil japoneses receberam subsídios para imigrar e trabalhar no Brasil. O processo, um programa oficial, era chamado de "branqueamento". A elite branca esperava, obviamente, aumentar o número de brancos que se reproduziria com os negros, a fim de clarear a pele da população. Mas o esforço visava também erradicar os vestígios da cultura africana.

"O governo disse aos brasileiros que ser negro era algo próximo à selvageria", disse a professora. "A partir desse momento, passou-se a perseguir formas culturais que eram vistas essencialmente como negras — como o candomblé e a capoeira —, e a tentar convencer as pessoas de que essas práticas eram bárbaras, e que acabar com elas era um ato civilizador."

Enquanto, em silêncio, eu aplaudia o candomblé e a capoeira — criações africanas que tinham sobrevivido à era do branqueamento, ela começou a falar de um intelectual negro, um pioneiro, que assumira uma atitude ousada e corajosa contra as ideologias racistas do governo. Chamava-se Manuel Querino, e mesmo no Brasil ele ainda é pouco conhecido. Dele pouco se fala nas universidades, e menos ainda nos colégios. Mas, mesmo assim, foi uma figura importante: um historiador, artista plástico, sindicalista e ativista negro que merece ser mais conhecido. Pode-se considerar Querino como uma mistura brasileira de

Booker T. Washington e W. E. B. Du Bois: procurou promover a educação técnica para negros e ensinou numa escola profissionalizante, como Washington; ao mesmo tempo, porém, foi membro do fechado Instituto Geográfico e Histórico (onde eu estava conversando com Wlamyra), como teria sido Du Bois. No entanto, diferentemente de Washington e de Du Bois, também se envolveu com o sindicalismo e com a política local (foi vereador), e com frequência se aliava a políticos da oligarquia. Querino, em outras palavras, foi um homem complexo.

"Querino dava ênfase ao papel do africano como civilizador", disse a professora. "Achava que não havia necessidade de imigrantes brancos, pois o Brasil já tinha sido civilizado pelos africanos. Dizia que o trabalhador brasileiro era muito mais capacitado do que o estrangeiro para enfrentar os desafios da sociedade brasileira."

"Querino era também um artista e falou sobre as aptidões artísticas dessa população", continuou ela. "Procurava mostrar os costumes e as tradições africanas na Bahia. Assim, era uma voz dissonante quando todos os demais diziam que aqueles que tinham chegado ao país como escravos não eram capazes de realizar um trabalho mais sofisticado."

Fiquei admirado de nunca ter ouvido falar desse homem. (Mais tarde vim a saber que Jorge Amado, que pode ser visto como o Gilberto Freyre da literatura brasileira, em parte baseou em Querino o protagonista de seu romance *Tenda dos milagres*.) Os escravos eram tidos como essenciais em muitos setores. Mas Querino afirmara que os africanos eram uma parte integral da identidade cultural do Brasil. Para mim, tomar conhecimento dele foi como ouvir falar pela primeira vez de W. E. B. Du Bois ou de Carter G. Woodson — dois de meus heróis pessoais na história dos negros nos Estados Unidos. Fiquei absolutamente magnetizado quando Wlamyra Albuquerque começou a procurar, num livro de ensaios de Querino, algumas de suas passagens favoritas.

"Aqui está", disse ela, folheando um diário. "'Quem reler a história verá como a nação sempre se glorifica com os africanos que importou.' Ele fala aqui de como devemos nos orgulhar por sermos descendentes desses africanos. Querino é o pai da história negra neste país, e também da mobilização negra e da positividade dentro do movimento negro."

Querino deixou um legado seminal para a história intelectual dos negros no Brasil. Entretanto, como vim a saber naquele dia, suas ideias pioneiras sobre raça e racismo praticamente morreram com ele em 1923. A criação da identidade oficial do Brasil — como uma das poucas nações verdadeiramente miscigenadas, e supostamente livres de racismo — é atribuída ao trabalho de um único homem: Gilberto Freyre.

Ao contrário da obra de seu esquecido colega Querino, a de Freyre é amplamente estudada nos centros de ensino, até nos Estados Unidos, e é admirada por reconhecer o valor e o significado dos africanos na cultura brasileira (eu mesmo tive contato com seu trabalho quando estava na faculdade). Mas também, ao contrário de Querino, Freyre era branco. Nasceu numa família de classe média em 1900, apenas doze anos após a abolição da escravatura. Seu pai era funcionário público, e a família de sua mãe era dona de um engenho de açúcar. E as fazendas nordestinas foram a inspiração para o livro mais famoso de Freyre, *Casa-grande & senzala*, em que ele argumentava que as relações raciais no Brasil tinham sido muito fluidas durante a escravidão, apesar da violência que embasava o sistema. No entanto, defendia, a escravidão não era definida somente pela violência. Ele previu que o Brasil, o último país do hemisfério Ocidental a abolir a escravatura, seria, provavelmente, o primeiro a eliminar o racismo, pois esse era um sentimento que não figurava com destaque no espírito do brasileiro típico. A democracia racial estava em processo de construção.

Segundo a tese de Gilberto Freyre, por causa da mestiçagem entre brancos, negros e índios — um cruzamento chamado tradicionalmente de *miscigenação*, termo com certa bagagem e hoje em dia polêmico —, as relações raciais eram melhores no Brasil do que em culturas escravistas onde o padrão era uma segregação mais rígida. Eu relia com frequência alguns trechos de que me lembrava. Percebi que essas passagens, como a seguinte, ainda me perturbavam:

> A verdade é que no Brasil, ao contrário do que se observa noutros países da América e da África de recente colonização europeia, a cultura primitiva — tanto a ameríndia como a africana — não se vem isolando em bolões duros, secos, indigestos, inassimiláveis ao sistema social do europeu. [...] Nem as relações sociais entre as duas raças, a conquistadora e a indígena, aguçaram-se nunca na antipatia ou no ódio de cujo ranger, de tão adstringente, chega-nos aos ouvidos de todos os países de colonização anglo-saxônica e protestante. Suavizou-as aqui o óleo lúbrico da profunda miscigenação [...].

De acordo com ele, brancos e negras não só faziam sexo como, às vezes, se casavam com a bênção da Igreja (ainda que arranjos de mancebia fossem "condenados pelo clero"). Para ele, esse cruzamento racial estava no cerne da identidade brasileira. Tal como Querino, Freyre insistia que o Brasil não era Brasil sem os africanos e sua cultura. No entanto, não há em sua obra nenhuma solidariedade ou compreensão reais do que realmente significa ser um brasileiro de origem africana.

Dei-me conta, então, de que Gilberto Freyre, em muitos sentidos, ocupara o lugar de Manuel Querino na história do Brasil. Credita-se a ele a primeira tese sobre o Brasil como uma nação que deveria orgulhar-se de sua herança mestiça. Mas porventura Freyre articulou alguma coisa além de uma visão essencialmente primitiva ou romântica das relações raciais durante a escravidão?

Todo brasileiro, mesmo o alvo, de cabelo louro, traz na alma, quando não na alma e no corpo — há muita gente de jenipapo ou mancha mongólica pelo Brasil —, a sombra, ou pelo menos a pinta, do indígena ou do negro. [...] Na ternura, na mímica excessiva, no catolicismo em que se deliciam nossos sentidos, na música, no andar, na fala, no canto de ninar menino pequeno, em tudo que é expressão sincera de vida, trazemos quase todos a marca da influência negra.

Quando Gilberto Freyre escreveu essas palavras, em 1933, os negros nos Estados Unidos ainda viviam sob o império das chamadas leis Jim Crow. A segregação estava na ordem do dia, e muitos brancos lutavam para torná-la permanente. No Brasil, porém, Freyre afirmava que negros e brancos estavam presos uns aos outros pelo sangue e pelo destino. Argumentava que eles tinham criado uns aos outros, que tinham se constituído mutuamente. Muita gente que lia Freyre nos Estados Unidos — ele estudou em Baylor e em Columbia — durante aquela era de segregação racial deve ter pensado que ele ou era um radical perigoso ou, então, um louco. Que americano daquela época ousaria afirmar que os Estados Unidos poderiam ser um modelo de democracia racial para o mundo?

Quando li Freyre pela primeira vez, lembro-me de tê-lo criticado pelo romantismo exagerado, que chegava à ingenuidade. Senhores estupravam escravas. Na melhor das hipóteses, muitos relacionamentos sexuais duradouros eram resultado de coerção. O respeito entre grupos advém da igualdade social. Se uma pessoa goza de direitos de propriedade sobre outra, é óbvio que não pode haver igualdade. Ponto final. Contudo, era preciso admitir o impacto que o livro de Freyre teve no Brasil, pelo que se diz. Alguns dizem que ele mudou a forma como os brancos viam os negros, e também a forma como os negros viam a si mesmos, embora seja difícil imaginar que uma obra acadêmica exercesse tamanho impacto. Freyre baseou-se no imaginário brasileiro de meados do século XIX, mas foi um dos primeiros sociólogos a defender, de modo pertinente, a tese segundo a qual o Brasil — sua cultura e sua identidade — foi criado pela confluência de três raças iguais: europeus, povos indígenas e africanos. Não há como negar o quanto essa ideia foi inovadora na época, ou o entusiasmo com que acadêmicos liberais e progressistas, como W. E. B. Du Bois, se atiraram a ela — pelo menos durante certo tempo — na tentativa de solapar a segregação de jure nos Estados Unidos.

Deixando Salvador e viajando para o norte, fui recebido cordialmente por Gilberto Freyre Neto na casa do escritor, em Recife, a quarta metrópole do Brasil. Durante o Brasil colonial, a população escrava de Pernambuco, ligada à monocultura do açúcar, só foi superada pela da Bahia. O aeroporto do Recife leva o nome de Gilberto Freyre, decerto o primeiro, ou pelo um dos pouquíssimos casos em que um aeroporto recebeu o nome de um intelectual! Disse ao neto que, para mim, era uma honra conhecê-lo, depois de ter estudado a obra de seu avô em Yale. E apreciei demais a visita guiada que fiz à casa de Freyre, onde ele morou de 1940 até sua morte, em 1987. Gilberto Freyre Neto mostrou-me as medalhas de honra do avô, a mesa à qual se sentava para escrever seus livros e até um exemplar da primeira edição de *Casa-grande & senzala*.

O neto de Gilberto Freyre dedica-se a manter viva a obra do avô, sobre a qual falou longamente. Comecei perguntando-lhe como tinham ocorrido as mudanças na atitude em relação aos negros depois da publicação da obra-prima de Freyre, em 1933.

"Creio que o livro foi realmente o marco, na década de 1930, de uma reviravolta", disse ele.

Gilberto pôs os negros brasileiros no mesmo nível cultural dos portugueses. Ele os igualou. Disse que o Brasil só se tornou o Brasil quando a cultura africana, que muitas vezes era superior à portuguesa, foi culturalmente miscigenada. A partir desse momento, tivemos uma "complementaridade". Tornamo-nos uma metarraça ideal.

Na época da publicação de *Casa-grande & senzala*, os alemães cerravam fileiras em torno de Hitler e seus longos discursos sobre a pureza ariana. Gilberto Freyre assumiu uma postura antípoda, declarando que o cruzamento racial era indispensável para levar o Brasil ao apogeu cultural e social. O branqueamento tinha sido um erro.

"Os estudos de meu avô basearam-se muito em suas próprias experiências e em informações que reunia, a partir de fontes curiosamente banais", disse Neto.

Muitas vezes, não eram sequer consideradas acadêmicas. Ele recorria a recortes de jornais, entrevistas com pessoas idosas, conhecimento obtidos sobretudo por meio de interações. Por isso, meu avô é objeto de uma dicotomia: as pessoas dizem "amo Gilberto Freyre" ou "odeio Gilberto Freyre". Alguns acadêmicos pensam nele como um ficcionista, enquanto outros o consideram um dos mais profundos analistas da sociedade brasileira.

Romancista, sociólogo, nem um nem outro, ou as duas coisas... Realmente não há como negar o impacto de Gilberto Freyre. Seus ensaios modificaram as atitudes em relação à raça em todo o Brasil. Muitos líderes nacionais, de uma ou outra linha política, mais cedo ou mais tarde abraçaram suas ideias. Reverteram políticas institucionalizadas que eram abertamente discriminatórias contra os negros. Isso marcou o fim do processo oficial de branqueamento do Brasil. E Freyre o trocou pelo conceito de "democracia racial" — a ideia de que o Brasil era a tal ponto mestiço que estava além do racismo.

Além do racismo. Pus-me a pensar por um momento e comecei a ser tomado por um sentimento romântico em relação ao Brasil — algo que Gilberto Freyre sempre tinha sentido. Mesmo hoje, o Brasil orgulha-se de sua harmonia racial e de sua identidade multicultural. E eu quase podia vê-la. Enquanto nos Estados Unidos nos aprestávamos a demarcar as fronteiras raciais com leis segregacionistas, dizia Freyre, os brasileiros se dedicavam a abraçar uns aos outros! Os alegres festejos do Carnaval tornaram-se, em todo o mundo, um símbolo reconhecido da fraternidade racial brasileira. A democracia racial decerto parecia constituir o núcleo da identidade brasileira.

Entretanto, seria real essa democracia? O que dizer da ampla e visível pobreza reinante no Brasil, sobretudo entre os negros? O que dizer do Ilê Aiyê e do Olodum, que surgiram, na década de 1970, devido à necessidade de assegurar aos negros (e mostrar isso aos brancos) que deviam ter orgulho das raízes africanas? Como qualquer pessoa razoável, negra ou branca, eu queria crer que vivemos num mundo em que é possível existir na prática — e não só em teoria — uma sociedade para além do racismo. Porém, nos restaurantes onde eu fazia as refeições, nos hotéis onde me hospedava, nos bairros residenciais de classe alta e nas capas das revistas nas bancas, quase todas as pessoas em posição de poder eram brancas.

Freyre Neto obstinou-se nas respostas a minhas perguntas. Se a democracia racial ainda não é real, garantiu-me, está se tornando real. Citou para mim mais um trecho da obra do avô: "Julgo que estamos mais avançados na solução da questão racial", leu, "do que qualquer outra comunidade que eu conheça no mundo".

Deixei Freyre Neto com a sensação de que ainda havia muitas perguntas por fazer, e segui para o Rio de Janeiro que, além de ser

9. *Três gerações de uma família brasileira, cada qual sucessivamente mais branca: avó negra, mãe mulata e filho branco.* Modesto Brocos (1852-1936), A redenção de Cam, *1895.* (Museu Nacional de Belas-Artes, Rio de Janeiro.)

a cidade mais famosa do Brasil, é sua capital cultural e intelectual. Conseguira marcar um encontro com Zezé Motta, atriz que fez o papel de Chica da Silva no famoso filme brasileiro, lançado em 1976. Como atriz negra, pensei, ela deve ter se emocionado muito ao viver essa personagem, e eu esperava que ela pudesse elucidar minhas sensações a respeito dessa dita democracia racial.

O que eu não esperava era me encontrar com uma artista das mais ponderadas e articuladas. Chica da Silva pode ter personificado a democracia racial, mas para Zezé Motta a vida foi bastante diferente. "Antes de fazer sucesso", ela disse,

> fui modelo publicitária, e certa vez o diretor de criação de uma agência não aprovou as fotos que fiz para uma campanha, dizendo: "As consumidoras desse produto são de classe média e não vão aceitar sugestões de uma negra". E na TV, fiz vários papéis que, na verdade, eram sempre os mesmos: o de empregada doméstica.

"Sempre defendi Chica da Silva", ela explicou. "Eu dizia: 'Chica fez o que tinha de fazer. Não peçam a ela atitudes de Angela Davis'. O mérito dela estava no fato de ter nascido escrava, mas ela não aceitava isso. Ela inverteu o jogo e se tornou uma rainha."

Talvez paradoxalmente, ao mesmo tempo que defendia Chica da Silva por ser cúmplice de seu próprio branqueamento, Zezé Motta descobriu o quanto ela própria estava ligada à africanidade.

"É muito difícil para uma negra no Brasil fazer carreira como atriz", declarou, "mas no caso de Chica da Silva, só uma negra podia fazer seu papel. O produtor não me queria, porque eu era muito feia... Até há muito pouco tempo, no Brasil, os negros eram considerados feios. O produtor preferia que ela fosse uma mulata, uma atriz de pele mais clara. Mas o diretor não arredou pé. Tinha de ser uma negra."

Como alguém poderia não querer Chica da Silva — uma negra — representada por essa magnífica atriz negra, de beleza atordoante? Continuei a ouvir.

"Depois do filme, passei a ser vista como um símbolo sexual brasileiro", disse ela, rindo,

> porque a personagem se tornou muito presente na imaginação masculina. Naquele tempo, um negro nunca saía na capa das grandes revistas, porque eles diziam: "A capa vende". Mas como eu

tinha me tornado a rainha, o símbolo sexual, uma revista importante me pôs na capa. E um figurão da revista disse que, se aquele número não vendesse, a pessoa que tinha aprovado minha foto na capa seria demitida!

O desempenho de Zezé Motta como Chica da Silva a transformou em estrela da noite para o dia. Ela gostou do reconhecimento que veio junto com a fama, e era claro que se orgulhava de seu trabalho. No entanto, seu novo status lhe trouxe também novas experiências na linha de cor do Brasil, sempre em mutação. E essas experiências lhe mostraram o racismo brasileiro — um racismo que seu país afirmava não existir.

"Viajei a dezesseis países para promover o filme, inclusive aos Estados Unidos", prosseguiu ela. "E comecei a pensar: 'São tão poucos os atores negros nos meios de comunicação brasileiros. Onde estão estas pessoas?'. Este país tem uma dívida para com seus negros."

Ao me dirigir para o próximo encontro, fiquei pensando nas palavras de Zezé Motta. Tinha combinado conversar com um de meus heróis, um homem verdadeiramente digno de todas as homenagens, que dedicou a vida à defesa dos afro-brasileiros: Abdias do Nascimento. Fazia muito tempo que queria conhecê-lo, pois Abdias era considerado um dos deuses da intelectualidade negra internacional. Estava agora com 96 anos, mas seu aperto de mão ainda era firme, e sua mente, agudíssima. Vinha lutando havia três quartos de século, como senador, professor universitário e escritor. Indicado para o prêmio Nobel, fundou no Rio o Instituto de Estudos Afro-Brasileiros, e é amplamente reconhecido como o maior ativista negro brasileiro. Havia até quem o chamasse de o Nelson Mandela do Brasil.

Senti-me honrado por estar em sua presença, e lhe disse isso. Ele recebeu minha homenagem polidamente, com a calma e a dignidade de um líder nato. Sobre uma cristaleira, perto de sua mesa de jantar, repousava uma requintada estatueta dourada de Exu, o mensageiro dos deuses. Perguntei-lhe a respeito da condição dos negros, do ponto de vista político e social, em todos os aspectos do Brasil contemporâneo. A democracia racial era um ideal ou uma realidade? Algum dia existira? Poderia um dia vir a florescer?

"Isso é uma piada que vem sendo martelada desde a descoberta do Brasil", respondeu Abdias com convicção. "E o Brasil gosta de repeti-la pelo mundo afora. Mas é uma imensa mentira. E os negros sabem disso. Os negros sentem na carne a mentira que é a democracia racial. Basta olhar as famílias negras. Onde elas moram? Ou olhar para as crianças negras. Como são educadas? Vê-se logo que é tudo mentira."

Ele me escutou pacientemente enquanto lhe narrava minha conversa recente com Gilberto Freyre Neto. Abdias também não engolia o quadro da vida nos canaviais e nos engenhos do Nordeste como uma história de brancos e negros de mãos dadas ao sol. Disse-me que achava a ideia "sentimental". E se não aceitava essa imagem, observou, não podia aceitar a democracia racial. O interessante é que, no fim da década de 1940, Abdias fora editor de uma revista de vida breve, a *Quilombo*, na qual Gilberto Freyre e outros intelectuais brancos publicavam ensaios numa coluna intitulada "Democracia racial".

"Existe esse mito de que a escravidão no Brasil foi muito branda, até amistosa", disse ele.

Tudo isso são invencionices. A escravidão aqui foi violenta, sangrenta. Por favor, entenda, digo isso com profundo ódio, com muita amargura com relação à forma como os negros são tratados no Brasil... Porque é uma vergonha que o Brasil tenha uma maioria de negros, uma maioria que construiu esse país, mas que continuam a ser, até hoje, cidadãos de segunda classe.

Abdias falava com paixão, mas sem retórica, expressando suas convicções com firmeza, ponderação e energia. Em sua eloquência, lembrava-me o nigeriano Wole Soyinka, prêmio Nobel de literatura. Enquanto eu continuava a ouvi-lo, fascinado, Abdias explicou como o racismo formal no Brasil tinha sido substituído por um racismo informal, mas igualmente pernicioso. A democracia racial era uma máscara, um rosto público que o Brasil adotava para o mundo, disse ele. O Brasil da vida real, do dia a dia, ainda era hostil com os negros, ainda tentava apagar todos os vestígios da cultura africana.

"Meus pais nunca falavam dos deuses africanos", lamentou. "Eu os procurava, mas esses deuses estavam escondidos. As únicas divindades que apareciam em público eram as cristãs, as católicas. Mas, e os deuses daqueles que moravam em casebres, que tinham vergonha ou medo de revelar suas verdadeiras crenças?" Ele deu de ombros e estendeu as mãos vazias. "Não era uma lei. Era uma lei não escrita, e ela determinava que não se falasse dos deuses africanos. Só agora eles são mencionados abertamente.

"Fui o primeiro senador consciente de ser negro", disse Abdias, orgulhoso.

E rasguei a fantasia do Senado. A cada sessão, eu começava minha fala dizendo: "Eu invoco os orixás. Invoco Olorum! Invoco Exu! Que Exu me conceda o dom da palavra! Que me dê as palavras certas para censurar esses racistas que estão no poder há cinco séculos! As palavras certas para dizer ao Brasil, para dizer ao mundo que os negros estão conscientes, que os negros estão despertos!".

Eu imaginava aquela cena, o horror estampado no rosto de seus colegas senadores, enquanto ele falava aos deuses iorubás, invocando o meu favorito nesse panteão, Exu, o mensageiro dos deuses, o deus da interpretação, um pouco como Hermes na mitologia grega. Lancei um olhar à estatueta. Tive quase a impressão de que a graciosa representação dourada do pândego sorria. Nós dois caímos na risada.

Perguntei como ele via o futuro do Brasil. Por acaso via com otimismo uma mudança na situação? Estava curioso para ver que resposta ele daria a essa pergunta. Esperava, creio, algum tipo de explosão visceral. No entanto, Abdias mostrou-se sereníssimo, como se tivesse formulado a resposta havia muito tempo.

"Se eu não fosse otimista, já teria me enforcado", disse. "Essa história é tão repetitiva... Isso vem acontecendo há quinhentos anos. Por isso, se eu não fosse otimista, já teria me enforcado."

Tudo o que Abdias do Nascimento disse me deixou mais ansioso por conhecer o Brasil como ele realmente é. O Brasil da minha imaginação tinha o seu lugar. A imagem que o país fazia de si mesmo tinha vida própria. Mas para que aquela viagem fizesse sentido, eu precisava ver o Brasil do mundo real. E para isso não poderia haver lugar melhor que o Rio de Janeiro. Procurei conhecer bastante os bairros ricos, Copacabana e Ipanema, andando a pé pelas praias e percorrendo de carro as agradáveis ruas residenciais. Comecei a perceber a correção das palavras de Abdias. Eram muito poucos os negros. Parei diante de uma banca de jornais e examinei as capas das revistas, absorvendo lentamente o que via: fileiras e fileiras de rostos brancos, modelos brancos, um Brasil branco. Eu poderia estar na Suíça. Lembrei-me do que Zezé Motta tinha dito. Se alguém me pedisse uma prova de que estava num país de maioria negra, não poderia dá-la naquela banca.

Perguntei-me que brasileiro negro eu me lembrava de ter visto com frequência nos meios de comunicação nos Estados Unidos. Pelé, o Einstein do futebol, foi quem primeiro me veio à mente, seguido de Ronaldo, Robinho, Ronaldinho, Neymar e outros jogadores de futebol. Talvez um ou dois músicos, como Milton Nascimento, e uma ou duas modelos. Mais ninguém.

Continuei minha procura pelo Brasil negro. E o encontrei, não em Ipanema ou em Copacabana, mas nas famosas favelas do Rio. Cheguei ao bairro, muito mal-afamado, chamado Cidade de Deus, uma das mais conhecidas favelas brasileiras, por ter dado nome a um filme bem-feito e de excelente bilheteria, lançado em 2002. Ali, numa das áreas mais degradadas do mundo, vibrava a vida afro-brasileira, visível, onipresente — e penosamente pobre.

O mais famoso rapper brasileiro, MV Bill, nasceu e foi criado na Cidade de Deus. Sabia que ele ainda morava lá, embora sua fama lhe permitisse sair dali. Ele conversou comigo sobre a vida dos afro-brasileiros, e senti que o fazia com prazer. Comecei perguntando-lhe por que ainda morava na mesma favela, tão pobre. Nos Estados Unidos, os astros do hip-hop costumam mudar-se para Beverly Hills ou para um bairro semelhante assim que ganham dinheiro, não importa de onde eles venham.

"Não condeno aqueles que ficam ricos, deixam o gueto e vão morar em outro lugar", ele respondeu. "Mas minha ligação com a Cidade de Deus é diferente, não tem nada a ver com o dinheiro que ganho. Morar aqui faz parte da minha identidade."

A Cidade de Deus parecia o oposto do Rio rico — ali, todos os rostos exibiam diferentes tonalidades de moreno escuro. Perguntei a MV Bill se todos no bairro eram negros.

"A maioria", respondeu, sacudindo a cabeça. "A Cidade de Deus é considerada um dos bairros mais negros do Rio de Janeiro. Mas mesmo aqui, neste bairro negro, o grupo de pessoas mais claras, numericamente menor, é que tem melhores oportunidades na vida."

Os resquícios do branqueamento, pensei imediatamente.

Aqueles que parecem se ajustar ao sonho europeu do branqueamento vivem melhor que os vizinhos mais escuros, mesmo depois de passado tanto tempo.

"Mas no Brasil não devemos dizer essas coisas", falou MV Bill, interrompendo minha reflexão. "Temos de viver numa democracia racial que não existe. Não há igualdade."

Disse a MV Bill que minha própria experiência mostrava isso. Durante minha viagem pelo Brasil, tivera a sorte de poder ficar em bons hotéis e frequentar restaurantes de classe, mas com frequência eu era a única pessoa de cor que não estava trabalhando. MV Bill demonstrou surpresa ao saber que eu tinha sido tratado tão bem.

"Isso aconteceu por causa de sua posição social", disse. "Mas há muitos lugares em que o senhor pode ser o único negro pagante e ainda assim ser maltratado."

Imaginei que MV Bill seria bem tratado aonde quer que fosse. Afinal, ele é uma celebridade. Perguntei-lhe se já tinha sido tratado com descaso pelo fato de ser negro.

"Claro", respondeu, sem titubear. "Antes e depois de ficar famoso."

"Por que o Brasil é tão racista?", perguntei por fim, e pela primeira vez em minha viagem. "É o segundo país em população negra em todo o mundo."

MV Bill assentiu. Sabia o que eu estava perguntando, mesmo não tendo uma resposta pronta. "Vivemos sob o mito da democracia racial", respondeu.

Mas qualquer pessoa nota que isso é uma mentira quando vê a cor das pessoas que moram nas favelas, a cor das pessoas que estão nas cadeias, a cor das pessoas que cometem crimes para sobreviver. As pessoas vão lhe dizer que nosso problema aqui no Brasil é econômico ou social, que é tudo menos racial... Nunca é racial. Mas é.

10. *O autor com o rapper brasileiro MV Bill.* (Foto de Christina Daniels.)

As palavras dele tocaram num ponto sensível. Também nos Estados Unidos é comum que os negros levem a culpa pela própria pobreza.

"Muitas pessoas não têm emprego porque não tiveram acesso à educação", prosseguiu.

E, sem acesso à educação, elas não puderam se qualificar para o mercado de trabalho. Sem nenhuma qualificação — além de todos os preconceitos contra aqueles que moram num lugar como este — é muito difícil arranjar um bom emprego. Há muitas pessoas aqui que não são criminosas, não são viciadas em drogas, mas não têm uma ocupação, não estão fazendo nada.

Recostei-me, tentando processar seus comentários. Embora seja verdade que a segregação racial é proibida no Brasil, persistem os legados da escravidão — abolida há tão pouco tempo, relativamente —, assim como o preconceito de cor. Conquanto a segregação nunca tenha sido legal, como fora nos Estados Unidos, ela se manifesta em todos os extratos da sociedade brasileira. Como eu haveria de constatar em toda a América Latina, as pessoas mais escuras nessas sociedades tendem a ocupar a base da escala social. A democracia racial era um ideal belo e sedutor, mas algum dia fora mais do que uma romântica cosmovisão branca, destinada apenas a manter os afro-brasileiros em seu lugar? Afinal de contas, qual a necessidade de um movimento de orgulho negro numa sociedade em que vigora a democracia racial? Como Abdias do Nascimento me mostrara, com muita perspicácia, o Brasil nunca teve, por causa dessa ideologia de ser um país afortunadamente isento de racismo, um movimento pelos direitos civis, como o que ocorreu nos Estados Unidos, porque não tinha a segregação legal contra a qual investir. O racismo no Brasil era informal — mas de uma eficácia devastadora. E isso fez com que os brasileiros mais negros nunca tivessem oportunidade de exigir reparação pelo racismo que ainda experimentam na pele.

Virei-me para observar crianças que brincavam na rua, vidas jovens cheias de potencial. Perguntei a MV Bill se acreditava que uma daquelas crianças poderia um dia tornar-se o Barack Obama do Brasil.

"É possível, sim" — ele respondeu, sorrindo. "Mas só há uma forma: por meio da educação. E, no Brasil, educação é artigo de luxo. Creio que nossa maior revolução será fazer com que crianças como essas se tornem advogados, que tenham poder político, que influenciem o sistema judicial. Esses são os sinais que um dia esperamos ver."

Deixei MV Bill e seu inspirador espírito de esperança na Cidade de Deus. Mas nossa conversa continuava em minha cabeça. O ciclo da pobreza é inevitavelmente vicioso — falta de dinheiro significa falta de educação, que significa falta de emprego, que significa falta de dinheiro. A causa desse ciclo, e com isso concorda a maioria dos estudiosos e dos ativistas, é o legado da escravidão e o efeito dos resquícios persistentes do racismo. E o que estava fazendo o Brasil para reparar esse mal, para começar a pôr fim, de forma sistemática, à desigualdade imposta pela escravidão a pessoas de origem africana e a seus descendentes?

A resposta não há de causar surpresa aos americanos, mas só há pouco tempo se começou a falar dela no Brasil: ação afirmativa. O futuro, as esperanças e a própria seiva vital dos afro-brasileiros estão nas mãos do sistema universitário do país. Todavia, ao contrário dos programas de ação afirmativa nos Estados Unidos, o Brasil adotou uma forma de ação afirmativa radicalíssima e extremamente polêmica, destinada a provocar ainda mais controvérsia em muitos setores da sociedade brasileira do que os programas dessa natureza suscitaram nos Estados Unidos.

O primeiro programa elaborado para oferecer aos negros pobres uma saída da pobreza foi lançado em 2003, na Universidade Estadual do Rio de Janeiro. Destinou 20% das vagas da universidade para admissão de estudantes negros, e era o único desse tipo em todo o país. Depois disso, programas análogos surgiram em outros estados, levando a debates muitas vezes acalorados. A meta? Contribuir para a concretização dos sonhos articulados de

11. "*Uma liteira brasileira e uma pessoa pedindo dinheiro para a Igreja, 1821*", *gravura*. (Getty Images.)

forma tão eloquente por MV Bill e Abdias do Nascimento: integrar a classe média, da mesma forma que fizeram programas de ação afirmativa nos Estados Unidos, a partir do fim da década de 1960, de modo que crianças negras pudessem, ao crescer, se tornar engenheiros, advogados e médicos em proporção correspondente à sua percentagem na população.

Eu sabia que a adoção de programas de ação afirmativa no Brasil tinha causado muita controvérsia. Por isso, marquei um encontro para debater o assunto com a professora Marilene Rosa Nogueira da Silva, na Universidade Estadual do Rio de Janeiro. Ela se ofereceu para conversar comigo sobre o significado da ação afirmativa para o Brasil e as reações de negros e brancos a esses programas.

"Comecei a lecionar nesta universidade em 1995", disse-me ela. "Naquela época já havia um debate em torno da ação afirmativa, embora as primeiras leis só viessem a ser aprovadas em 2003."

Mas, da noite para o dia, o corpo discente dessa universidade tradicionalmente branca começou a refletir a diversidade cultural do Brasil como nação. Perguntei a ela o que aconteceu quando o programa entrou em vigor e qual tinha sido a reação da comunidade. Marilene balançou a cabeça.

"Sofri críticas de todos os lados", disse, "críticas que diziam que o nível cairia, que a universidade ficaria para trás em relação a outras instituições, o que não ocorreu. Pelo contrário, no momento, coordeno um grupo de estudos, e os melhores participantes são os estudantes da cota."

Os partidários da ação afirmativa asseveravam que sem ela os jovens afro-brasileiros não teriam chance alguma de se equiparar aos brancos, e muito menos de se tornar líderes capazes de representar suas comunidades na sociedade e no governo. A escravidão e o racismo deixaram os negros em situação de desvantagem, mantendo geração após geração de jovens negros presos à pobreza. Só com a ação afirmativa, e mediante cotas, argumentavam, os negros poderiam ter êxito em números compatíveis com sua participação percentual na população. E talvez isso trouxesse a igualdade social.

Os críticos da política se manifestavam com a mesma veemência. Para eles, a ação afirmativa só aumentaria o atrito racial — forçando os brasileiros a se concentrar na questão da raça, em vez de deixá-la de lado, como irrelevante. A pluralidade das categorias brasileiras de mestiçagem não ajudava a aliviar as tensões. Afinal, quem era "negro"? Marilene dedicou boa parte de seu tempo orientando estudantes de diferentes classes que precisavam se desenvolver. Definir quem era negro, explicou, era definir quem entraria na universidade.

"Houve até, em certo momento, um debate entre os estudantes, que criaram uma espécie de tribunal para determinar, por um exame visual, quais seriam os estudantes com direito a entrar na universidade pela cota", disse ela. Por fim, entretanto, definir quem era "preto" foi deixado por conta da autoidentificação — uma boa decisão, pois eu não podia imaginar as sentenças de tal corte determinando o futuro dos jovens! Mas a professora achou graça de minha indignação. Ver jovens lutando por sua africanidade, sua identidade, lhe dava esperanças para o futuro.

"Eu dizia: 'É bom ver alguém se declarar preto para chegar a algum lugar'", ela disse, com um sorriso largo. "A ideia de uma pessoa se declarar negra já é uma vitória."

Muitas universidades públicas seguiram o exemplo da instituição da professora Marilene Rosa, e algumas adotaram até cotas mais elevadas. (A Universidade Federal da Bahia reserva 40% de suas vagas para estudantes pobres e negros, o que talvez seja muito justo.) No entanto, essas mudanças foram obtidas com muita dificuldade, ressaltou Marilene, e até hoje seus alunos ainda discutem entre si a respeito da ação afirmativa. Como professor, sei que um debate entre estudantes pode ser muito elucidativo. Por isso, pedi a Marilene que organizasse um debate, e ela gentilmente atendeu a meu pedido. O que vi não me desapontou.

"Será que não estamos camuflando um problema muito mais profundo?", perguntou um estudante, ansioso. "Se o objetivo é acabar com o racismo, será que não o estamos reforçando, por via indireta?"

"Isso não é uma forma de camuflar o racismo", respondeu outro. "É um modo de demonstrar que estamos tentando dar uma solução a ele. Porque durante quatrocentos anos os negros foram escravizados, e quando veio a abolição, foram excluídos."

"O que estamos fazendo é atacar a consequência", contestou uma aluna, "e não a causa."

"Quem se beneficia dessa ação é a favor, e quem não se beneficia é contra", contrapôs outro estudante.

"Existem hoje no Brasil 130 milhões de eleitores", disse um rapaz de cabeleira afro (um dentre meia dúzia de estudantes que pertenciam ao grêmio estudantil negro e que tinham vindo ao debate com camisetas idênticas), cujo tom de voz e atitude me recordaram estudantes americanos negros do fim da década de 1960.

Desses 130 milhões, só 3% possuem um diploma universitário. O país tem hoje 40 milhões de analfabetos. A universidade já é um espaço oligárquico, aristocrático. Aqui, todos estamos numa situação privilegiada. Isto é um privilégio, vocês compreendem? Isso não é assunto de debate.

"O papel da universidade pública consiste em educar todos os setores da sociedade", outro rapaz declarou. "A universidade pública não existe para servir à elite."

"Gostaria que ele citasse os privilégios que beneficiam as elites", redarguiu outro jovem, "porque não vejo brancos sendo alvo de privilégios, mas sim negros ou pessoas de baixa renda sendo privilegiadas quando optam pelo sistema de cota."

Isso está ficando bom, pensei.

"Você não sabe quais são os privilégios?", perguntou outro estudante, incrédulo. "Na educação superior, o percentual de professores negros não passa de 1%. No sistema de saúde pública, as parturientes negras recebem menos anestesia do que as brancas. Estou citando dados oficiais. Negros com o mesmo nível de educação de brancos recebem 35% menos para executar o mesmo trabalho."

Vendo e ouvindo aqueles jovens veementes, com os nacionalistas negros entre eles tornando-se cada vez mais francos, mais obstinados, orgulhando-se por demonstrar desprezo pelos adversários da ação afirmativa, eu me lembrava de cenas em Yale, no fim dos anos 1960, quando minha geração foi a primeira a assistir à criação de programas de ação afirmativa e muitos de nós manifestávamos nossas convicções políticas e nossas ansiedades com atitudes igualmente ofensivas e impacientes. Pensei também nos privilégios de minha própria vida, privilégios possibilitados por minha inclusão naquela geração pioneira. Em 1966, seis negros se formaram na Universidade Yale. A turma de 1973, que começou o curso três anos depois, tinha 96 rapazes e moças negras.

Queria deixar que aqueles jovens falassem, discutissem ou quebrassem o pau, mas também queria que soubessem que eu nunca teria estudado em Yale sem a ação afirmativa. Barack Obama não teria estudado em Columbia, e é provável que não tivesse se formado na Escola de Direito de Harvard. A ação afirmativa — e com essa expressão quero dizer: levar em conta a etnicidade, a classe, a religião e o gênero como critérios para admissão em uma faculdade — não é, de modo algum, um remédio perfeito para a história da discriminação, mas é o melhor sistema de que dispomos nos Estados Unidos para corrigir um passado que não pode ser alterado. "Nem Deus pode mudar o passado", Shimon Peres gosta de dizer. Entretanto, o acesso igualitário à educação superior de qualidade contribui para alterar os efeitos das desigualdades estruturais que herdamos do passado. Em última análise, acredito, tanto no Brasil quanto nos Estados Unidos, a educação será o único meio de corrigir os efeitos mais daninhos de séculos de escravidão baseada na raça e de um século de racismo, formal e informal, em relação aos negros. A diversificação da classe média — a mudança na proporção de negros e brancos nas classes econômicas superiores brasileiras, com vista a algum tipo de curva de classe que reflita melhor a composição étnica brasileira — será o único meio de alcançar a "democracia racial" de que o Brasil tanto se vangloria. Mesmo com a forma bastante drástica de ação afirmativa que algumas universidades brasileiras decidiram pôr em vigor (e o Supremo Tribunal Federal do Brasil em breve se pronunciará* sobre a constitucionalidade dessas cotas rígidas, da mesma forma

---

* O STF validou a constitucionalidade das cotas no primeiro semestre de 2012. (N. T.)

como fez a Corte Suprema nos Estados Unidos), esse tipo de redistribuição de classe entre a grande população negra do Brasil ainda vai levar muito tempo para produzir frutos.

Devo dizer que me senti meio decepcionado ao ouvir das pessoas que entrevistei que a "democracia racial" era, na melhor das hipóteses, um conceito filosófico, talvez um sonho ou uma meta, e, na pior das hipóteses, um slogan muito repisado, e não uma anomalia revolucionária que começava a modificar os efeitos de séculos de discriminação racial no Brasil. Lembro minha emoção quando tomei contato com essa ideia, no fim da década de 1960, minha esperança de que existisse algum lugar no hemisfério Ocidental onde os brancos não discriminassem os negros por serem negros. São tantas as coisas que eu adoro no Brasil, o maior posto avançado da África em todo o Novo Mundo: o candomblé, o Carnaval, a capoeira; sua espantosa lista de classificações de pele escura; as formas musicais de lânguida sensualidade, como o samba e a bossa nova; filmes como *Orfeu do Carnaval* e *Cidade de Deus*, que surpreendem com suas inovações ousadas na representação da negritude; a feijoada; a sexualidade sedutora, exibida mais ou menos abertamente nas praias; a tranquilidade com que os praticantes do catolicismo combinam essa religião com o candomblé; e, sempre, seus times de futebol, entre muitas outras coisas.

No entanto, a "democracia racial" de Gilberto Freyre está longe de ser uma realidade — tão longe ainda, ocorre-me, que me pergunto se ele pretendia mesmo que o conceito atuasse como uma espécie de chamado às armas, um brado de guerra, um ideal a que os brasileiros deveriam aspirar. Decerto esse ideal estava ainda mais distante em 1933, quando Gilberto Freyre o formulou. Esperava deparar com uma imensa, bela e rica paisagem, ocupada por um dos povos de maior diversidade étnica do mundo, cuja identidade vem sendo plasmada, há mais de meio milênio, por uma interação complexa e acolhedora entre indígenas, africanos e portugueses. Realmente, encontrei tais coisas. Descobri um ambiente afro-brasileiro vibrante, em evolução, inquieto, engajado — atual.

Ao mesmo tempo, encontrei uma realidade social e econômica profundamente conturbada, profundamente abalada pela questão racial, uma realidade em que "raça" quer dizer "classe". Talvez Abdias do Nascimento tivesse razão ao dizer que faz décadas que os afro-brasileiros de todas as tonalidades têm vivido, e talvez sofrido, à sombra de um mito. O país lhes disse que a democracia racial tinha resolvido (ou resolveria) a contento todas as questões raciais e que não havia necessidade de lutar por igualdade de direitos. Entretanto, o Brasil de hoje está muito distante de ser um paraíso racial, e todos os negros brasileiros — e os brancos também — sabem disso. Meio milênio de escravidão e de racismo de brancos contra negros não pode ser apagado com um slogan, não importa com que eloquência esse slogan seja apregoado. Não obstante, vi muita coisa que me deu esperanças, principalmente o fato de que a consciência negra vem se afirmando como força política, em toda a sociedade, de várias formas, as quais obrigam a sociedade a ouvi-la. E talvez a experiência brasileira com a ação afirmativa na educação superior — mesmo que modificada, como será — comece a concretizar, no século XXI, o tipo de igualdade de oportunidades que há tanto tempo vem se mostrando inatingível no Brasil, um país tão "africano" e negro em sua diversidade cultural, mas já dominado economicamente pelos descendentes brancos dos senhores e pelos descendentes dos imigrantes brancos pós-abolição. Minha esperança, enquanto meu avião decolava, era estar assistindo à concretização da invocação de Abdias do Nascimento a Exu: que o Brasil encontrasse finalmente sua voz política, tão intensa e ressonante quanto a voz artística que encontrou há tanto tempo, e que, nesse processo, o país passasse por um novo tipo de revolução social, capaz de levar à criação da primeira democracia racial do mundo.

2. México

"A vovó preta como um segredo de família"

Os afro-mexicanos são como o açúcar no café; não se pode ver seus grãozinhos, mas eles tornam a bebida muito melhor.

Sagrario Cruz-Carretero

Os dias dos brancos puros, os vencedores de hoje, estão contados como estiveram os dias de seus predecessores. [...] [Estamos entrando] no período de fusão e mistura de todos os povos. [...] O mestiço produzirá uma civilização mais tendente à universalidade do que qualquer outra raça no passado.

José María Vasconcelos, 1925

Na parede de minha sala de jantar há um quadro intitulado *Lucky* [Sortudo], uma das colagens ou obras de arte ready-made criadas pela artista afro-americana Suesan Stovall. Lucky é um negro janota. Está de pé, apoiado numa bengala, com um tornozelo cruzado sobre o outro, e usa uma gravata-borboleta, um elegante chapéu-panamá e sapatos de duas cores, marrom e branco. A moldura de seu retrato ostenta o número "26". Ele é o tema de um desenho, não o objeto de um retrato; no entanto, Lucky não é uma caricatura racista. Sempre gostei dessa imagem. Na verdade, ela faz com que eu mesmo me sinta um felizardo — um dos motivos pelos quais mantenho esse negro casquilho à vista da mesa de jantar, onde a cada dia tento escrever. Só vários anos depois de adquirir essa imagem foi que vim a saber (por Pablo González, moldureiro que veio a minha casa para pendurar novas colagens de Stovall) que Lucky era, na realidade, uma das 54 figuras de um jogo de bingo do México, chamado La Lotería Mexicana. Que diabos estaria fazendo um negro — chamado carinhosamente de "El Negrito" — quase no meio de um conjunto de 54 imagens de um dos jogos de salão mais populares do México, entre personagens intituladas "O Galo", "O Diabinho", "A Senhora", "O Pelintra", "A Melancia", "O Apache", "O Crânio", "A Rosa", "O Escorpião" e "A Morte", espremido entre a carta número 25, "O Bêbedo", e a 27, "O Coração"? O termo "El Negrito" é usado como tratamento carinhoso no México, sem nenhuma conotação racial nem ironia.

A cada uma das 54 figuras do jogo corresponde uma breve divisa ou descrição. Qual é a de Lucky? "O que comeu o açúcar." Qual o sentido dessa charada? O que estava fazendo o negro — não um mulato, em nenhum aspecto, mas um homem de traços inequivocamente negroides — num popularíssimo jogo de salão mexicano? Lucky, ou El Negrito, é um vestígio do passado africano do México, há muito sepulto. Pode-se dizer que o mistério da origem daquele negro ativou meu desejo de explorar a presença africana no México.

Comecei minha viagem quase esmagado pelas implicações da pesquisa sobre o comércio de escravos no México que acabara de receber do historiador David Eltis. Eltis dirige o Banco de Dados do Comércio Transatlântico de Escravos, um site de livre acesso que consiste em um vasto banco de dados sobre 32 mil viagens de navios negreiros para o Novo Mundo, entre 1502 e 1866. Nos primeiros anos do tráfico escravista — até mais ou menos 1600 — os dados indicam que o México teria a maior população de escravos do Novo Mundo. Ademais, de acordo com as estimativas mais recentes de Eltis, cerca de 700 mil africanos foram levados para o México e o Peru enquanto durou o tráfico de escravos, um número muito maior do que se supunha. Isso representa 250 mil negros a mais que o total levado para os Estados Unidos em toda a história do comércio escravista. Nesse caso, por onde andam os seus descendentes? Por que não pensamos no México como um país afro-latino-americano?

Hernán Cortés foi o primeiro conquistador a chegar ao território mexicano, em 1519. A conquista final do México-Tenochtitlán se deu em 1521. Pouco depois, os espanhóis começaram a se instalar ali, como fariam também no Peru, e teve início um comércio intenso de escravos. Em 1580, fazia sessenta anos que os espanhóis estavam instalados no México. No começo do século XVII, embora a importação de escravos mal tivesse começado, o México tinha uma das maiores populações de escravos da América Latina, e me arrisco a dizer que poucos americanos sabem disso. Antes de 1550, a maioria dos escravos era levada para a ilha de Hispaniola. Nessa época, o historiador quinhentista Gonzalo Fernández de Oviedo y Valdés descrevia Hispaniola como uma "nova Guiné". Para pormos isso em perspectiva, em 1550 a ilha de Hispaniola, hoje dividida politicamente entre o Haiti e a República Dominicana, se achava em seu pleno ciclo açucareiro, que durou até 1580. Entretanto, o próprio México passava por um surto de prosperidade econômica, graças a descobertas de jazidas de prata, na década de 1540. O México ainda estava nos primeiros estágios de colonização, mas desenvolveu-se depressa e viria a se destacar de meados para fins do século XVI. Em outras palavras, tanto o México como

Hispaniola passaram por um período de prosperidade entre 1550 e 1580, e o México superou Hispaniola em importância econômica antes do fim do século XVI.

Onde estão hoje os descendentes desses escravos? Alimentam a esperança de uma democracia racial, como os afro-brasileiros? O que as crianças afro-mexicanas sabem de seu patrimônio cultural? Como os descendentes dos escravos do México anteveem seu futuro? Existem como uma classe ou grupo étnico distinto? Ou a presença negra está soterrada no caldeamento do DNA coletivo do México?

Comecei minha busca por respostas na grande cidade portuária de Veracruz. Em meados do século XVI, aquela fora a principal porta de chegada dos escravos e de praticamente todas as demais importações do México. Por sorte, fiz contato com duas acadêmicas da cidade, a arqueóloga Judith Hernández e Sagrario Cruz-Carretero, professora de antropologia na Universidade de Veracruz. Encontramo-nos no porto, no lugar exato onde todos aqueles escravos teriam chegado ao país.

Ambas me disseram que registros históricos mostravam que os navios podiam levar dois meses para chegar a Veracruz, partindo dos portos da África Ocidental e Central — bem mais do que demoravam para chegar ao Brasil. Os navios negreiros eram, naturalmente, quentes e úmidos, como saunas. Os escravos mais propensos a reter sal no organismo, disseram, tinham maiores probabilidades de sobrevivência, porque retinham mais água, o que lhes permitia evitar a desidratação durante o suplício que era a viagem. (Segundo essa teoria, chamada de "tese do sal", é por isso que muitos descendentes de escravos nos Estados Unidos sofrem de hipertensão.) Ainda assim, cerca de 15% dos africanos morriam durante a travessia.

"O que acontecia quando esses escravos chegavam aqui?", perguntei. "Eram examinados clinicamente?"

12. *Veracruz, México*. (Foto de Jemila Twinch.)

"Havia cirurgiões pagos para receber os negros", disse Judith, "e o exame consistia em lamber a barba. Porque o suor contém sal. Se a barba estivesse salgada, isso significava que o escravo tinha boa pressão arterial."

Uma vez aprovados no exame físico, os escravos eram vendidos na Plaza Central da cidade. Alguns permaneciam em Veracruz e eram negociados ali no porto. A maioria, porém, era levada para a Cidade do México, onde eram vendidos para diversas regiões nos territórios dominados pela Nova Espanha. De acordo com as professoras, a maior parte era comprada por fazendeiros que precisavam de escravos para cultivar cana-de-açúcar ou criar gado. Os mexicanos nativos, explicaram, não tinham aptidão alguma para a pecuária porque, é claro, nunca tinham visto um boi, mas alguns africanos conheciam o gado e sabiam criá-lo, de modo que logo se tornaram apreciados vaqueiros. Outros africanos eram comprados para trabalhar em minas, na lavoura ou como criados domésticos em casas senhoriais.

"Quanto custava um escravo?", perguntei.

"Entre 150 e quatrocentos pesos", respondeu Sagrario. "Para lhe dar uma ideia melhor, o valor de algumas casas chegava a quatrocentos pesos. Era um luxo." Ou seja, uma casa e um escravo que cultivasse o campo para que fosse paga a casa podiam custar mais ou menos a mesma quantia. No entanto, o preço das casas variava bastante, indo de duzentos a 5 mil pesos. Essa variação revela porque, para alguns fazendeiros, os escravos nem sempre eram tidos como um luxo.

Parei por um momento para pensar naquilo. Mesmo para intelectuais que passam a carreira pesquisando o comércio de escravos, é esquisito falar do preço de uma pessoa. "Essas paredes estão cobertas de sangue africano", disse Sagrario, com um gesto em direção aos numerosos prédios históricos que ladeavam o cais.

A população nativa decresceu por causa de doenças, de modo que foram os africanos que levantaram esses prédios magníficos. E muitos deles morreram na construção. Todas essas paredes têm as impressões digitais de todos esses africanos. Essa é a impressão digital da história negra no México. É uma história de morte e de invisibilidade.

Morte e invisibilidade — essas palavras me impressionaram. Eram poderosas, soturnas. Fiquei pensando se descobriria serem verdadeiras. Seria a escravidão mexicana, como no Brasil, também uma história de criação, contribuições culturais e miscigenação?

Pouco depois, Judith teve de nos deixar, de modo que Sagrario e eu fomos almoçar. À mesa, ela tirou da bolsa um maço de fotografias de família para me mostrar. Eram fotos de seu avô, seus pais, suas tias e primos. Muitas dessas pessoas pareciam indígenas. Mas em cada uma das fotos, ela apontava os traços negroides —

13. *Porto de San Juan de Ullúa, Veracruz.* (Foto de Jemila Twinch.)

narizes largos, lábios grossos, cabelo crespo —, as marcas da África nos rostos de seus parentes. O banco genético de sua família era mestiço, explicou, tinha uma dose perceptível de África. Depois me contou que só soube de sua herança genética negra quando tinha dezenove anos.

"Como descobriu que era em parte negra?", perguntei-lhe.

"Viajei a Cuba", ela contou. "Lá, comecei a ouvir falar do patrimônio e da cultura africanas. E de repente me dei conta de que minha família era negra... Porque os cubanos eram parecidos com meu avô, com meu pai. Comecei a provar a comida e exclamei: 'Meu Deus! Essa é a comida que minha avó prepara lá em casa.'"

Perguntei o que ela havia sentido ao descobrir esse lado africano de sua família em um país onde os negros não existem oficialmente. Ela estava com dezenove anos quando isso aconteceu. Foi uma descoberta positiva? Ou ser descendente de escravos africanos era uma pecha vergonhosa, o que poderia explicar por que ela levara dezenove anos para tomar conhecimento de seus ancestrais?

14. *Porto de San Juan de Lua, Veracruz*. (Foto de Jemila Twinch.)

Ela percebia a estranheza da experiência por que passara. Diante de minha pergunta, juntou as mãos, erguendo os olhos para o alto. "Foi esquisito", disse por fim, "muito esquisito. Foi como descobrir que era adotada. Quando voltei para o México, perguntei a meu avô por que ele nunca tinha me dito que éramos negros. E ele respondeu, segurando minha mão: 'Não somos negros. Somos *morenos*'."

Achei aquilo fascinante. *Moreno* é uma palavra que designa um mestiço em certas partes do México, como em Oaxaca e Guerrero. É um termo regional, mas esclarece um discurso nacional muito mais amplo. Durante séculos, os mexicanos falaram de dezesseis categorias de mistura racial, ou tonalidades de pretos e mulatos, as chamadas *castas*, tipos pelos quais filhos de uniões inter-raciais eram classificados. Alguns historiadores sustentaram que as imagens desses tipos, que no século XVIII eram com frequência pintados em conjunto, destinavam-se a turistas provenientes da Espanha, mas outros afirmam que esses paradigmas de misturas raciais, representados em quadrinhos de dez centímetros por dez centímetros, eram feitos no contexto de teorias iluministas sobre a diversidade e a classificação de plantas, paisagens, frutas, artefatos e pessoas — em outras palavras, eram resultado de um objetivo "científico". Um terceiro grupo argumenta que tais imagens eram produzidas para consumo interno, e não se destinavam a visitantes. Mas isso não vem ao caso. O importante é a multiplicação de "tipos" raciais.

Os *morenos* não aparecem nos quadros de *castas* como uma das dezesseis tonalidades oficiais, talvez porque o termo seja regional. Entretanto, talvez isso não explique tudo. Como me disse o historiador Ben Vinson III,

na verdade, é provável que haja mais categorias de mestiços. Normalmente, as pinturas de *castas* eram feitas em séries de dezesseis imagens que mostram a progressão de mistura racial como diferentes "tipos" de cruzamentos com "brancos". Talvez seja daí que venha o número dezesseis. Ademais, há quem diga que os quadros das *castas* eram enviados ao exterior para que estrangeiros (principalmente espanhóis) tivessem uma ideia de como era a vida no Novo Mundo (inclusive a fauna e a flora). Por isso, muitas pessoas pensam que os quadros eram feitos para exportação. Não obstante, havia também um mercado interno. Observavam-se variações, no Peru e no México, no público a que se destinavam os quadros. Com ou sem essas imagens, a nomenclatura das *castas* continuava viva, e talvez tenha havido pelo menos dezoito categorias raciais, utilizadas com certa consistência no México colonial.

Enquanto Sagrario Cruz-Carretero desfiava a história da classificação racial, usando como modelo sua própria família, eu assentia, reconhecendo um fenômeno mais amplo, um fenômeno que encontrei em toda minha pesquisa na América Latina. Tal como acontecera no Brasil, via no México uma sociedade em que os vestígios das raízes negras eram sepultados em mestiçagem. As raízes negras eram aceitas se fossem parte de uma mistura, um ingrediente que, propriamente, não desaparece, mas só se faz presente por meio de um vestígio, um indício, um sinal revelador. Poucas pessoas na América Latina, ao que tudo indicava, queriam ser consideradas "negras" ou "pretas". Como tantas pessoas que seriam definidas como "negras" ou "afro-americanas" nos Estados Unidos, o avô de Sagrario, segundo ela, afirmava que o legado de mestiçagem de sua família era um escudo contra a inclusão na categoria "preto", ou "negro". Seria esse um caso do odioso dito americano, segundo o qual "Se é preto, volte. Se é pardo, fique por aí. Se é branco, tudo bem"? Estava disposto a descobrir e, ao mesmo tempo, ansioso por evitar impor meu sistema de valores a outro povo.

Sagrario disse, referindo-se ao avô: "Ele tinha consciência de ser negro, mas rejeitava essa identidade. E acho que isso é uma coisa que ocorre na maior parte das famílias... Mas não se fala disso. A gente esconde a vovó preta... é um segredo de família".

A vovó preta escondida... Um segredo de família. Que frases incríveis! O afloramento genético, o gene recessivo e revelador que de repente cai do céu, como no quadrinho da categoria de *casta* denominada *Torna atrás*, que ocorre numa família quando traços negroides surgem no filho de pais menos pretos. (Como veremos, a frase correspondente na República Dominicana diz que todos os seus cidadãos aparentemente brancos ou "índios" são, na realidade, "pretos atrás da orelha".) Só que tal "céu", hoje sabemos, consistia em mais da metade dos 700 mil africanos levados para o México e para o Peru a fim de criar economias coloniais. Virei-me um pouco para contemplar o fluxo contínuo de mexicanos que passavam por nossa mesa. Alguns rostos pareciam pardos, outros um tanto avermelhados, alguns um tanto bronzeados, outros quase brancos. Havia rostos muito morenos. No entanto, como as raças estavam claramente misturadas, fiquei pensando se seriam vistas como iguais, se cor era classe, como parecia ser o caso no Brasil.

"Por que, em todas as sociedades miscigenadas, os negros estão sempre na base da escala social?", perguntei à professora.

"É porque isso faz parte da natureza humana", ela respondeu, dando de ombros, referindo-se aos sistemas de "cor como classe" que surgiram em sociedades escravistas nos Estados Unidos, em todo o Caribe e na América Latina. "Existe um sistema de 'pigmentocracia' que situa a pessoa em parâmetros sociais de acordo com a cor da pele. Ter pele mais clara confere à pessoa uma boa posição social." Aquilo era sem dúvida verdadeiro no que se referia ao sistema inconsciente de classificação em vigor no México e em todo o Novo Mundo. Mas também é verdade que em certos períodos e lugares do México, os negros estavam em melhor posição social que os indígenas e que essa realidade persiste ainda hoje em algumas regiões. Além disso, como veremos, é claro que nem todos os negros se mantiveram como escravos. Para justificar a ordem econômica do Novo Mundo, baseada na exploração do trabalho dos negros, surgiram teorias raciais que desvalorizavam as tonalidades mais escuras da pele humana.

Disse à professora Sagrario que, na minha opinião, ela estava correta. Nas sociedades mestiças, a cor serve, em parte, para definir a classe. Vê-se isso na África, na Índia, na Ásia e em todas as Américas. E esse fato contém outro, algo que já vi acontecer muitas vezes: numa cultura mestiça, há uma tentação muito forte em esconder os próprios traços negroides. Sagrario aquiesceu e disse que, como a maioria de seus parentes podiam facilmente passar por indígenas, preferiam fazer isso. As mexicanas de pele mais clara, continuou ela, descolorem o cabelo para parecer mais europeias. A partir de uma cultura que procura embranquecer ativamente — como fizera o Brasil e, pelo o que acabava de descobrir, também o México — nem sempre era fácil reivindicar uma herança negra, sobretudo quando a cor da pele e os demais traços físicos da pessoa não pareciam africanos ao resto da população. Quem não acha que a pessoa parece negra, disse ela, sente-se à vontade para dizer que ela não o é. Afinal, presume-se, por que alguém quereria ser negro?

"Mas nas mãos de quem está o 'negrômetro'?", ela me perguntou, com um leve sorriso para disfarçar a seriedade da interrogação. "Quem tem os documentos e pode decretar quem é preto e quem não é? É nosso dever tentar mudar a ideia de que ser negro é ser feio, e também a ideia de que o nome 'negro' seja pejorativo. Senão, a pessoa que aceita sua condição de negra será subestimada."

Eu disse a ela que essa era uma pergunta crucial, sobre a qual eu vinha pensando havia bastante tempo, mas sem saber como responder. Há a tentação de pensar que são as classes dominantes — as que mais têm a ganhar e a perder — que inventam e impõem as distinções de cor. No entanto, a história leva a crer que as coisas não são bem assim. A culpa, disse a Sagrario, precisa ser amplamente distribuída. Até certo ponto, o "negrômetro" está nas mãos de todos nós.

No fim da tarde, deixei Sagrario e a cidade de Veracruz, impressionado com o fato de uma pessoa que nem era obviamente negra houvesse abraçado com tanto entusiasmo sua herança africana, e iniciei uma longa viagem de carro a Tlacotalpan, no interior do país. Na estrada, folheei meu maço de anotações. Tlacotalpan fora um importante entreposto colonial. Por ali passavam açúcar, algodão, gado, cavalos e escravos — bens produzidos por escravos indígenas e africanos, juntamente com sua prole, formada muitas vezes pelos filhos mestiços de colonizadores europeus. Quando os escravos eram levados de Veracruz para o interior do país, aquele era um dos lugares para onde iam.

Caminhando pelas ruas de Tlacotalpan, vi uma cidade curiosa, colonial, que, com toda probabilidade, não mudara muito desde o começo do século XVII. Numa pracinha cercada de cafés, encontrei-me com o etnomusicólogo Rafael Figueroa, que estuda culturas analisando sua música. Conversaríamos sobre o modo como as influências africanas, mexicanas e indígenas tinham se combinado para criar novas formas musicais. Rafael parecia ansioso por começar a falar. Depois do almoço, ele me disse que eu tinha dado sorte, porque naquela noite haveria na cidade uma exibição do fandango tradicional. Mal pude esperar.

Logo depois do pôr do sol, na fresca da tarde, rumamos para a praça central. Quis acreditar que toda a população da cidade estava ali. Círculos de cadeiras, dispostos em torno de um palanque de madeira, enchiam-se rapidamente. Figueroa me levou a uma área, do outro lado da rua, onde músicos tocavam, e homens e mulheres, de todas as idades e em várias combinações, dançavam animadamente. Revezavam-se para dançar no palanque, e o sapateado das mulheres sobre o tablado reverberava na praça. Eu me sentia em transe. Os movimentos enérgicos da dança lembravam-me o flamenco espanhol, mas a percussão polirrítmica era africana. Havia também um outro elemento, que me disseram provir da tradição indígena. Essa mistura, disse-me Figueroa, era o fandango.

Sempre achei que o fandango fosse uma forma musical europeia. Associava-o à Argentina e ao Brasil, é claro, mas somente como um resquício do domínio colonial espanhol e português. Nunca pensara no fandango como africano. Figueroa esclareceu as coisas. "O fandango é, basicamente, uma mistura de elementos hispânicos e africanos", explicou. "Embora os instrumentos sejam hispânicos, na verdade são tocados de forma percussiva, e competem entre si em polirritmos agressivos. O tablado, que chamamos de *tarima*, é em si mesmo um instrumento musical."

"O fandango é uma festa para nós", disse ele, sorrindo. "Pode-se organizar um fandango numa festa de aniversário, num casamento, ou sem nenhum motivo especial. Há fandangos privados

15. Um ameríndio e sua esposa negra, *uma das dezesseis* pinturas de castas *que representam a cor da prole de várias combinações inter-raciais no México.* (Museu da América, Madri, Espanha/ Giraudon/ Bridgeman Art Library.)

no quintal e fandangos públicos como este. É sempre uma festa de música e dança. Uma diversão, só isso."

"Ou seja, uma coisa muito negra", retribuí, com um sorriso.

"Exatamente." Figueroa riu também.

"Essas moças são ótimas", comentei. "Os rapazes dançam ou são só as moças?"

"Bem, eles sempre dizem que a primeira dança é só para ver as moças", ele respondeu, piscando o olho, "para verem se querem dançar com uma delas depois. Já vi fandangos que duram até as seis ou sete da manhã."

"Da manhã?", perguntei, admirado. "Adoro esta cidade!"

Figueroa destacou os ritmos africanos na música, os floreios das *vihuelas* mexicanas e as fortes influências espanholas. Tanto quanto o Carnaval brasileiro, percebi, o fandango nascera de uma complexa mescla de culturas. À medida que conversávamos, descobri que muitas músicas e formas que eu considerava mexicanas tinham, na verdade, histórias mestiças. Na dança, os complicados passos que em seu conjunto são chamados *zapateo* combinam tradições espanholas e africanas. Mesmo "La Bamba", que se pode afirmar ser a música mexicana mais conhecida, tem raízes africanas, disse-me Figueroa. Escravos vindos de Angola e do Congo cantavam essa música, no México, em 1683.

O México está mergulhado em africanidade, pensei comigo. Nesse caso, por que não a vemos? Perguntei a Figueroa o motivo pelo qual a maioria dos mexicanos não parece ter traços negros e por que a herança africana da nação não está mais presente em sua identidade cultural.

"Eles se misturaram, desde o início", respondeu ele, referindo-se aos povos indígenas, aos escravos e aos europeus. "É por isso que ela não está visível... Mas está presente." Os elementos negros no México se diluíram, disse. Em certas áreas, como a Costa Chica, no litoral do Pacífico, e em Veracruz, na costa atlântica, as pessoas ainda têm certas características africanas. Além disso, comentou Figueroa, mesmo quando os mexicanos não parecem negros, às vezes revelam sua herança africana no modo como falam. Como eu tinha escrito um ensaio sobre a fala dos afro-americanos, quis saber um pouco mais sobre aquilo.

"Nós temos um sotaque característico", explicou ele. "Quando dizemos *helado* [sorvete], deixamos de lado o 'd', de modo que pronunciamos *hela'o*. Às vezes, também eliminamos o 's' final das palavras. Isso é muito comum entre as pessoas de origem africana." O fenômeno era habitual também no espanhol do período colonial.

"Ah, já notei isso", comentei, percebendo que havia descoberto uma chave para desvendar a africanidade oculta do México. "Notei que algumas pessoas dizem *Buenos día* em vez de *Buenos días*, mas não entendi o porquê disso!" "Exatamente!", disse Figueroa, como um bom professor incentivando um aluno esforçado. (Observei esse fenômeno linguístico também na República Dominicana. Até o "s" interno é quase mudo, como em *hablo e'pañol*, em vez de *hablo español*.)

Perguntei a Figueroa sobre sua própria ascendência negra. Disse-me que o cabelo de sua mãe era muito crespo e que ela sabia ter sangue africano. Lembrando-me do que a professora Sagrario Cruz-Carretero me contara, perguntei-lhe o que sua mãe achava de seu cabelo. Figueroa respondeu que ela se orgulhava de sua origem... mas que o orgulho pela africanidade tinha limites. "Para muita gente, a pele negra é um símbolo de beleza", disse. "Mas, de certa forma, é uma relação de amor e ódio. Essas pessoas não gostam da pele negra em seus filhos. Se um menino nasce mais claro do que o pai, dizem que a criança está 'melhorando a raça.'"

Já ouvi esta frase muitas vezes da boca de negros americanos, embora com mais frequência nas décadas de 1950 e 1960, é claro, do que hoje. Minha cunhada, Gemina Pena Gates, certa vez me contou que sua tia a usava com frequência em Porto Rico. Disse a Figueroa que eu mesmo já a escutara várias vezes, pois era usada também por negros nos Estados Unidos.

Mais tarde, quando a música do fandango começou a diminuir, voltei para meu hotel, a sós com meus pensamentos. Se meio milhão de escravos chegaram ao México por Veracruz e, em menor número, por Acapulco, como tinham se tornado, quinhentos anos depois, vovós pretas convertidas em segredos de família? Por que ali o caldeamento étnico pulverizara de maneira tão eficaz os traços físicos africanos? O que ocorrera?

Na manhã seguinte, viajei para Yanga, esperando encontrar algumas respostas. A cidade tem uma história fascinante. Em 1553, o vice-rei Luís de Velasco pediu ao rei Carlos, da Espanha, que limitasse o número de escravos enviados ao México, por julgar que já havia um excesso de africanos no país e temer o que poderia acontecer no caso de se organizarem. O futuro mostrou que ele tinha bons motivos para pensar assim. Em 1570, um escravo chamado Gaspar Yanga fugiu e se tornou chefe de um grupo de africanos nas montanhas de Veracruz. Yanga não só se livrou da escravidão, cinquenta anos antes que o *Mayflower* aportasse em Plymouth Rock, como durante três décadas atormentou os espanhóis com ataques, sem nunca ser capturado. Por isso, em 1609 os espanhóis desistiram de combatê-lo e lhe ofereceram uma cidade em troca da paz, desde que ele deixasse de acobertar escravos fugidos. A cidade de Yanga se tornou uma das primeiras comunidades fundadas por negros libertos nas Américas. De acordo com alguns historiadores, na verdade foi a primeira delas.

Estava ansioso por conhecer Yanga. Para falar a verdade, estava louco por isso. Mal pude esperar que o carro parasse antes de saltar na praça central. Diante de mim erguia-se uma magnífica estátua do homem, e parei diante dela para admirá-la.

Queria saber o que os moradores dessa cidade sabiam de sua história e o que sentiam a respeito dela. Por isso, num parque próximo, pus-me a procurar pessoas com quem pudesse conversar. Logo conheci uma moça chamada Carmen, e dentro em pouco outras pessoas começaram a fazer uma rodinha à nossa volta. Acho que estavam mais atraídos pela equipe de filmagem do que por minhas intermináveis perguntas. Mas estavam dispostas a conversar.

"Carmen, quem foi Yanga?"

"Um herói", respondeu ela. "Ele libertou os moradores de Yanga."

"Um escravo negro", acrescentou um rapaz. "Pelo que sei, era um escravo dos espanhóis que fugiu."

"Ele se libertou da opressão dos espanhóis", disse sua namorada. "Libertou os escravos."

"É por isso que dizem que Yanga é a primeira cidade livre das

Américas!", exclamou um menino. Havia um sorriso enorme em seu rosto. A conversa estava sendo proveitosa.

"Todo mundo aqui é negro?", perguntei.

"Não, as pessoas que conheço são mulatas", disse a moça.

Perguntei ao grupo de que cor eram. As respostas foram as esperadas: *moreno*, *mulato*, outras tonalidades de pardo. Voltei-me para minha nova amiga, Carmen. Como me parecia indígena, perguntei-lhe se era índia. "*Negra*", ela disse, tímida, mas com os olhos brilhando. Assim é que se fala!

Não havia como não gostar das pessoas de Yanga, pois me cumularam de gentilezas. A seguir, passei horas explorando a cidade. Por fim, porém, tenho de admitir que o lugar não era um núcleo de orgulho negro, como eu esperava que fosse. Tinha imaginado encontrar museus que celebrassem a cultura africana, escolas dedicadas a manter vivas a música e a arte africanas. Contava em ver outro lugar como a Bahia — uma florescente comunidade negra a proclamar sua história africana. No entanto, Yanga era outra coisa. Havia nascido negra, mas, como grande parte do México, transformara-se numa ampla variedade de marrons.

Minha próxima parada foi o centro do país: a Cidade do México, hoje a maior cidade das Américas, uma metrópole moderna, vibrante, frenética, com 21 milhões de habitantes, um centro de poder desde tempos remotos. Os astecas chamavam o lugar de Tenochtitlán — e fizeram dele a sede de seu império. Quando o conquistador espanhol Hernán Cortés chegou ao México, em 1519, visitou Tenochtitlán com outro conquistador, Juan Garrido, um negro livre. Ambos se assombraram com o que viram. Os astecas tinham construído um complexo sistema de irrigação. A cidade era de uma beleza sensacional e, naturalmente, repleta de ouro. Cortés logo a conquistou, de forma cruel, com 100 mil soldados trazidos de Tlaxcala, que por causa desse fato é ainda hoje uma região semi-independente. (Os tlaxcalenses nativos nunca recebem crédito algum por terem sido os verdadeiros conquistadores de Tenochtitlán, ainda que tenham escrito, durante séculos, textos ilustrados sobre a conquista, em sua própria língua. Mas esses relatos não coincidem com nossa história da conquista europeia do Novo Mundo.) Ao longo de séculos, a moderna Cidade do México foi edificada no local de Tenochtitlán — há ruínas astecas no centro urbano.

Encontrei-me com a professora María Elisa Velázquez no Museu Nacional de História, onde ela realiza pesquisas e leciona história, ansioso por ouvi-la discorrer sobre o que plasmara a presença negra no México. Ela me recebeu cordialmente no castelo de Chapultepec, onde funciona o museu, e logo começamos a conversar. Disse-me que queria me mostrar uma coleção de *pinturas de castas* do século XVII — como comentei anteriormente, quadrinhos produzidos por pintores locais no século XVIII, com o objetivo precípuo de mostrar à Europa a diversidade cultural e racial da população do México (ou da Nova Espanha, como se chamava a colônia).

Fiquei fascinado, para dizer o mínimo. Essas obras tinham sido feitas durante o Iluminismo, num período de intenso cruzamento racial, disse María Elisa — e daí o impulso de catalogar os tipos raciais. Foram produto de um conjunto singular de circunstâncias históricas. Desde o começo do tráfico de escravos, os senhores brancos haviam gerado filhos com escravas africanas e indígenas (os *criollos*, ou espanhóis nascidos no Novo Mundo, engravidavam mulheres negras, muitas vezes à força). Africanos e indígenas também se entrecruzavam. O caldeamento racial aumentou quando a Igreja Católica começou a reconhecer os casamentos inter-raciais (não havia o casamento civil) e o governo passou a conceder liberdade a escravos nascidos de mulheres africanas e indígenas.

Muito cedo em sua história, o México se tornara um verdadeiro cadinho de raças, o que despertou intensa curiosidade por parte dos senhores brancos. Europeus e mexicanos encomendavam os quadros de *castas*, explicou María Elisa, quase como um guia teórico ou uma enciclopédia para a diversidade do Novo Mundo. Queriam que aquelas imagens atuassem como uma espécie de catálogo ou biotipologia das novas categorias ou tipos ideais de combinações genéticas de brancos, negros e pardos criados no Novo Mundo por toda aquela miscigenação. Contudo, apesar da tentação de ver os quadros de *castas* por esse ângulo, prosseguiu ela, tais imagens não eram um livro de receitas antropológicas para clarear a população mexicana; não cumpriam uma função prescritiva. Tampouco essas categorias, ao contrário do que aconteceu no Brasil, eram usadas em documentos ou na vida diária, com exceção de umas poucas, como *negro*, *mulato*, *mestizo* e *zambo*. Ainda assim, surpreendeu-me a frequência com que ouvi pessoas usando esses termos hoje, tantos séculos depois de terem sido criados. Por isso, talvez sua função descritiva também encerrasse alguma espécie de função prescritiva. É claro que me lembrei do comentário de Ben Vinson III, segundo o qual era possível que houvesse mais de dezesseis categorias possíveis de mestiçagem, dado que o número dezesseis parece provir da série que normalmente forma um "conjunto" de um quadro de *castas*. Embora muitas séries de dezesseis categorias que formavam uma *pintura de casta* não contivessem um negro ou uma negra, explicou Vinson, "creio que nos tempos coloniais usavam-se mais de dezesseis categorias".

Uma *pintura de casta* consta de uma série de pequenos retratos grupais dispostos como que num pequenino tabuleiro de xadrez: quatro imagens em cada coluna e quatro em cada fila. De forma ordenada e clínica, mostram a concepção que tinha o artista com relação às dezesseis *castas* no México, ainda que tais designações pudessem mudar conforme a região e a época, e embora a perspectiva subjetiva de um padre influenciasse a maneira como uma pessoa era classificada. Dezesseis é um número alto de categorias, mas, por outro lado, não chega nem perto das muitas categorias formais de mestiçagem que vimos no caso do Brasil, e é bem mais do que sonhamos empregar nos Estados Unidos.

María Elisa explicou-as para mim uma a uma. O cruzamento de espanhol e indígena produz *mestizo*. *Mestizo* e espanhol produz *castizo*. E, achei graça ao saber, *castizo* e espanhol produz... espanhol de novo.

"E eu?", perguntei. "Em qual das dezesseis *castas* estou?"

"O senhor está aqui", disse ela, apontando a figura: "Mulato." Mulato no México, mas não no Brasil.

Fiz-lhe a mesma pergunta com relação a Barack Obama e Beyoncé. Eles também seriam mulatos, respondeu María Elisa. Entretanto, Tiger Woods seria *lobo*, por ser resultado de mistura de sangue africano e indígena, ou "índio". (O México tinha muitos *chinos*, na verdade pessoas de toda a Ásia Oriental, trazidos ao país pela frota de Manila, através de Acapulco. Eram comuníssimos na costa do Pacífico, embora com o tempo acabassem sendo chamados de "índios".) Por que a mistura de genes africanos e europeus parece levar a esse intenso fascínio por graus exatos de tonalidade? "Essas pessoas eram loucas", deixei escapar, antes de olhar de esguelha para María Elisa a fim de ver sua reação. Ela apenas sorriu.

"Elas precisavam de razões pseudocientíficas para explicar por que algumas raças eram inferiores", disse. Portanto, podiam ser exploradas como mão de obra gratuita ou barata. As classes dominantes também procuravam justificar sua posição de elite mediante o apelo à pele branca — um privilégio biológico ou "natural" —, algo que era tão somente um aspecto da ordem maior das coisas.

"E as encontraram", completei. "Dezesseis tonalidades de negros e pardos", lembrando que os indígenas também estão no caldeirão genético. Após um momento de reflexão, no entanto, tive de admitir que estava surpreso, antes de mais nada, com tamanha liberdade de mistura. Nos Estados Unidos, uma única gota de sangue negro pode definir uma pessoa, não importa qual seja a sua aparência. No México, ainda que certas raças fossem oprimidas como escravas, evidentemente eram comuns as ligações sexuais entre pessoas de raças diferentes.

"Por que seus brancos estavam mais dispostos a dormir com negros do que os meus brancos?", perguntei. Dita assim, a pergunta parecia meio boba, mas no fundo era essa a pergunta, não é mesmo?

"Porque a Igreja permitia os casamentos", respondeu a professora, "e porque os espanhóis estavam mais habituados à mistura, devido à presença árabe na Espanha."

"Os mouros estiveram na Espanha durante oitocentos anos", lembrei a mim mesmo em voz alta. Na verdade, eu nunca pensara no que isso significava para as genealogias espanholas.

"Exatamente", disse ela. "Por isso, não era difícil aceitar aqueles cruzamentos."

"Então não havia preconceito de cor no México colonial?", perguntei. Estava fascinado, mas confuso. Não era fácil entender aquela cultura.

"Haver, havia", María Elisa respondeu devagar, tentando achar a melhor maneira de explicar a realidade.

Mas não era tão pronunciado como se tornou no século XVIII. Antes disso, os africanos tinham algumas oportunidades em certos ofícios, e podiam se casar com indígenas ou espanhóis. Podiam melhorar sua condição de vida. Mas então o tráfico de escravos tornou-se mais importante. Os espanhóis precisavam de provas de que algumas culturas eram inferiores. Foi então que surgiram todos esses termos que definem os cruzamentos inter-raciais.

113

Olhei de novo para as *pinturas de casta* e me dei conta de estar contemplando o surgimento de um novo tipo de racismo no México. Antes do século XVIII, os africanos eram mantidos como escravos porque alguém os havia escravizado. No entanto, depois desse período, quando assistimos à criação das *pinturas de casta* (mas não por causa delas, é claro), quando as pessoas estavam recorrendo à pseudociência para justificar a exploração econômica, os africanos foram mantidos cativos porque eram tidos como "cientificamente" inferiores. Isso não decorria da natureza humana, como a professora Sagrario Cruz-Carretero generosamente descrevera os sistemas de "cor como classe". Tratava-se de um esforço consciente de aviltar outro grupo humano, de recorrer à "ciência" a fim de justificar uma ordem econômica que era brutal, insensível e que pretendia ser eterna. Uma parcela relativamente pequena da população escrava total do México chegou à colônia antes de 1580, mas a partir de então teve início um fluxo intenso. Esse fluxo reduziu-se por volta de 1650, e depois disso foram pouquíssimos os escravos que chegaram. Isso significa que havia transcorrido cerca de um século de cruzamentos raciais antes de surgirem as *pinturas de casta.*

María Elisa Velázquez me perguntou se eu gostaria de ver o acervo do museu ligado à revolução mexicana, e fiquei feliz por ver o cenário mudar. Como estudioso de raças, fiquei muito satisfeito por ver as *pinturas de casta* com meus próprios olhos. Como negro, porém, precisava de certo tempo para digerir tudo o que elas significavam.

Dirigimo-nos para outra ala do museu, e a professora me informou que um religioso, o padre Hidalgo, havia lançado a Guerra de Independência do México, em 1810, exigindo o fim de todo o sistema de *castas* e da escravidão. Exortou todos os mexicanos, qualquer que fosse sua cor ou a de seus ancestrais, que se considerassem iguais, e o país mostrou-se receptivo a essa mensagem. Os mexicanos estavam cansados de ser governados pela Espanha, e as revoluções Americana e Francesa os motivaram a lutar pela própria independência.

A guerra foi difícil, sangrenta e prolongada, contou María Elisa. Durou mais de dez anos, e o padre Hidalgo não chegou a ver seu fim. Foi capturado e executado pelos espanhóis em 1811. Entretanto, dois generais assumiram sua luta: José María Morelos y Pavón e Vicente Ramón Guerrero Saldaña. Foram grandes heróis dessa guerra, disse ela, e ambos descendiam de africanos.

Essa informação me paralisou.

"Um instante", exclamei, perplexo. "Dois negros foram generais na Guerra de Independência do México? Isso é como se George Washington fosse negro. Espantoso."

María Elisa me levou até um retrato de Morelos, muito elegante numa farda militar. Era um negro majestoso.

"Morelos decididamente é um *brother*", comentei, rindo. "Não poderia andar na parte da frente de um ônibus no Mississippi!"

O Exército espanhol capturou e executou Morelos em 1815. Entretanto, seu compatriota, que o inimigo chamava zombeteiramente de "negro Guerrero", levou a luta adiante, com a ajuda de milhares de mexicanos negros, brancos, mestiços e indígenas. Em determinado momento, o pai de Guerrero, temendo pela vida do filho, suplicou-lhe que se rendesse aos espanhóis. Guerrero lhe respondeu diante de todos os seus homens, dizendo: "O senhor é meu pai, mas o país vem em primeiro lugar". Uma versão abreviada dessa resposta, "*La patria es primero*", é hoje uma famosa frase mexicana.

As lealdades na guerra não obedeciam rigorosamente a linhas raciais. Muitos afro-mexicanos na Costa Chica, disse a professora, também apoiavam o governo espanhol. Mesmo assim, é alentador saber da existência dessa forte liderança negra no movimento independentista, que por fim triunfou. Guerrero, em aliança com Agustín de Iturbide, conquistou a independência nacional em 1821, após dez anos de resistência. E, em 1829, aboliu a escravatura — 33 anos antes que Abraham Lincoln assinasse a Proclamação da Emancipação nos Estados Unidos. (Morelos tentara abolir a escravidão por decreto, em 1815, mas, naturalmente, o decreto não vigorou em todo o país.) E a abolição da escravatura não foi a última de suas realizações.

"O mais importante em relação a Guerrero", disse María Elisa, "é que ele foi o segundo presidente do México."

O negro Guerrero presidente? "Então vocês tiveram um Barack Obama em 1829!", exclamei.

"Isso mesmo, antes dos Estados Unidos", disse ela, fazendo que sim com a cabeça. Cheguei a enviar uma mensagem de texto para meu amigo Lawrence Bobo, professor de Ciências Sociais em Harvard. Logo em seguida ele respondeu. "Como foi possível não sabermos disso?!" Realmente! Por acaso os mexicanos sabiam disso?, pensei comigo. Por outro lado, quantos americanos sabem seja lá o que for sobre a história do México, qualquer coisa mesmo, com a possível exceção do nome Pancho Villa?

Fiquei pensando também o que tal figura poderia ter significado para os Estados Unidos? E se George Washington fosse negro? Ou John Adams? Talvez a pergunta mais relevante fosse outra: poderiam George Washington ou John Adams ter sido negros? Teríamos precisado de um movimento pelos direitos civis? Minha cabeça entrou em parafuso, imaginando passados alternativos para meu país.

Entretanto, o que María Elisa disse em seguida me levou a conter meu entusiasmo. Guerrero realmente abolira a escravidão. Entretanto, em 1822, com vista a um ideal de igualdade, ele e seus colegas também eliminaram as categorias raciais de todas as certidões de nascimento, casamento e óbito. Se não existisse raça, pensaram, tampouco existiria racismo. Já havia encontrado esse raciocínio no Brasil, e voltaria a vê-lo no Peru. Como era de esperar, a abolição das referências a diferenças de cor visava facilitar a eliminação dos privilégios associados a essas diferenças de cor. No entanto, houve consequências inesperadas, que Guerrero e seus compatriotas não previram.

Percebi as boas intenções por trás das ações de Guerrero. Ele havia sonhado criar uma sociedade para além da raça, agir como se a raça não importasse. Esse mesmo espírito gerou a ideia da democracia racial no Brasil. No entanto, negar as raízes não é o mesmo que respeitar a todas igualmente. Com a melhor das intenções, Guerrero tomou uma medida que, com o passar do tempo, ajudou a soterrar sua própria extração africana e aquele aspecto da herança genética de todos os afro-mexicanos que o seguiram.

Perguntei a María Elisa se hoje, de modo geral, os mexicanos sabem que Morelos e Guerrero eram negros, e que o país deve sua independência, em parte, à liderança desses dois afro-mexicanos. A resposta me desapontou, mas não me surpreendeu. Não sabem. Há cidades e estados com os nomes desses homens. A efígie de Morelos até figura na nota de cinquenta pesos. Mas o fato de serem negros acha-se sepulto para a grande maioria dos mexicanos.

"Muitas pessoas acharam que se apagássemos as categorias de pretos e pardos, apagaríamos o racismo", eu disse. "A senhora vê algum mérito nesse argumento?"

"Não concordo", respondeu María Elisa. "Acho que temos direito e necessidade de saber quem somos. Temos de sentir orgulho de nossa raça, orgulho de partilhar essa herança com essas importantes culturas africanas."

Segundo ela, a cultura mexicana lembra uma trança com três mechas: a indígena, a africana e a espanhola. Tais mechas podem ter a mesma extensão, mas são diferentes em cor, natureza e textura. A professora fez uma defesa eloquente da necessidade de se aceitar as diferenças raciais como parte da luta em prol da igualdade.

Agradeci a María Elisa por sua exposição e deixei o museu. Nossa conversa se prolongara mais do que eu esperava, e por isso me apressei na rua, consultando o relógio. Deixaria a Cidade do México naquele mesmo dia, e só me restavam algumas horas, mas desejava ainda reler um ensaio, pois seria importante para compreender tudo o que vira ali.

Aqueles que desejavam obliterar a raça e as categorias raciais a fim de eliminar o racismo talvez não tivessem como prever as tentativas sistemáticas de embranquecimento da imagem e da mistura genética do México, mas os que queriam embranquecer o país não tiveram a última palavra com relação à autoidentidade étnica coletiva. O México poderia ter seguido por esse caminho durante um século, renegando seu passado multicultural e embranquecendo sua história, até incentivando a imigração europeia, como fez o Brasil, a fim de clarear a pele de sua população. Mas me lembrava, devido a minha pesquisa sobre o escritor Jean Toomer, participante do Renascimento do Harlem, que no começo do século xx, o filósofo José María Vasconcelos escrevera um texto revolucionário que mudara tudo isso. Em seu ensaio "La raza cósmica", Vasconcelos argumentou, com ousadia e indo de encontro à opinião geralmente aceita, que a evidente mistura de "sangue" indígena, europeu e africano no México a tornava uma cultura superior, um presságio do futuro genético do planeta. Descreveu a mistura racial do México como um destino ímpar, ideal, que preparava a nação para um futuro glorioso. Depois de procurá-lo em minha bagagem, sentei-me para ler no apartamento do hotel, longe do ruído e do caos do trânsito da Cidade do México, e encontrei passagens como a seguinte:

> Talvez nada seja inútil nos desdobramentos históricos. Nosso próprio isolamento físico, [...] a par da mistura original de sangues, serviu para nos afastar da limitação anglo-saxônica de criar castas

de raças puras. [...] Nunca se viu que superassem outros homens, quer em talento, quer em bondade, quer em resistência. O caminho que abrimos é muito mais ousado. Rompe com preconceitos antigos, e seria quase inexplicável se não estivesse fundamentado num tipo de clamor que vem de uma distância remota, uma distância que não é aquela do presente, e sim aquela distância misteriosa da qual vem o presságio do futuro.

Ao ser publicado, em 1925, o ensaio de Vasconcelos provocou reação de um dia para outro. Os mexicanos se encantaram com essa ideia. E surgiu, pode-se dizer que de repente, o que hoje chamaríamos de um movimento de "orgulho pardo". Isso foi, com certeza, um avanço em relação a esforços amplos e sistemáticos de embranquecimento. Mas o que esse movimento custou para as raízes negras do México? A utilidade nacionalista e a popularidade da teoria de Vasconcelos tiveram o efeito de valorizar a história e a herança dos afro-mexicanos ou de sepultá-las? Quando os pais comemoram o nascimento de filhos mais claros do que eles, isso pode ser chamado de orgulho? E o que dizer daqueles cuja condição de afrodescendentes é visível, indiscutível? Aqueles cuja vovó preta deixou de ser segredo? A pele deles lhes impede serem "cósmicos"? Não pude deixar de pensar novamente em Gilberto Freyre e nas questionáveis realizações e alegações da "democracia racial" brasileira. Na verdade, como Vasconcelos precedeu Freyre por oito anos, tive de presumir uma dose de influência. Os mexicanos estavam muito mais dispostos a abraçar o *indigenismo*, a ideia de que descendem dos astecas, e a valorização desta civilização como de primeira linha, do que a abraçar a história africana, é claro, uma vez que poucos de nós julgamos que a África tivesse civilizações tão magníficas como a dos astecas — um pressuposto errôneo, mas difícil de modificar.

Agora me sentia ansioso por ver o México negro. Precisava vê-

-lo. Por isso, tomei as providências necessárias e parti para a Costa Chica, no litoral do Pacífico. A Costa Chica é considerada a região mais negra do México. Fica ao sul de Acapulco, mas não tem absolutamente nada de turístico. É um lugar bastante remoto, e só em meados da década de 1950 tornou-se possível chegar lá por uma rodovia. A área é pantanosa e as pessoas vivem numa pobreza terrível. A maioria descende de escravos que trabalharam ali. Outras descendem de escravos que atravessaram o Pacífico, nos galeões que vinham das Filipinas, e chegavam por Acapulco. Alguns, de escravos fugidos ou que trabalhavam em Acapulco. Houve pouco cruzamento racial porque a comunidade ficou isolada durante muito tempo. A Costa Chica começou negra, e negra permaneceu — mais do que qualquer outra parte do México que visitei.

Ao chegarmos, pedi ao motorista que me levasse à igreja de San Juan de la Cruz. Estava à procura do padre Glyn Jemmott, de Trinidad, que vivia e trabalhava na Costa Chica havia 25 anos. Avançamos lentamente pelas ruas, passando por chusmas de pessoas esquálidas, maltrapilhas, extremamente pobres. Ali, enfim, estavam os afro-mexicanos.

Encontramos a igreja. E achei padre Glyn, elegante, alto e magro, ainda mais devotado a seus paroquianos e à causa do reconhecimento da herança negra do que havia esperado. Pegou minhas mãos e me deu as boas-vindas a seu ministério com um sorriso afetuoso. Levou-me ao santuário e fez com que eu me detivesse diante da imagem de um Cristo negro, o elemento central do altar de sua igreja rural. Aquele foi para mim um momento sublime. A famosa pintura peruana de *El señor de los milagros* era, sem dúvida, uma maravilha, mas era a representação de um Jesus branco, criada por um escravo angolano. Mas uma escultura em tamanho natural de um salvador negro crucificado, ali, no meio do nada? Eu nunca tinha visto, de perto, um crucifixo negro.

Padre Glyn me cumulou de atenções, certificando-se de que

eu estava à vontade, mas logo começamos a conversar sobre a vida na Costa Chica. Ele me disse que havia começado como um simples padre, mas que não demorara a tornar-se um ativista. Hoje, organiza uma conferência anual de cidades negras da região e trabalha incansavelmente para elevar a consciência negra. Disse que tem como meta ajudar as pessoas a se sentir felizes com sua cor, a achar seus traços negros bonitos, a vê-los com orgulho ou ao menos de forma neutra, e não como vestígios de um passado e de uma identidade de que se envergonhar.

"Na primeira vez que rezei missa", disse-me ele, "um negro veio falar comigo e perguntou: 'Quem é você?'. Eu respondi: 'Bem, sou um padre'. E durante uns dez minutos ele não parou de falar, dizendo: 'Você não é padre... Não pode ser. Nunca vi um padre preto. Nós, os pretos, só sabemos trabalhar na roça e encher caminhões com tijolos'. O homem se mostrou muito teimoso, até zangado. E insistia com aquilo." Aquele era o México negro.

16. *Igreja de San Juan de la Cruz, em Oaxaca, México.* (Foto de Jemila Twinch.)

"Você não pode ser o chefe", eu disse, como se fosse o homem perplexo.

"Isso!", respondeu padre Glyn. "Na verdade, ele estava falando de si mesmo."

Perguntei ao padre como era ser um afrodescendente no México — e ser realmente negro, uma pessoa que não pudesse "passar" por mulato ou "cósmico". Ele abriu um sorriso. "Tudo conspira contra o desejo de um afro-mexicano ver a si mesmo como uma pessoa capaz de erguer a cabeça e ocupar seu lugar na sociedade mexicana como um igual", disse.

O mexicano negro que não pode reivindicar a condição de latino é excluído por seus compatriotas de pele mais clara, e se ele vai para os Estados Unidos é condenado ao ostracismo pelos negros americanos. Uma vez tive oportunidade de conversar com alguns afro-americanos de Detroit, e eles criticaram os negros daqui por nunca terem ouvido falar de Martin Luther King.

"No México, os negros têm um problema duplo", continuou.

Primeiro, o afro-mexicano apaga a si mesmo do mapa, pois não é capaz de agarrar-se a qualquer coisa que fortaleça sua identidade... que ao menos lhe desse a chance de se considerar negro com orgulho. E, segundo, tem-se todo o aparelho de Estado. O mesmo aparelho que, política, social e culturalmente o tornou invisível. O racismo é disfarçado. No plano nacional, é quase um dogma religioso afirmar que o México é um país onde não existe racismo. Abertamente, as pessoas não admitem que haja racismo. Mas dentro de casa, elas têm fortes opiniões negativas sobre os pretos.

Comoveu-me muito ouvir o padre Glyn. Ali estava um homem de Deus — eu sentia Deus em sua presença —, mas também um grande pensador. Ele vivenciava a experiência de ser negro não como uma maldição ou uma bênção, mas como um fato. Em seus olhos compreensivos, eu via que ele compreendia a luta para que as pessoas se orgulhassem de sua identidade. Ele se solidarizava com todo mexicano com ancestrais negros, com sangue negro nas veias, como se diz.

Passamos a falar dessas coisas, e — quem diria! — a conversa, curiosamente, foi parar num personagem de histórias em quadrinhos, Memín Pinguín, que surgiu no México na década de 1940 e também ficou bastante conhecido nos Estados Unidos. Em 2003, o governo mexicano emitiu um selo comemorativo com a imagem de Memín Pinguín. Os afro-mexicanos não deram a mínima. Ao que tudo indica, aliás, todos os mexicanos adoram o pretinho, e o selo logo se tornou um dos mais apreciados pelos filatelistas. No entanto, os afro-americanos, e principalmente o reverendo Jesse Jackson, se enfureceram. Viam as imagens de Memín Pinguín nos noticiários e só viam outro personagem negro ofensivo, com traços simiescos. Protestaram, dizendo que a figura de Memín Pinguín ridicularizava os negros. Jackson pegou um avião para o México, a fim de convencer o presidente Vicente Fox a recolher os selos e pedir desculpas. Entretanto, Fox não mexeu uma palha. Declarou que os mexicanos adoravam Memín Pinguín, e o país não pediria desculpa alguma. Fox disse a Jackson que ele estava projetando um contexto americano sobre um personagem mexicano, e que deveria esquecer o assunto. Memín Pinguín era uma figura nacional e não seria posto no ostracismo. Acredito que um político americano não suportaria uma crítica dessas nos Estados Unidos, e o presidente Fox conhecia seu eleitorado. Memín Pinguín está em toda parte; basta ir a uma banca de revistas.

Tirei algumas imagens de Memín Pinguín de minha pasta, padre Glyn e eu as examinamos. Tenho sempre a mesma reação.

Acho que o personagem poderia ser até engraçadinho se fosse um macaco, como no caso do Curious George. Mas o personagem é uma criança negra! Tem orelhas grandes, lábios exagerados, e as pernas tortas. Chega a ter pelo no rosto. Os outros personagens da revista, todos brancos, zombam de Memín Pinguín por causa de sua aparência e de seu jeito de falar. O menino trabalha como engraxate e não vai bem na escola. Francamente, para mim, um americano, Memín Pinguín não passa de outro estereótipo racista do museu ocidental de caricaturas racistas, um tipo saído de um *minstrel show*.* Seria possível que Memín Pinguín fosse um fenômeno mexicano que eu, como americano, não conseguia entender? Tenho a impressão de que dessa vez o reverendo Jackson estava certo, ao menos de nosso ponto de vista. Por isso, como um teste de realidade, pedi ao padre Glyn sua opinião.

"A reação dos mexicanos, que é um povo muito inteligente, é de que não se pode julgar Memín Pinguín pelos padrões racistas do fim do século", disse ele, balançando a cabeça.

> Ele é um personagem da década de 1940. Todos eles são estereótipos. O Ligeirinho? Memín Pinguín é só um garoto urbano e travesso. Sua cor não importa. A sociedade mexicana o aceita. Não faz sentido nenhum dizer que ele representa a história racista dos Estados Unidos. Os americanos não podem usá-lo para avaliar as interações raciais existentes aqui.

Fiz uma pausa para pensar no racismo caracteristicamente americano. Nossas circunstâncias deram ensejo a um movimento de direitos civis, do qual tínhamos enorme necessidade. Fomos abençoados com líderes que fizeram uma enorme diferença. Esses

---

* Espetáculo teatral americano do século XIX, com atores brancos maquilados como negros. (N. T.)

líderes, lembrei-me de novo com orgulho, possibilitaram que por fim elegêssemos nosso primeiro presidente negro.

"Com base em sua experiência, o senhor acredita que os negros mexicanos terão nesta geração um Barack Obama?", perguntei ao padre Glyn. "Um presidente negro como o que tiveram no começo da república, em 1829, numa época em que isso era impensável nos Estados Unidos?"

"Para isso, muita coisa ainda tem de ser feita, muita mesmo", disse ele com tristeza. "Os negros mexicanos têm de ter acesso à educação, à participação política, à aceitação social. É preciso que existam essas coisas antes de se começarem a produzir líderes. No entanto, acho que já vi algumas mudanças. Muitos jovens dizem, convictos: '*Soy negro*.'"

"Por quê?", perguntei.

"Por causa do tipo de visibilidade que pudemos gerar e de todas as coisas que resultaram disso", respondeu, orgulhoso.

Quis saber mais a respeito dessas mudanças positivas. Quis me encontrar com alguém dessa nova geração de afro-mexicanos orgulhosos e conscientes que proclamam: "*Soy negro*". Por isso me despedi do sábio e carinhoso padre Glyn. E entrei em contato com o jornalista Eduardo Zapata.

Zapata nasceu e foi criado na Costa Chica. Hoje, orgulha-se de sua identidade negra e incentiva outros afro-mexicanos a se unirem a ele. Foi dentro desse espírito que me pediu que o acompanhasse para visitar outra igreja, em Cuajui, onde haveria uma festa. Lá chegando, vi grupos de negros risonhos e felizes, reunidos num cemitério. Falavam alto e se divertiam, e Zapata e eu tivemos de abrir caminho por entre a multidão para nos encontrarmos. Apresentamo-nos um ao outro em meio à balbúrdia. Sem perceber, comecei a gritar para ser ouvido, ao mesmo tempo que tentava descobrir o que estava acontecendo.

"Um deles foi ordenado", informou-me Zapata, acenando para o grupo. "Isso deixa muita gente feliz."

A música começou, e a multidão recuou, formando uma grande roda para a dança. Logo apareceu um dançarino negro, com uma fantasia de papel machê, enfeitada com fitas compridas e coloridas, representando um touro. O touro pôs-se a girar e rodopiar, e Zapata explicou que a dança se chamava "Toro de Petate". É tradicional na América Latina, mas assume um significado especial quando executada por negros. O cativeiro do touro serve de metáfora para a escravidão africana. Quando os negros dançam com alegria, dizem, recuperam seu poder, o poder de um touro.

A multidão aplaudia e gritava, erguendo as mãos e se esgoelando para o touro. Era uma festa de rua à moda antiga.

"Eduardo, isso aqui me parece o Harlem", gritei. "Parece a África no México. É sensacional!"

"Mas nós falamos espanhol!", exclamou Eduardo, brincalhão. "E acreditamos na ressurreição de Cristo."

Ele tinha razão. A festa era negra, mas as pessoas eram afro-mexicanas. Ainda estava aprendendo o que aquilo significava. "Temos também em nós a cultura espanhola, a cultura europeia", ele explicou, levando-me para mais longe do clamor. "Por isso, é difícil dizer que somos apenas negros. O que somos? Uma mistura, uma mistura."

"Você é considerado, aqui no México, um negro?", perguntei.

"Claro que sim", respondeu. "Quando somos pequenos, ninguém questiona isso. Mas quando saímos para estudar ou ir para Acapulco ou para os Estados Unidos, então a gente percebe que é diferente... somos mexicanos, mas temos uma coisa que nos torna diferentes de todos os mexicanos. A gente descobre que é negro."

Estávamos agora a uma boa distância da multidão, e eu me sentia satisfeito por voltar a falar normalmente. Ainda não entendia muito bem a posição de Zapata. Ele dizia que era misturado,

17. *Memín Pinguín é um conhecido personagem de uma história em quadrinhos criada por Alberto Cabrera em 1943 e publicada ainda hoje. Uma série de cinco selos postais com o personagem foi lançada em 29 de junho de 2005, poucas semanas depois de o presidente do México, Vicente Fox, afirmar que migrantes mexicanos nos Estados Unidos aceitavam empregos que nem os negros queriam.* (AP Photo/ Dario Lopez-Mills.)

mas também negro. Começava a perceber que a dualidade era muito comum no México, parecia normal.

"Os negros sofrem discriminação no México?", perguntei em seguida.

"Somos uma sociedade racista", respondeu Zapata, assentindo.

Quando estamos nas cidades, eles nos param e nos pedem a carteira de identidade. Obrigam a gente a cantar o hino nacional e depois nos acusam de vir de Cuba para desestabilizar as coisas. Ninguém diz isso abertamente, mas em toda família mexicana existe um negrinho. E sabe o que diz o pessoal da cidade? "Ele nasceu preto, mas mesmo assim a gente gosta dele."

"Fale-me sobre Memín Pinguín", pedi, curioso para saber a opinião de Zapata. "Você acha que esses quadrinhos são racistas ou não?"

"Não", respondeu ele, acompanhando a negativa com a cabeça. "Se o senhor for às ruas e perguntar às pessoas, vai ver que elas não estão preocupadas com isso. Memín Pinguín é só um personagem. Ninguém se identifica com ele, que só existe na revista. É como rir de si mesmo, se a pessoa olhar a história com bom humor, com sarcasmo." Mais ou menos como Eddie Murphy fazendo uma versão pós-moderna de Buckwheat, ocorreu-me de repente, ou Paul Moony fazendo o Negrodamus, uma paródia negra de Nostradamus, no *Dave Chapelle Show*. Ou Jack White fazendo paródias de Amos'n'Andy e de Buckwheat no site TheRoot.com.

"Por que Jesse Jackson veio aqui para se encontrar com Vicente Fox?", insisti. Era difícil para mim acreditar que não houvesse justificativa para aquela visita. Era só olhar para Memín Pinguín!

Zapata parou de repente e olhou para mim. Percebi nele, então, o ativista dedicado que realmente é. "Jesse Jackson devia ter se preocupado com os negros que vão trabalhar no México e não são tratados como gente", disse, convicto. "São tratados como cidadãos de terceira classe. Ele não está interessado nos negros vivos da Costa. Está interessado em Memín Pinguín. É só política!" Tive de concordar que é muito mais fácil engajar-se na política simbólica e censurar um estereótipo do que cuidar do nível de desemprego. Entretanto, nos Estados Unidos, Jesse Jackson e outros ativistas negros não são muito exigidos com relação a isso, em parte porque a história das representações do negro é longa, profunda e indigesta.

Fiquei perplexo com a contundência do tom de Zapata. Agora estávamos chegando a algum lugar. "Ajude-me a compreender", pedi, suplicante. "Estou tentando entender isso. Parece enorme... a diferença entre ser negro nos Estados Unidos e ser negro no México. E não quero ser um gringo típico ou um gringo *negro* típico, ou seja lá o que for. Não quero impor meus valores a você. Quero que você me explique."

Zapata calou-se por um instante. Vi que estava pensando com cuidado em como responder. "A Espanha nos conquistou", disse, calmo.

Uma cultura religiosa nos conquistou. Mas a cultura que nos conquistou já conhecia bem os negros. Já havia escravos na Europa, na Espanha, nas cortes... mesmo antes da conquista. Por isso, é uma cultura diferente. Os africanos que vieram para cá, que tinham talento e inteligência, foram capazes de transpor as barreiras que os espanhóis levantaram. Por exemplo, se alguém era um artesão competente, a cultura tinha de aceitá-lo e lhe dar privilégios. Isso explica grande parte da assimilação, da mistura. Nós somos parte de tudo isso. Não somos estrangeiros. Também somos mexicanos. Também ajudamos a construir este país.

Refleti sobre aquilo. O orgulho negro no México também era orgulho patriótico — ao menos na visão de Zapata. Ele não permitiria que a conversa sobre raça cósmica quebrasse seu espírito afro-mexicano.

(A título de informação, entre os africanos levados para o México, uma maior percentagem veio da África cristã — de Angola, como vimos no capítulo sobre o Brasil — que de qualquer outra região. Todo o fluxo de escravos chegados ao México de 1580 a 1640 era oriundo de Angola. Por isso, não é correto dizer que os espanhóis impuseram o catolicismo aos afro-mexicanos; o que impuseram foi sua versão do catolicismo.)

Zapata desejou-me boa sorte e nos despedimos, mas não antes que me dissesse que, se eu desejasse conhecer melhor o movimento do orgulho negro da Costa Chica, deveria procurar Israel Reyes, um professor do outro lado de Cuajui. Fiz isso sem perda de tempo.

Ao tomar conhecimento de meu projeto, Reyes me convidou a ir à sua residência para conversarmos. A casa era modesta, mas ele me mostrou, com orgulho, um estúdio de gravação nos fundos e me disse, esfregando as mãos de entusiasmo, que tinha dedicado a vida a fazer os afro-mexicanos se orgulharem de suas raízes negras. A cada semana, ele grava um programa radiofônico chamado *El Cimarrón:*

La voz de los afromestizos, que expõe a influência africana sobre a cultura mexicana. O que ele deseja é que seus ouvintes se orgulhem de sua ascendência africana. E que o México reconheça os direitos de sua população negra.

"O primeiro passo para isso está sendo incluído no recenseamento, para que se saiba que existem negros no México", disse ele, quando nos sentamos para conversar. "Eles não estão somente nos livros de história sobre a época da escravidão. Os negros estão aqui agora, neste exato momento, hoje. E estão exigindo que seus direitos sejam reconhecidos."

Perguntei o que ele estava fazendo para alcançar aquele objetivo, e ele sacudiu a cabeça, indignado. "Pusemos em marcha um processo, conversamos com autoridades públicas", ele respondeu, enérgico, "mas no último minuto nos informaram que não era possível incluir um quesito no censo. Mas estamos lutando no sentido de realizar um censo piloto da população negra do México."

"Isso é ótimo!", exclamei. A voz de Reyes me dava ânimo. "Como o senhor acha que isso beneficiará a comunidade negra?"

"Com políticas públicas para essas populações", respondeu sem pestanejar. "Melhores condições de vida, de educação, de saúde, de habitação, acesso a programas federais. Entretanto, temos de começar revelando quantos negros existem no México." Ativistas negros estão brandindo os mesmos argumentos na França, que de modo geral caem em ouvidos moucos.

Comecei a lhe dizer que estava inteiramente de acordo, mas de repente houve uma agitação na porta da frente. Reyes pôs-se de pé num salto, sorridente. Trouxe consigo algumas crianças para que eu as conhecesse e disse que elas iriam gravar um rap para seu programa de rádio. Não pude acreditar em minha sorte. E ainda que minha presença deixasse as crianças um pouco nervosas, elas ficaram felizes por contar com uma plateia.

Reyes começou a preparar seu equipamento de gravação à minha vista, enquanto as crianças ensaiavam o rap, estalando os dedos para marcar o ritmo. Daí a pouco, estavam gravando.

Se me desprezam por ser preto, não nego da pele o tom
Porque pra pérolas e diamantes ser negro é que é bom.
De noite, a sombra de minha cor é a minha proteção,
Não tou nem aí se essa gente rude me chama de negão.

Reyes me perguntou se eu gostaria de participar do programa, e prontamente aquiesci. "Estamos recebendo hoje a visita de um conhecido intelectual americano, o professor Gates", disse ao microfone. "Professor, em sua opinião, quais serão os resultados de seu projeto na Costa Chica?"

"Espero que meu trabalho faça os americanos conhecerem melhor o complexo passado racial do México", respondi. Se eu tinha chegado a compreender alguma coisa, me dei conta, era que a questão racial no México apresenta muitas complicações. Poderíamos fazer analogias com a realidade dos negros nos Estados Unidos, mas seria inútil projetar nosso quadro interpretativo sobre a realidade dos afro-mexicanos. Todo racismo, como toda política, é local.

Despedi-me de Reyes e de seus jovens astros do rádio. E de sua varanda, lancei um olhar para a Costa Chica — para o México negro. Por todos os lados, via rostos negros e mulatos. Pareceu-me certíssimo que o movimento mexicano de orgulho negro começasse ali. Mas ele tinha de *começar*.

Caminhando de volta para meu carro, ocorreu-me que, em certo sentido, o México é vítima de seu próprio sucesso inicial nas relações raciais. Foi um gesto de muita nobreza abolir a escravidão em 1829, cinco anos antes que a Grã-Bretanha abolisse essa instituição perniciosa em todo o seu império, 36 anos antes que os Estados Unidos fizessem o mesmo. Apesar desses brilhantes começos, porém, com o tempo as relações raciais sucumbiram a uma ideia romântica: a de que eliminar oficialmente as categorias raciais poderia erradicar o racismo em toda a sociedade mexicana, pois a libertaria de privilégios provenientes de diferenças sociais e econômicas ligadas a disparidades visíveis de raça. Isso não se deu. Como em todas as outras sociedades latino-americanas que visitei, um grupo de pessoas não se misturou, para usarmos a metáfora que para nós, nos Estados Unidos, é tão familiar. Uma parte do grupo afrodescendente não se mesclou, e constitui hoje os mexicanos visivelmente negros, de pele bem preta, cabelo encarapinhado e lábios grossos que moram na Costa Chica ou em Veracruz e se espalham por todo o México. E essas pessoas estão entre as mais pobres.

Pode-se dizer que em 1925, quando José Vasconcelos afirmou que os mexicanos constituíam uma raça nova, cósmica, a raça do futuro, o México (após um período de esforços programáticos de embranquecimento) começou a abraçar e festejar sua mestiçagem, atendendo com entusiasmo ao apelo de Vasconcelos. No entanto, o orgulho mestiço só serviu para marginalizar a cultura negra, oprimindo social e economicamente os negros que não tinham se misturado com os brancos ou os indígenas. Os afro-mexicanos de hoje — como os descendentes de escravos e de pretos libertos me informaram repetidamente — pagaram um preço altíssimo por esses experimentos raciais e por aquilo que poderíamos chamar de "desracialização categórica", a morte social em vida, resultante da invisibilidade de sua herança cultural e genética negra. Se seu grupo étnico não pode ser contado, o mesmo acontece com sua presença social e com seus direitos como cidadão assalariado, afetados desta ou daquela forma por seu fenótipo. E é por isso que muitos ativistas negros no México consideram urgente restaurar as categorias raciais no censo federal.

"Morte e invisibilidade", sussurrei para mim mesmo, lembrando as palavras de Sagrario Cruz-Carretero, pronunciadas quando contemplávamos os muros do porto de Veracruz. Eram palavras assustadoras. Estaria ela certa? Não é normal que uma grande nação esconda ou negue sua história, pensei comigo ao entrar no carro. Não obstante, a negritude do México não desapa-

18. *Vicente Guerrero (1783-1831), segundo presidente da República Mexicana, de 1º de abril a 17 de dezembro de 1829. Retrato de Anacleto Escutia, 1850.* (Museu Nacional de História, Castelo de Chapultepec, México/ Michel Zabe/ AZA/ INBA/ Bridgeman Art Library.)

receu. Ela persiste em lugares como Veracruz e Costa Chica, onde os descendentes de escravos africanos nunca fizeram parte do cadinho de raças do país. E ela jaz oculta, logo abaixo da superfície da identidade nacional mexicana, uma identidade definida, talvez, por dezesseis lindos matizes de mestiçagem.

Tal como padre Glyn, vi centelhas de esperança no México. Entretanto, vai ser preciso um imenso trabalho missionário e político para criar um movimento de resgate da história dos afro-mexicanos, um movimento que lhes possibilite afirmar com orgulho desinibido "*Soy negro*", numa sociedade onde ser negro só parece aceitável na forma miúda e familiar de um engraxate pretinho chamado Memín Pinguín, ou de Lucky, o número 26 de La Lotería.

Ao me despedir, fiz votos para que padre Glyn, Zapata e Reyes tivessem forças para manter sua luta, mesmo enfrentando grandes adversidades.

3. Peru

"O sangue dos incas, o sangue dos mandingas"

No Peru, quem não tem o sangue dos incas tem o sangue dos mandingas.

Dito da tradição popular

Devo confessar que talvez estivesse mais ansioso por visitar o Peru do que qualquer outro país em meu programa. Minha sensação era a de estar investigando um enorme mistério. A população nacional compreende entre 600 mil e 3 milhões de afro-peruanos, a depender de quem faz a contagem e de como ela é feita, mesmo que nem todos eles se autoclassifiquem como afro-peruanos ou "negros". Ninguém sabe ao certo, porque, da mesma forma como no México, o formulário do censo não inclui um campo para identificar a raça ou etnicidade (uma questão acaloradamente debatida, segundo me disseram, entre os ativistas negros peruanos). Entretanto, as estimativas variam de 2% a 10% da população total do Peru (30 milhões de habitantes), e a enorme população mestiça peruana (37% do total, de acordo com o relatório "The CIA World Factbook" sobre o Peru) certamente inclui muitas pessoas que seriam definidas como "negras" nos Estados Unidos. Seja qual for o número final, é muito superior ao que a maioria dos americanos imaginaria, porque, quando pensamos no Peru, o que vem à nossa mente? A majestosa cordilheira dos Andes? A misteriosa cidade de Machu Picchu, as grandiosas civilizações incas? Cinco mil variedades de batata? Quantos de nós sabemos que um dos santos mais populares do Peru é um negro, são Martinho de Porres, nascido em Lima em 1579? (Juan Martín de Porres, mais tarde canonizado, era filho ilegítimo de uma ex-escrava e de um nobre espanhol.)

Durante a maior parte de minha vida, não associei o Peru a uma forte herança histórica africana. No entanto, isso mudou há alguns anos, quando me atrasei para as compras de Natal. Examinava, aflito, um mostruário de CDs de "Música internacional" numa loja da rede HMV, em Harvard Square, quando um título chamou minha atenção: *A alma do Peru negro*. Tratava-se de uma coletânea de clássicos afro-peruanos, gravados por diversos artistas, entre eles a cantora Susana Baca, mas o que mais me surpreendeu foi nunca ter ouvido falar de um "Peru negro". Comprei-o para mim mesmo. Ao ouvi-lo em casa, a música me causou uma impressão profunda. Reconheci nela elementos africanos — e um clima inequívoco na interpretação lírica e simples de Susana. O título do disco estava correto: o Peru tinha mesmo uma alma.

Comecei a pesquisar um pouco. E vim a saber, como vimos no caso do México, que mais negros tinham desembarcado no Peru e no México juntos do que os levados para os Estados Unidos em toda a história do tráfico de escravos. A grande maioria dos escravos vendidos no México ali chegaram durante o período do *asiento* português, entre 1595 e 1640. Provinham majoritariamente — até 80% — de Angola. Estudos recentes do historiador David Wheat demonstraram que havia outras nações africanas envolvidas no trecho de Cartagena do tráfico de escravos (que levava à Colômbia e ao Peru). Embora a maior parte dos cativos ainda fosse originária de Angola, a contribuição dessa região baixara para 50%; em segundo lugar vinham a Senegâmbia e Serra Leoa, seguidas, num distante terceiro posto, pela Costa dos Escravos, o atual Benin. John Thornton informou-me que "no período pós-1640, quando se encerrou o *asiento* formal, o Peru passou a receber escravos de Buenos Aires, levados pelas hidrovias da bacia do rio da Prata e, por terra, até o planalto do Peru e mais além. Crê-se que o tráfico peruano de escravos, tal como o mexicano, concentrou-se do início a meados do século XVII".

Quanto mais eu aprendia, mais me surpreendia. Minha imagem do Peru — com suas paisagens coloridas de pessoas vestidas com trajes indígenas tradicionais — jamais incluíra rostos negros. Por que não eram mais visíveis? Teria a africanidade no Peru desaparecido, ou estaria sepultada sob a cultura nacional, oculta ou velada? Como a presença negra teria moldado a história e a cultura do Peru, e o que pensavam os afro-peruanos sobre seus ancestrais? Viajei a Lima, disposto a buscar respostas para essas perguntas.

Não imaginei melhor forma de dar início à investigação senão conversando com Susana Baca — a cantora afro-peruana cuja música me pusera no encalço dessas respostas. Encontrei-me com ela em seu estúdio, na linda casa onde mora. Cordial e atenciosa, mostrou-se ansiosa por me ajudar a conhecer melhor a história dos negros no Peru. Perguntei-lhe se havia sofrido com o racismo em criança. Susana me respondeu que havia crescido numa cidade litorânea, inteiramente integrada. Quando criança, não fazia nenhuma ideia de ser negra ou de que aquilo a tornasse diferente. Só quando foi cursar o ensino médio, fora de sua comunidade, é que foi obrigada a perceber uma diferença entre ela e as outras estudantes — e foi nessa ocasião que se lembra de ter sofrido discriminação pela primeira vez.

"Aconteceu um fato muito chocante e triste para mim", contou-me, e quando chegou ao fim estava em lágrimas. "Disseram-nos na escola que uma professora viria escolher meninas que dança-vam bem, e eu pensei: 'Vou ser escolhida, porque sei dançar'. Mas ela só selecionou meninas brancas. Não havia nenhuma indígena ou negra no grupo de dança."

Praticamente todos os afro-americanos que contam sua história descobrem ser "pretos" de uma ou outra forma dolorosa, e aparentemente a experiência afro-peruana confirmava esse padrão. Era fácil visualizar Susana como uma jovenzinha segura de si que inocentemente tropeçava naquela realidade, e fiquei com pena dela. Perguntei-lhe o que havia lhe dado forças para superar aquelas experiências penosas. Ela respondeu sem hesitar: "Nossa família se reunia aos domingos", disse. "Eu ia para onde estivessem fazendo música, para perto dos tios que tocavam violão e das tias que cantavam. E lá estava eu, no meio deles. Foi a minha salvação."

Susana Baca me contou que se afirmara por meio da música, e que usara esse talento para pesquisar suas raízes, o patrimônio cultural de sua família. Disse, em essência, que sua paixão pela música e seu orgulho pela ascendência africana haviam se desenvolvido no mesmo passo. "Não sou uma pesquisadora. Minha praia não é a investigação", disse ela.

> Mas comecei a pesquisar. Comecei com minha mãe. Pedi a ela que me contasse coisas de sua vida. Mais tarde entrevistei minhas tias, e viajei pelo Peru, principalmente seguindo a costa, onde os afro--peruanos tinham se instalado. Cheguei quase à fronteira do Equador, procurando música, poesia, versos... Descobri a contribuição que os afro-peruanos tinham dado à cultura do Peru, e aquilo me encheu de orgulho e felicidade.
>
> E depois fiquei mais feliz ainda porque, quando ganhei o Grammy, em 2002, uma mulher me disse: "Por sua causa, o mundo ficou sabendo de nós".

Susana me contou isso com um riso nos lábios, referindo-se aos peruanos negros. "Foi uma beleza ouvir aquilo."

Era impossível não sorrir com ela. A adolescente jovem, tímida, mas claramente talentosa, desdenhada numa competição de dança, se transformara numa mulher nobre, que conhecia seu próprio valor — e que, no processo, se tornara um tesouro nacional. "Hoje em dia, não sinto raiva de quem me discriminou", disse-me ela. "O que sinto é que faço parte de uma cultura importante. Gostaria tanto de ver jovens afro-peruanos descobrindo-se como parte de uma nação... de um povo... que possam sentir, festejar e apreciar."

Surpreendeu-me que o fato de uma pessoa descobrir sua condição negra por meio da privação ou da carência, uma experiência que eu imaginara, erroneamente, ser típica da realidade americana, fosse um momento definidor também na vida de uma afro-peruana. A diferença entre a experiência de Susana Baca e a da maioria dos afro-americanos está em ter acontecido tão tarde na vida dela. A maioria dos escritores afro-americanos — desde Frederick Douglass, Zora Neale Hurston e Richard Wright até Toni Morrison — passou por essa experiência dolorosa no começo da infância. Por isso quis saber como fora possível que ela tivesse crescido como parte de uma minoria, numa cidade litorânea, mas alheia à diferença racial. Disse que só percebera que era negra ao chegar ao ensino médio. Como era possível aquilo? Foi o que perguntei a Carlos Aguirre, professor de história latino-americana na Universidade de Oregon. Ele me disse que a resposta estava na história sem paralelo do Peru. Concordou em se encontrar comigo em Lima e esclarecer minhas dúvidas.

Apertamos as mãos numa ensolarada esquina em Malambo, hoje chamado bairro de Rímac. Era uma área negra movimentada e vibrante — o Harlem de Lima, pensei. Por ter morado anteriormente nessa grande cidade, Aguirre caminhava com firmeza pelas ruas. Eu a cada instante eu ficava para trás, curioso demais para não examinar tudo a meu redor.

Aguirre contou que os primeiros escravos chegaram ao Peru com o conquistador espanhol Francisco Pizarro, em 1527. O exército de Pizarro incluía africanos escravizados para conquistar a população indígena, os chamados "índios". Tais indígenas ficaram perplexos com os negros. Segundo a lenda, quando viram os negros pela primeira vez, tentaram esfregar a pele deles para remover a cor.

A população africana do Peru cresceu depressa, enquanto a indígena diminuía (embora seja bastante numerosa hoje em dia e com frequência seja chamada de *incaica*, o que não é historicamente correto, já que os incas eram apenas uma das várias tribos quíchuas). A ocupação espanhola causou uma dizimação dos indígenas no século XVI, quer devido a guerras, quer por doenças (a população não estava imune aos vírus e às bactérias que os europeus traziam consigo). A guerra e as posteriores guerras civis que marcaram a conquista do Peru duraram quase quarenta anos (1532-71), mas não há dados confiáveis sobre o número de indígenas que morreram em batalha. Contudo, à medida que a população nativa diminuía, também se reduzia a mão de obra local. Por isso, os espanhóis importaram mais de 100 mil africanos para a mineração de ouro, prata e esmeraldas no Peru. Nos séculos XVI e XVII, o Peru tornou-se uma das mais ricas colônias no Novo Mundo, e um dos maiores portos de desembarque de vítimas do tráfico negreiro transatlântico.

"Malambo era o local para onde de início os escravos eram trazidos do porto de Callao a fim de serem vendidos numa espécie de mercado", disse Aguirre, com um gesto amplo em direção a um largo. "Daqui, os escravos eram levados para fazendas e lavouras em torno das cidades, ou para mais longe." No decorrer do período colonial, disse-me ele, cerca de 25% de todos os escravos permaneceram em Lima, trabalhando como profissionais qualificados ou como artesãos, e também como criados domésticos, padeiros, mascates e aguadeiros. Cerca de 90% da população de Malambo era negra, e a própria Lima contava com 30% a 40% de negros. Os europeus consideravam Lima uma cidade negra, pois os africanos estavam por toda parte. Quase todos os aspectos da vida urbana tinham a marca dos africanos.

A marca de um determinado escravo ainda é bastante visível no Peru de hoje, embora ninguém jamais tenha registrado seu nome. Aguirre levou-me a um belo santuário católico, que parecia construído ao redor de um painel pintado originalmente num muro — uma extraordinária imagem de Cristo na cruz. O mural foi concluído no século XVII, quando o muro fazia parte de uma senzala. Um dos escravos que ali viviam, um angolano, o pintou. Detive-me diante da obra, francamente atônito. É uma obra rica, complexa, sofisticada. Fiquei sem fôlego.

"Em certa ocasião, houve um violento terremoto", disse-me Aguirre em voz baixa, "e toda a área, inclusive a senzala, veio abaixo... menos o muro. Na verdade, ela sobreviveu não a um, mas a vários terremotos. E com isso surgiu um culto, de início apenas entre os escravos, chamado *El señor de los milagros*."

"Acho que o primeiro milagre foi o irmão, o escravo inculto, ter pintado esse mural", sussurrei de volta.

"Esse culto se espalhou por toda a sociedade peruana", continuou Aguirre.

No século XVIII, o papa autorizou, pela primeira vez, uma procissão na cidade. No começo do século XX, o Estado peruano interveio e passou a dar apoio a essas procissões, e essa pintura se tornou quase uma imagem religiosa oficial. Hoje em dia, no mês de outubro, as pessoas carregam uma cópia da imagem pelas ruas, seguidas por milhares de pessoas. O Congresso até deseja fazer de *El señor de los milagros* o padroeiro do Peru.

Ainda hoje, a procissão anual de *El señor de los milagros* é uma das maiores procissões em toda a América Latina, e fiquei profundamente comovido por saber que tudo aquilo fora criado pela visão de um escravo angolano. Quando nos encaminhávamos para a porta, virei-me para ver a pintura mais uma vez. Pensar num campo aberto cheio de escombros, sem nada em pé além desse muro... com um crucifixo, pintado por um escravo africano, depois abraçado por uma nação... E fiquei a imaginar se os americanos seriam capazes de um dia adotar um símbolo religioso criado por um escravo afro-americano, ou deificar um santo negro, como os peruanos fizeram com são Martinho de Porres, que viveu no fim do século XVI e começo do século XVII, e cujo culto propagou-se por toda a América Latina.

Fora do santuário, Aguirre recomeçou a contar a história dos escravos negros do Peru, explicando que as condições de vida na cidade e no campo diferiam bastante e que a população afro-peruana se formara acompanhando essa diferença, da mesma forma como a cultura afro-americana surgira da fusão de diferentes populações — rurais e urbanas, sulistas e nortistas. Aguirre explicou que, na cidade, um escravo podia tornar-se um *jornalero*, um tipo de trabalhador livre. Os *jornaleros* tinham total liberdade de ir e vir, procurando trabalho e entregando ao senhor parte de seu ganho. Com o passar do tempo, disse, muitas vezes conseguiam ganhar o suficiente para comprar a própria liberdade.

"Ao aceitar essa situação, o senhor lavava as mãos com relação à manutenção do escravo — alimentação, abrigo, habitação e até disciplina", observou Aguirre. "Os *jornaleros* tinham de procurar serviço por conta própria e trabalhar sem supervisão. Mas gozavam de uma autonomia que os outros não tinham."

Fiquei surpreso. A existência de uma classe de escravos empreendedores e semiautônomos e a possibilidade de mobilidade social para alguns africanos não tinham nenhum equivalente na história da escravidão nos Estados Unidos. A história dos afro-americanos registra um ou outro escravo com esse grau de autonomia, mas não toda uma classe desse tipo. Aguirre aquiesceu quando mencionei essa diferença, mas fez questão de destacar que a vida do escravo nas fazendas era bem diferente.

"De modo geral, nas cidades, os escravos tinham uma vida bem melhor, em termos de tratamento, possibilidade de interagir com outros grupos e, sobretudo, possibilidade de adquirir sua liberdade", disse. "Nas lavouras, os escravos trabalhavam longas horas, às vezes viviam em condições miseráveis e eram submetidos a castigos muito duros. De modo geral, a escravidão urbana era mais fluida, pois havia a possibilidade de alforria. A escravidão na lavoura era mais permanente — uma situação estática."

Para saber mais sobre a vida dos afro-peruanos durante a escravidão, visitei o Palácio Municipal, onde me encontrei com a historiadora peruana Maribel Arrelucea Barrantes, da Universidade San Ignacio de Loyola, que me recebeu efusivamente. Queria mostrar-me obras de um famoso pintor peruano, o mulato Francisco "Pancho" Fierro Palas, ativo na primeira metade do século XIX. Seria a primeira vez que ela mesma veria os originais. Como já sabia que a obra de Fierro se concentrava na vida urbana, estava ansioso por ver como ele retratava os negros livres e cativos no Peru durante o século XIX. Além disso, tenho paixão por arquivos e pesquisas, poder tocar e sentir o cheiro de documentos e de obras de arte originais. Além do contagiante entusiasmo da professora Maribel Arrelucea.

Fierro produziu retratos vívidos da vida de afro-peruanos em sua época, quase documentários. E era prolífico. Nascido em 1809, morreu em 1879, deixando mais de 1200 aquarelas que

19. El señor de los milagros de Nazarenas, *uma pintura na parede do santuário de Las Nazarenas, é venerada em Lima. A representação foi feita por um escravo angolano no século XVII. A pintura também é conhecida como "O Cristo negro" ou "O Cristo de Pachacamilla".* (Miguel Chong/ Wikipedia Commons.)

retratavam quase todas as atividades imagináveis. Maribel disse que suas pinturas são consideradas tão importantes para conhecer a vida cotidiana na época que todo estudante peruano já as viu. Mestiço livre, Fierro parece ter se interessado sobretudo em mostrar que os escravos foram fundamentais para a formação da sociedade limenha. No entanto, tinha também o dom de observar e registrar a vida à distância, muitas vezes com ironia, humor e sensualidade. O melhor de tudo, para mim, é que ele incluía muitos negros em seus trabalhos, muitos dos quais representam cenas de gênero, com três ou quatro figuras, quase recortes da escravidão.

Usando luvas brancas para manusear os originais, examinamos com cuidado um grupo de aquarelas, dispostas numa mesa. Impressionaram-me de imediato as cores vivas, as curvas generosas dos corpos, a leveza com que Fierro mostrava seus modelos. O mais notável é que os negros de Fierro parecem integrados à construção das cenas em que figuram. Nenhum deles destoa da ação representada. Muitos deles se mostram bastante joviais, mesmo quando trabalham.

Maribel me estendeu um par de luvas protetoras, com os olhos brilhando. Tínhamos permissão para tocar nas aquarelas, um raro privilégio.

"É sensacional, não é?", comentei, segurando uma das aquarelas com muito cuidado.

"É muito emocionante", respondeu ela. "É a primeira vez que eu mesma, uma historiadora, tenho a oportunidade de ver e segurar com minhas mãos um original de Pancho Fierro. Ele deixou imagens da maior importância. Mostra uma sociedade que os documentos textuais não nos permitem ver."

Peguei uma aquarela que representava um funeral. Notei que todos os que carregavam o caixão eram negros.

"Isso ainda é um costume no Peru", comentou a professora.

"É bastante criticado hoje em dia, mas continua a ser 'a coisa certa a fazer.'"

Negros altos e magros como agentes da Morte... De certa forma, gostei da ideia.

"Puxa, isso aqui parece um piquenique", eu disse, pegando um quadro que mostrava duas mulheres, num ambiente de lazer, cercadas de comida.

"E é lindíssimo, não?", a historiadora suspirou. "É um doce típico, nas mãos de duas africanas, as escravas."

A seguir examinamos um retrato de três mulheres de seios exuberantes, expostos sensualmente, cercadas de melões. Acho que enrubesci. (Se isso não aconteceu, devia ter acontecido.) "Acho que Pancho Fierro estava tentando nos deixar uma piada", disse Maribel, rindo. "Três raças: índia, preta e branca. Por isso, essa cena é fantástica. Ela nos mostra três mulheres, mas a que está no centro das atenções é a negra."

"Ele tinha alguma coisa de antropólogo", arrisquei, mas com um perverso senso de humor. O jogo visual com os melões era inequívoco.

"É verdade", ela concordou. "Passava o tempo todo na rua. Pintava enquanto observava o que ocorria a seu redor."

Detivemo-nos algum tempo a observar os desenhos, apreciando sua exuberância e nossa alegria por poder examinar os originais de perto.

"Quando pensamos em escravos, só nos vêm à mente escravos na lavoura, de pés acorrentados e constantemente surrados", disse a professora. "Mas Pancho Fierro nos oferece muita coisa com que recuperar o passado. A escravidão em Lima era mais descontraída, mais maleável. Acho que Pancho Fierro queria nos mostrar a alegria de que a população africana era capaz."

Maribel me passou uma série de aquarelas, cada qual mostrando pequenos prazeres da vida diária, cada qual repleta de sen-

20. *Pinturas de Pancho Fierro: acima, à esq.*, Uma feirante — Três raças; *acima, à dir.*, Mulher com véu e criada negra; *ao lado, à esq.*, Vendedora com abóboras. (Fotos de Maribel Arrelucea Barrantes.)

sualidade. Uma, sobretudo, lembrava o Pinkster* ou o Mardi Gras, nos Estados Unidos, uma época do ano em que os escravos podiam esquecer sua condição e assumir novos papéis sociais, ainda que

* Festa de negros americanos, do começo do século XIX, realizada na primavera. Pinkster é uma corruptela do holandês Pinksteren [Pentecostes]. (N. T.)

por pouco tempo. "Esse quadro mostra o 'Amancaes'", disse. "Era uma festa fora de Lima, no campo. As pessoas podiam se divertir sem restrições, sem nenhuma regra. Só havia um prazer — o de comer, beber, o prazer do corpo, do sexo, da dança, de tudo. Não havia regras! Durante quase uma semana."

Ao guardarmos as aquarelas, perguntei à professora o que ela pensava sobre a visão que Fierro tinha do Peru escravista. Tudo parecia tão positivo, tão feliz e multicultural. Seria uma visão correta do ponto de vista histórico?

"Era", ela afirmou, segura de si.

Pancho Fierro nos mostra pessoas interagindo, morando juntas, se divertindo, não importa se são homens ou mulheres, ricas ou pobres, pretas ou brancas. Mostra-nos uma sociedade mais integrada, com menos conflitos. Esse é um ponto de vista. O Peru tem muitos aspectos diferentes. Mas, por fim, todos nós tentamos nos ligar uns aos outros.

Pessoalmente, achei as obras de Fierro, apesar de sua beleza e do acabamento exímio, também um pouco perturbadoras, suscitando tantas perguntas quanto as respostas que proporcionavam. Sua visão do Peru lembrou-me a teoria (ou o mito, dependendo da opinião de cada um) de Gilberto Freyre sobre a democracia racial. Não havia como negar a riqueza do trabalho de Fierro. Mas quem poderia negar o sofrimento de ser escravo? Por acaso Fierro era admirado porque fazia com que os escravos parecessem felizes com sua sina? Estaria o Peru celebrando seu passado negro ou tentando apagá-lo?

Voltei a falar com o professor Aguirre. Transmiti-lhe o que Maribel Arrelucea me dissera, e ele concordou que a escravidão fora mais "descontraída" no Peru do que nos Estados Unidos. Entretanto, como eu suspeitava, ele disse que a história não acabava nas cenas que Fierro preservara.

21. *Pinturas de Pancho Fierro,* Dança zamacueca. (Fotos de Maribel Arrelucea Barrantes.)

Aguirre e eu fomos juntos à histórica Hacienda San José, a duas horas de carro ao sul de Lima. Era uma das muitas plantations numa área agrícola que se manteve próspera do século XVI ao XX, produzindo açúcar e, depois, algodão. Assim que desci do carro, pude perceber que estávamos num lugar bem diferente. A fazenda — imensa, com muitos prédios, entre os quais uma igreja — parecia um outro mundo em relação às ruas agitadas de Lima. Aguirre contou que um terremoto recente, em 2007, causara graves danos à propriedade. Mesmo assim, ainda trazia as inesquecíveis marcas do tratamento cruel dispensado aos escravos que trabalhavam na lavoura.

Segundo Aguirre, o dono daquela fazenda devia possuir cerca de oitocentos escravos, o que o tornava riquíssimo. (Já vi igrejas menos suntuosas em cidades do interior.) E os escravos dali, ao contrário dos urbanos, tinham poucas esperanças de um dia deixar aquele lugar.

"Quem trabalhava na lavoura sofria", disse-me Aguirre. "Era difícil manter uma família, deixar a fazenda, alimentar os filhos. A melhor saída para um escravo que quisesse ser livre consistia em fugir."

22. El Negro Mama, *personagem do Canal 2, uma emissora de TV mexicana (cartum fornecido ao autor por Mónica Carrillo). Tradução:* "Amigo, arranjei roupa boa e aprendi a falar melhor para voltar à televisão." "E o que disseram seus críticos?" "Que mesmo vestido de seda um macaco será sempre um macaco."

As comunidades agrícolas podiam ser bastante complexas. Alguns trabalhadores eram escravos de propriedade do fazendeiro; outros eram arrendados a fazendeiros das imediações; e na lista dos trabalhadores havia até negros libertos assalariados. Mesmo entre os escravos do dono da fazenda, os papéis eram diferentes.

"Alguns escravos moravam dentro da casa-grande e trabalhavam como criados domésticos, mas a maioria vivia nas senzalas", disse Aguirre. "Em geral os escravos 'de dentro' eram mulheres e de pele mais clara, ou seja, mulatas. Já os trabalhadores do campo eram, quase todos, africanos e mais negros."

Exatamente como nos Estados Unidos, pensei. Havia lá escravos domésticos e escravos do campo, e os que eram um pouco mais claros recebiam um tratamento, digamos, mais branco.

"Em torno de qualquer fazenda como esta, havia comunidades de escravos fugidos chamadas *palenques*", prosseguiu Aguirre.

"Preferiam viver em grupos pequenos, em geral de dez a vinte pessoas. Quanto menos gente houvesse num lugar, maior era a probabilidade de sobrevivência do grupo."

Os castigos por tentativa de fuga eram drásticos. Às vezes um escravo procurava fugir para outra fazenda, onde contaria com melhor tratamento. Mas era facílimo alguém localizá-los. Além disso, embora alguns senhores permitissem um certo movimento aqui e ali, explicou Aguirre, outros desciam o chicote — literalmente.

"Toda fazenda tinha um lugar onde os escravos eram castigados", disse ele. "Eram marcados a ferro, açoitados. Vez por outra, eram deixados ali sem alimento. A punição servia de mecanismo para impor ordem e controle social. Imagine só um tumulto ou uma rebelião desses escravos."

Realmente, pensei.

Como já sabia alguma coisa a respeito da Guerra de Independência do Peru, em 1821, fiz um comentário sobre a possibilidade de escravos da zona rural terem participado dela. Afinal, eles não tinham a opção de se tornar *jornaleros*, como os escravos urbanos. Por acaso viam a revolução como uma chance para conquistarem a liberdade? Aguirre respondeu que sim. Disse-me que a independência do Peru tivera dois grandes heróis: Simón Bolívar, um aristocrata venezuelano, e José de San Martín, um general argentino. Bolívar foi praticamente um revolucionário profissional — libertou da Espanha seis países latino-americanos, e essas revoluções puseram em marcha outros movimentos de independência em todo o continente. Há quem diga que ele foi o George Washington da América Latina. O curioso em relação a Bolívar é que dizem que ele foi homenageado com mais estátuas do que qualquer outra pessoa no hemisfério Ocidental, o que parece ser verdade, a julgar por minhas viagens dentro daqueles seis países.

Entre 1821 e 1824, Bolívar e San Martín, que, aliás, não devem ter sido muito amigos, atuaram juntos para libertar o Peru. Os exércitos de San Martín atacaram as forças espanholas pelo Sul, enquanto as tropas de Bolívar investiram pelo Norte. Ambos precisavam mobilizar novos soldados, e as fazendas estavam cheias de escravos em busca de uma chance de lutar pela liberdade.

"Quando as forças de San Martín chegaram ao território peruano, ele enviou emissários às fazendas próximas para dizer aos escravos que seriam libertados se aderissem ao exército rebelde", disse Aguirre. "Centenas deles deixaram as fazendas, uniram-se aos libertadores e lutaram na Guerra de Independência."

"San Martín e Bolívar eram contra a escravidão?", perguntei.

"Não necessariamente", respondeu Aguirre. "Isso é uma questão complicada. Eu diria que San Martín iniciou um processo

23. À esq.: *"Criada doméstica de Lima da classe dos quarteirões"*; extraído de Joseph Skinner, The Present State of Peru [...] Drawn from Original and Authentic Documents. *Londres, 1805. Lâmina 13, p. 252* (cortesia da Biblioteca John Carter Brown, na Universidade Brown). À dir.: *"Peru, colonização espanhola, mestiços são torturados, postos a transportar cargas", gravura de* Nueva corónica y buen gobierno, *de Felipe Guaman Poma de Ayala, c. 1613.* (Mary Evans Picture Library.)

de abolição gradual, enquanto Bolívar foi bem mais ambíguo. Em teoria, ele era antiescravista, mas não promulgou nenhuma lei contra a escravidão."

Pelo que se verificou, os líderes dessa guerra independentista não estavam muito interessados na independência dos escravos. Primeiro, disseram que os nascidos depois de 1921 seriam livres; mais adiante, que todos os escravos ganhariam a liberdade com dezoito anos (essa idade foi mudada, daí a tempos, para 21 anos); por fim, anunciaram que seriam livres aos cinquenta anos! San Martín, Bolívar e seus sucessores não foram fiéis às promessas feitas aos afrodescendentes nos países que libertaram.

"Esses líderes eram liberais e desejavam ser independentes da Espanha", disse Aguirre, "mas não estavam dispostos a fazer uma revolução social. Queriam preservar a ordem social e a propriedade, bem como proteger os proprietários de terras. Numa visão pessimista, a guerra representou apenas uma mudança de senhores. Ou seja, mudaram as elites do país." Nesse sentido, no que dizia respeito aos escravos, talvez, a guerra foi uma rebelião, e não uma revolução. Bolívar era famoso por seu pensamento sobre a questão racial, retrógrado segundo qualquer critério. Preocupava-o a possibilidade de uma *pardocracia*, a tomada do poder por mestiços, e ele não estava muito seguro de que desejasse libertar os escravos. Desenvolveu um julgamento fictício e mandou executar um de seus principais generais por temer que estivesse conspirando em favor da *pardocracia*. San Martín e os argentinos se saíram muito melhor nessa questão, e com uma ampla vantagem.

"Os escravos tiveram de lutar contra seus senhores e levá-los aos tribunais a fim de ganhar a liberdade que lhes fora prometida", disse Aguirre, com tristeza. "Alguns escravos libertos foram depois reescravizados porque não tinham como provar que eram forros. Houve toda espécie de complicações."

Aquelas palavras me pareceram familiares. Também nos Estados Unidos muitos escravos libertos enfrentaram o mesmo destino.

A escravidão foi enfim abolida no Peru 33 anos depois, em 1854, no governo do presidente Ramón Castilla. Isso se deu 25 anos depois que o segundo presidente do México, o mulato Vicente Guerrero, libertasse os escravos de seu país, e 21 anos após a abolição da escravatura em todo o Império britânico. No entanto, como Aguirre disse, muitos ex-escravos peruanos continuaram a trabalhar nas fazendas, tal como aconteceu nos Estados Unidos, na qualidade de colonos na terra que tinham cultivado como escravos.

Tal como seus congêneres americanos, o fato é que muitos daqueles escravos não tinham para onde ir, explicou Aguirre... e alguns de seus descendentes ainda não têm. Hoje, mais de 150 anos depois da abolição da escravatura, ainda há afro-peruanos que trabalham nos mesmos campos que seus ancestrais escravizados.

Quis conhecer algumas dessas pessoas, ainda presas à terra. Por isso, deixei o professor Aguirre na Hacienda San José, para que descansasse de minhas perguntas sem fim. Meu motorista seguiu pelos vastos algodoais da região, em busca de trabalhadores. E me dei conta, com surpresa, de que nunca vira um algodoal antes, nem mesmo no sul dos Estados Unidos. Em silêncio no banco traseiro do carro, contemplando quilômetros e quilômetros sem fim de capulhos de algodão, fui tomado por um desassossego quando comecei a sentir o peso de meu próprio passado ancestral coletivo.

Paramos perto de um grupo de trabalhadores e desci para a estrada de terra seca. Duas mulheres colhiam algodão com rapidez. As mãos voavam de um lado para outro, e elas conversavam, mas sem parar de trabalhar um só segundo.

Caminhei até elas e me apresentei. Disseram chamar-se Ana Peña Palma e Juana Portilla Palma. Pareciam contentes, até emocionadas, ao explicar o trabalho penoso que executavam para sustentar as famílias. As duas moravam na cidade mais próxima dali, El Carmen. O lugar é habitado principalmente, tantos anos depois, por descendentes dos escravos negros que trabalhavam na Hacienda San José.

"Nunca estive tão perto de um pé de algodão antes", admiti. "Vocês me ensinariam a colhê-lo?"

Ana e Juana me mostraram, com toda paciência, como puxavam as fibras macias de seu casulo espinhento, chamado capulho ou maçã. O macete está em tirar as fibras do algodão sem trazer junto com elas nenhuma das folhas e hastes secas da planta — além de não cortar as mãos.

Não era tão fácil como parecia, como daí a pouco atestariam meus dedos ensanguentados.

"Sem a palha nem as folhinhas", instruía Ana, olhando por cima de meu ombro e me vendo puxar um emaranhado de algodão e fragmentos secos da cápsula.

Tentei de novo, resolvido a acertar. Foi então que... ai!

"Sou muito ruim nisso", disse, admitindo o óbvio e imaginando se deveria procurar onde fazer um curativo nas mãos.

"O algodão saiu direitinho", comentou Ana, para me agradar.

Perguntei a minhas instrutoras quanto tempo trabalhavam a cada dia colhendo o algodão. Disseram que trabalhavam das quatro da manhã às seis da tarde, de segunda a sábado: catorze horas por dia, seis dias por semana. Perguntei também se tinham um intervalo para almoçar. Responderam que sim. Quinze minutos.

"Posso perguntar quanto pagam a vocês?"

"Catorze soles por dia", disse Ana. São mais ou menos cinco dólares.

Perguntei a Ana e Juana que idade tinham quando começaram a colher algodão.

"Eu tinha sete anos", respondeu Ana.

"Eu também tinha sete quando comecei a sair de casa", disse Juana.

Respondiam a minhas perguntas com alegria. O trabalho manual sempre me impressiona, mas aquelas duas moças me surpreendiam com seus sorrisos largos e seu ar de contentamento. Dei-me conta de que as coisas que eu associava à colheita do algodão — a escravidão nos Estados Unidos, a Ku Klux Klan, os dolorosos anos da Reconstrução, depois da Guerra de Secessão — nada significavam para aquelas moças. Perguntei como se mostravam tão contentes apesar do trabalho duro.

"Nós sempre trabalhamos com alegria", disse-me Ana. "Temos de trabalhar, estamos acostumadas e saímos de casa e conversamos. É nossa rotina, a rotina do trabalho de todos os dias no campo."

Olhei em torno, para o campo a que ela se referia. Era difícil esquecer a jornada de trabalho estafante daquelas moças. Mas o campo era belo, o céu era uma fulgente redoma azul. Uma viração fazia os pés de algodão ondular de leve. Vi que havia outros trabalhadores ao longe, curvados, com as mãos voando a uma velocidade incrível — e percebi então que entre eles havia crianças.

Perguntei a Ana e Juana se achavam que um dia seus filhos também colheriam algodão.

"Não, é um trabalho muito pesado", respondeu Juana. "Nós tentamos fazer com que nossos filhos não nos acompanhem", disse Ana com firmeza, "porque eles têm de estudar. Colhemos algodão porque somos mais velhas, mas eles... não. Nós não queremos isso para os que estão crescendo agora."

Calei-me por um momento para admirar aquelas mulheres felizes e orgulhosas, lutando em benefício da próxima geração. Foi nesse momento que, inacreditavelmente, comecei a ouvir uma música ao longe. Do outro lado do campo, distante dali, alguns trabalhadores entoavam uma música feita de chamadas e respostas. Mesmo sob o sol quente, um arrepio correu por meu corpo. Nos Estados Unidos, era daquele mesmo jeito que cantavam os escravos no eito.

24. *Mulheres colhendo algodão perto de El Carmen, Peru.* (Foto de Jemila Twinch.)

Procurei mudar de assunto, tentando esquecer o duro que davam aquelas moças para ganhar tão pouco.

"A maioria dos americanos nem sabe que existem negros no Peru", informei a elas.

"Ah, é?", exclamou Ana. "Pois existem!"

"E não são poucos!", completou Juana, rindo.

"O senhor é nosso tio!", disse Ana, animada. "Prazer em conhecê-lo, tio!"

Ao me despedir delas, Ana e Juana me deram uma bola de algodão, para que não as esquecesse.

Resolvi então visitar El Carmen, que ficava perto dali. Um famoso grupo musical afro-peruano, Los Ballumbrosios, tinha ali a sua base. É um grupo familiar, uma espécie de Jackson 5, só que com quinze membros! Amador Ballumbrosio, já falecido, criou o grupo no fim da década de 1960, desencadeando um renascimento da música afro-peruana. Hoje, a família e a cidade de El Carmen são conhecidas em todo o mundo por manterem viva a chama do orgulho e da cultura afro-peruanos.

Enquanto seguíamos para lá, ocorreu-me que a africanidade peruana parece se expressar de forma mais vibrante nas artes — na obra do escravo angolano anônimo, de Pancho Fierro, de Susana Baca, dos Ballumbrosio, do poeta e escritor Nicomedes Santa Cruz. A africanidade do Peru poderia passar despercebida em sua política e em sua imagem mundial. Entretanto, tal como no Brasil, não pôde ser silenciada ou escondida. Ali, os negros encontraram sua voz nas artes e na música, e estão cantando bem alto para que o mundo os ouça.

Escutei essa voz — sonora, altiva e jubilosa — enquanto seguia em direção à casa da família Ballumbrosio. Lá dentro, as pessoas falavam alto e riam. E ouvi sons musicais: batidas rápidas de tambor e sinos. A energia que havia por trás daquela música era incrível.

Chebo Ballumbrosio, o terceiro na linha sucessória do patriarca, recebeu-me com um sorriso largo e um abraço cordial, apertando com as duas mãos a que lhe estendi. Sentamos em cadeiras estofadas na sala da família, e lhe perguntei por que se dedicava tanto a manter viva a música afro-peruana.

"Temos uma herança de música africana com mais de 350 anos de história", ele respondeu, orgulhoso, "e somos uma família com raízes. Ainda preservamos a presença negra. No dia em que tocarmos outro tipo de música, que aparecermos em grandes outdoors e parecermos realmente profissionais, estaremos fazendo a cultura negra desaparecer neste país."

Fazendo a cultura negra desaparecer. Suas palavras me impressionaram. Mas depois me ocorreu que a música que substituirá a sua deve ser o hip-hop. Perguntei a ele se fazer música era uma forma de lutar pelo poder político negro.

"O racismo está em toda parte", disse Chebo sem rodeios. "Os negros são vistos como aqueles que trabalham na porta de hotéis e restaurantes. As pessoas pensam: 'Esse negro dança bem mesmo. É só para isso que ele serve... Não é muito inteligente'. Acho que a música dá forças para as pessoas lutarem."

Orgulho através da arte, consciência por meio da festa, poder pela música... gostei daquilo. Mas fiquei pensando: por acaso as crianças peruanas entenderiam o que os Ballumbrosio estavam tentando fazer? Comentei com Chebo que nos Estados Unidos a maioria dos jovens que eu conhecia não se interessava por jazz ou blues, que dirá pela música africana tradicional. Só queriam saber de hip-hop. Perguntei-lhe se as crianças negras do Peru conheciam a música afro-peruana tradicional o suficiente para vê-la como coisa sua.

"De certa forma, sim", ele respondeu. "Trata-se de conservar o que é nosso, as nossas tradições. Em nosso universo, o universo africano, já houve grupos diferentes em vários países. Já ouvi muita música brasileira e cubana. Há muitas manifestações. Temos de ouvir tudo, mas sem esquecer o passado."

"Muita gente nem sabe que existe uma comunidade negra no Peru", eu disse. "Você acha que será capaz de mudar essa situação com sua música?"

"É sempre uma luta divulgar a presença afro-peruana", respondeu Chebo.

Mas minha resposta à sua pergunta é positiva, tenho fé de que isso vai acontecer. A situação só poderá mudar quando as pessoas pararem de ver este país apenas como andino, que é como sempre o veem. O Peru são os incas, o Peru é Machu Picchu. Não! O peru é isso e muitas coisas mais. É uma mistura de raças, de comunidades, de etnias, de revoluções, e tudo se expressa ao mesmo tempo.

Mais papo de mistura, pensei. No entanto, a mistura no Peru não era nem de longe parecida com a do Brasil. A semelhança terminava com o sepultamento das raízes negras. Era difícil ver o que tinha ocorrido além disso. Com certeza, a mistura que eu tinha visto era pouquíssima. No Peru, o destino negro mais parecia um esforço para resistir à invisibilidade do que qualquer outra coisa.

A seguir, passei uma hora conhecendo várias gerações daquela família musical, manuseando e até tentando tocar alguns instrumentos afro-peruanos. Quando estava de saída, Chebo gentilmente me convidou para a festa de quinze anos de sua filha. Aceitei, satisfeito com a oportunidade de conhecer melhor aquela bela família. Entretanto, não estava pronto para festas ainda. Em vez disso, procurei de novo o professor Aguirre na Hacienda San José, e voltamos juntos para Lima. No caminho, contei-lhe sobre minha visita ao algodoal e a conversa com Chebo Ballumbrosio. Disse que tinha aprendido muito sobre a música afro-peruana, mas queria saber mais. Mesmo avaliada em tão pouco tempo, a influência negra no Peru me parecia riquíssima. No entanto, fora do país ninguém diria que ela existia. Além disso, o Peru parecia não conhecer sua própria africanidade.

"Creio que as contribuições dos afro-peruanos foram fundamentais para moldar nossa sociedade", disse Aguirre, pensativo. "Mas nem sempre isso é reconhecido. Ainda vivemos com um legado de invisibilidade, com as exceções de praxe: pintores, cantores, jogadores de futebol, pugilistas. A vida econômica, social, política e cultural dos negros em nossa sociedade ainda não foi reconhecida."

Qual a razão disso, na opinião dele?

Com o fim do colonialismo, o Peru tornou-se uma sociedade governada por herdeiros dos conquistadores, que lhes legaram suas ideias sobre a inferioridade dos negros. Com isso, o século XIX, que deveria ter criado condições para que todos participassem da vida política, acabou sendo um século em que o racismo, a discriminação e outras formas de exclusão só se fortaleceram.

Aquilo me desconcertou. No passado, Lima fora considerada uma cidade negra. Perguntei a Aguirre o que causara aquela mudança.

"Depois da independência, o país recebeu um influxo de imigrantes", explicou ele. "Chineses, italianos, alemães, espanhóis. O que temos na atualidade são bolsões de população negra. Nesses lugares, a percentagem de negros é altíssima, mas no país como um todo, esse percentual é baixo."

Alguns historiadores estimam que o Peru chegou a importar 150 mil escravos, pensei. Para onde foram? E o que dizer da miscigenação? As raças não se misturaram e produziram proles mestiças? Pedi a Aguirre que falasse sobre aquilo.

"Houve miscigenação, mas não na mesma medida que no Brasil", ele explicou. "E as taxas de reprodução entre os escravos sempre foram baixíssimas e, em alguns casos, negativas." Ao que tudo indica, a saúde dos escravos era tão ruim que grande parte deles simplesmente morreu.

Escutei em silêncio a exposição de Aguirre. Hoje em dia, disse-me, a maioria dos afro-peruanos vive em condições de extrema miséria. Apenas 27% deles termina o curso médio e só 2% têm um diploma de curso superior. O quadro era desolador. No entanto, ao nos aproximarmos da capital, começou a falar do futuro dos afro-peruanos com mais otimismo.

Aguirre comentou que os bolsões de negros paupérrimos estão elevando sua voz. Bairros urbanos e áreas rurais que sempre tiveram grande população negra estão se tornando centros de ativismo e cultura negras. Os pretos peruanos estão preservando os costumes tradicionais, cultivando sua música, cantando suas canções — vivenciando a cultura afro-peruana com alegria, e não apenas suportando a existência passivamente. E usam seu orgulho para combater o racismo, que ainda persiste de alto a baixo na sociedade peruana.

Agradeci ao professor Aguirre por tudo e fui para meu hotel. Precisava descansar para me preparar a minha próxima reunião, no LUNDU — Centro de Estudios y Promoción Afroperuanos.

A noite passou rapidamente. Lavei o rosto e cuidei dos vários cortes na mão, quase esquecidos. E, depois, passei horas à mesa de meu quarto, repassando as anotações. No ano anterior, lembrei-me, o governo peruano fizera algo que nenhum outro país da América Latina fez — pediu desculpas a seus cidadãos negros. Sabia que tinha esse texto guardado, e o procurei numa bolsa cheia de blocos de anotações. Ao achá-lo, admirei a força de sua simplicidade: "Declaramos à população afro-peruana um histórico pedido de desculpas pelo abuso, pela exclusão e pela discriminação perpetrados contra ela desde a era colonial até o presente". Nenhuma referência à escravidão, notei. Mesmo assim, porém, cumpria louvar o governo por reconhecer esses agravos. Deitei a cabeça no travesseiro e adormeci, imaginando se o pedido de desculpas teria satisfeito algum dos ativistas negros do Peru.

De manhã, dirigi-me ao LUNDU, onde me encontrei com Mónica Carrillo, uma enérgica e destacada ativista afro-peruana. Logo descobri que é uma combatente nata que não se satisfaz facilmente com gestos simbólicos. Enquanto nos instalávamos para conversar, perguntei-lhe sobre o pedido de desculpas do governo aos afro-peruanos. Ela disparou sua resposta antes mesmo que meu traseiro tocasse na cadeira.

"Não basta dizer 'sinto muito', essa não!", disse. "Precisamos que o governo traduza isso em políticas públicas em favor dos afro-peruanos. Acho que o Peru é... talvez seja... o país mais racista da América Latina."

Mónica me disse que muitos afro-peruanos enfrentam o racismo a cada dia. Os exemplos que me deu foram alarmantes. "Se você for um afrodescendente, alguém pode se dirigir a você na rua assim: 'Ô crioulo!'. Se for uma mulher, podem fazer comentários de conteúdo ao mesmo tempo sexual e racista. Se for uma criança, uma professora pode dizer que você parece um macaco."

"Uma professora?", espantei-me. Mónica assentiu, com um sorriso.

"Minha professora de história estava dando uma aula sobre a história do Peru e perguntou a minha irmã e a mim se podíamos 'ver os macacos em nossa turma'. Em outra escola, faziam os alunos negros se sentarem no fundo da sala e os brancos na frente."

Esses episódios lembravam, naturalmente, as histórias que Susana Baca me contara em meu primeiro dia no Peru. Perguntei a Mónica o que ela fazia para combater aquele tipo de racismo. Ela respondeu que sua missão é uma luta diária, que assume diversas formas. Naquela manhã, estava trabalhando em sua campanha contra um personagem da TV chamado El Negro Mama. Seu objetivo? Tirar o personagem do ar, para sempre.

"Aqui está ele", disse tirando uma fotografia de uma pasta de arquivo em sua mesa. "No Peru, *mama* quer dizer 'burro', e não 'mamãe'. Assim, o nome desse personagem, *El Negro Mama*, significa "o negro burro.""

Ver El Negro Mama provocou uma comoção em meu repertório de estereótipos racistas. Fazia com que, comparado a ele, Memín Pinguín parecesse quase simpático. A foto mostrava um homem caracterizado como negro, com lábios exagerados e uma peruca afro, ordinária e mal ajustada, usando luvas pretas para esconder a pele branca. Seus olhos estavam arregalados e vazios, a boca pendia, mole, com os lábios delineados em vermelho. Mónica Carrillo calou-se por um momento, para que eu digerisse aquela imagem medonha. Em que século estávamos?, pensei.

"Além disso, ele anda como um macaco", acrescentou ela, quando enfim ergui o olhar. "Sempre está roubando ou tentando violentar mulheres. No último episódio, tentou roubar dinheiro a fim de pagar uma cirurgia para virar branco."

A caricatura de um negro bronco e desonesto cujo maior desejo era tornar-se branco — um novo Sambo.* Tinha visto coisas racistas na TV, quando criança: Buckwheat e Stymie, da série *Our Gang*, e, naturalmente, Amos e Andy. Mas nunca vira nada tão racista como El Negro Mama.

"Mal posso acreditar nisso", consegui dizer. "É revoltante."

"Revoltante mesmo", concordou ela, com um suspiro. "O LUNDU organizou um protesto contra *El Negro Mama*, que foi tirado do ar durante dois meses. Mas na semana passada ele voltou."

"Voltou por quê?", perguntei. Aquela história era inacreditável.

"Disseram que estávamos atacando a liberdade de expressão. Por isso, estamos organizando uma campanha internacional contra *El Negro Mama*, incluindo também instituições dos Estados Unidos, é claro." Disse a ela que podia me incluir desde já entre os signatários do protesto.

"Isso está sendo positivo, pois é a primeira vez na história do Peru que ocorre uma ampla discussão pública da questão racial", observou ela. "Ao mesmo tempo, porém, já cuspiram em meu rosto. Outra pessoa tentou me atropelar."

"*Atropelar?*", espantei-me, sinceramente chocado.

"São situações como essas que enfrentamos no Peru", disse ela. "Tenho passado por coisas particularmente extremas, mas todos nós estamos vivendo um problema dramático."

Assombrou-me a tranquilidade de Mónica Carrillo. E agradeci humildemente a ela ao me despedir — não por me receber, mas pelos riscos pessoais a que se submete a cada dia para que os afro-peruanos possam ter uma vida melhor.

Atirei minha pasta no banco traseiro do carro e pedi ao mo-

---

* Estereótipo do negro nos Estados Unidos, de fortes conotações negativas. O nome e a imagem do negrinho popularizaram-se com a publicação de um livro infantil, *The Story of Little Black Sambo* (1899), de Helen Bannerman. (N. T.)

torista que me levasse ao gabinete da deputada Martha Moyano, que poderia me proporcionar uma visão diferente, a do mundo político. Trata-se de uma pessoa que conhece bem os possíveis perigos do ativismo no Peru, como os enfrentados por Mónica Carrillo: sua irmã, María Elena Moyano, ativista e líder comunitária, foi assassinada por membros do movimento maoista Sendero Luminoso, em 15 de fevereiro de 1992. A deputada colaborou para fazer com que o governo pedisse desculpas a seus cidadãos negros — a primeira vez, quero crer, que um governo latino-americano tomou essa atitude —, e queria ouvir o que ela tinha a dizer a respeito da eficácia daquela iniciativa. Teria sido um gesto meramente simbólico, por mais importante que fosse tal simbolismo? Se *El Negro Mama* ainda estava no ar, para dar só um exemplo, teriam os afro-peruanos realmente feito um progresso social genuíno no Peru contemporâneo?

Martha Moyano é uma política ponderada, cuidadosa e entusiástica, uma ativa lutadora pelos direitos dos afro-peruanos. Fez-me entender, com admirável eficiência, como fora difícil obter, antes de tudo, aquele simples pedido de desculpas.

"Existem no Peru muitas organizações de defesa de afrodescendentes, que vêm atuando há vinte ou trinta anos", disse ela.

No ano de 2004, comemoramos os 150 anos da abolição da escravatura em nosso país. Para marcar a data, decidimos realizar uma conferência afro-peruana de caráter nacional. Reunimos representantes de comunidades afrodescendentes de todo o país. Além disso, convidamos o Banco Mundial, organizações de assistência dos Estados Unidos e todas as instituições do governo peruano, para que nos ouvissem.

A luta de Martha Moyano, como a de pessoas iguais a ela, é fazer com que o governo peruano simplesmente admita a existência dos afro-peruanos. Escutando-a, comecei a me dar conta da profundidade do problema. Não havia nenhum diálogo público, nenhuma troca formal de ideias. Em algum momento, no passado distante, o Peru havia simplesmente eliminado os negros de seu retrato nacional. E, tal como no México, o censo federal não prevê uma categoria para os afrodescendentes. Embora isso talvez não pareça uma decisão política importante, reflete uma lógica peculiar quanto às raças: se os negros não existem legalmente, como pode existir um racismo contra eles? Um argumento semelhante tem sido apresentado pelos governos do México e da França.

Segundo a deputada, a constituição nacional não reconheceu os afro-peruanos como um povo ou como uma etnia distinta. Eles não ganharam representatividade alguma no governo. Não havia feriados que comemorassem qualquer aspecto da cultura afro-peruana. Os formulários do censo não incluíram nenhuma pergunta sobre etnicidade, de modo que o número de afro-peruanos nem sequer é conhecido.

"Queremos que os afrodescendentes tenham consciência de sua ascendência africana", disse ela. "Mas depois de tantos anos de discriminação, muitos deles não querem descender de africanos."

Suas palavras foram como um murro. Como poderia um movimento de poder negro criar raízes se a pobreza, o racismo e o desvalimento haviam convencido tantos afro-peruanos a renegar sua herança? Ou seja, não se pode ter um movimento negro de massa se os negros têm vergonha de admitir que são negros. Perguntei a Martha Moyano que tipos de mudanças aquela situação poderia sofrer.

"Mudanças concretas", respondeu ela, firme. "Mudanças que afetem a qualidade de vida. Em muitos lugares, os negros não têm abastecimento de água, não há serviço de esgoto, falta assistência médica, o trabalho agrícola que realizam não é reconhecido. E temos ainda toda a questão da educação. Os afro-peruanos precisam de direitos universais."

Martha tinha pela frente uma enorme trabalheira. Apertei sua mão e agradeci o tempo que me dispensara. Lá fora, saí caminhando devagar pela calçada. Minhas visitas a Mónica Carrillo e Martha Moyano me deixaram meio exaurido. E comecei a entender porque minhas impressões do Peru nunca tinham incluído afro-peruanos, e a batalha deles ladeira acima, em prol da visibilidade, pareceu-me de enorme dificuldade.

Estava pronto agora para debater tudo aquilo com um intelectual que, até então, admirara à distância. Por isso, pedi ao motorista que me levasse à Universidade San Marcos, onde me encontraria com o professor José "Cheche" Campos Dávila.

Não tenho palavras para definir meu vínculo com Cheche. Pertencemos ambos à área acadêmica, fomos motivados pelos mesmos grandes líderes pan-africanos e temos seguido caminhos paralelos em nosso ativismo. No fim da década de 1960, quando ingressei em Yale como parte do primeiro programa de ação afirmativa daquela universidade, Cheche fazia parte de um pequeno grupo de talentosos negros que estudavam nas universidades de elite do Peru. Naquela época, as universidades peruanas só matriculavam sete ou oito alunos negros de cada vez. Cheche foi um deles, obtendo seus diplomas com esforço e determinação. Hoje, é o reitor de ciências sociais e humanidades na Universidad Nacional de Educación Enrique Guzmán y Valle, La Cantuta, um dos mais renomados acadêmicos negros em todo o país e um paladino da política de ação afirmativa no Peru. Senti-me honrado por ser recebido por um homem com quem tinha tanto em comum. Somos da mesma altura e... nós dois usamos bengala.

Passamos algum tempo falando sobre nossa educação, nossos mentores, os escritores que admiramos, nossos livros favoritos. Logo descobrimos que temos também em comum uma admiração pelo nigeriano Wole Soyinka, Nobel de literatura. Falei a Cheche de minhas viagens pelo Peru. Disse-lhe que nunca tinha visto a africanidade sepultada a tamanha profundidade. Eu queria saber em que aspectos o país tinha mudado desde seus tempos de estudante.

"Considero que mudou de forma substancial", respondeu ele, depois de um momento de reflexão. "Porque antes éramos totalmente invisíveis."

Cheche me contou que em sua juventude, quando se preparava para entrar na universidade, os Estados Unidos ofereceram ao Peru bolsas de estudos para negros. A resposta do Ministério da Educação do Peru foi inacreditável: não havia negros no Peru e, portanto, as bolsas não eram necessárias. Cheche foi um dos muitos afro-peruanos jovens que reagiram a essa afronta com uma ação. Ajudou a criar a Associação Cultural da Juventude Peruana. Este e outros grupos semelhantes trabalharam durante décadas e começaram a modificar a classe média peruana, não por meio da promoção nacionalista da "África", e sim dando ênfase à história e à integridade das tradições negras do Peru como parte do caldo da cultura nacional, um ingrediente a mais, de igual porção e sabor, num apetitoso guisado cultural. Para Cheche, pretos, brancos e indígenas confluíram para formar a população do Peru, e essa relação deve ser oficialmente preservada.

"Agora estamos visíveis", disse ele, e suas palavras se revestiam de um certo contentamento. "E, após muitos anos, acho que não se trata de buscar a África. Trata-se de buscar o Peru. Na verdade, trata-se de buscar a integração."

"Então, o futuro dos negros no Peru está no multiculturalismo?", indaguei. Meu novo amigo realmente me surpreendera.

"Isso mesmo", respondeu Cheche. "Creio que os ativistas negros têm de atentar para outros aspectos, em vez de gastar energias na luta contra a discriminação e o racismo. A luta pelo desenvolvimento e pela cultura é uma luta maior que, a longo prazo, gera melhores resultados."

Considerei aquilo um ponto importante. Não se pode lutar só contra o negativo, sem ter algo de positivo em mira. De outro modo, não há progresso significativo, um programa de mudanças.

"Barack Obama não teria conseguido conquistar a presidência dos Estados Unidos se não houvesse se apresentado como um candidato acima da questão da cor", argumentou Cheche. "Porque se uma pessoa se envolve na questão da cor, será apenas o presidente dos negros."

E o personagem El Negro Mama? Lutar por erradicar essa caricatura racista da consciência peruana decerto seria bom para os afro-peruanos. Perguntei a Cheche se ele concordava com Mónica Carrillo e também achava importante tirar o personagem do ar.

"Eu acho que temos de levar em conta a liberdade de expressão e que, num país livre, a luta não deve se cingir a ser contra ou a favor de alguma coisa", respondeu ele, com um sorriso paciente. "Porque se eles conseguirem tirar o personagem do ar, estarão lhe dando mais valor. Mas se as pessoas não prestarem atenção no personagem, não lhe darem valor, aos poucos ele vai começar a desaparecer."

Respeito a estratégia política de Cheche. Entretanto, fiquei pensando se ignorar o racismo faz com que ele desapareça, sobretudo num país onde a cultura negra luta para ganhar legitimidade. Afinal, o governo peruano não acordou um dia e decidiu fazer seu histórico pedido de desculpas a seus cidadãos negros; ele agiu sob a pressão de uma campanha organizada pela deputada Martha Moyano. Sem algum reconhecimento oficial da cultura negra peruana e sem respeito por ela, pode haver um meio eficaz de lutar contra atos de racismo, ou de desconsiderá-los, como fazia Cheche, tachando-os de isolados ou irrelevantes? E sem a coragem de reconhecer as múltiplas raízes culturais do Peru, o país não poderá tornar-se a grande sociedade multicultural que Cheche pretende que ele venha a ser um dia. Muitos países, entre os quais os Estados Unidos, são obviamente muito mais ricos em decorrência de sua herança multiétnica. Entretanto, foi preciso muito tempo para que se operasse tal mudança na identidade cultural pública americana, e o processo não foi fácil. As guerras de cultura do começo da década de 1990 prosseguem ainda hoje, mas sob novas formas. Basta escutar, mesmo com displicência, discursos de membros do Tea Party ou pensar em leis recentes, aprovadas no Arizona, que proscrevem certas formas de estudos étnicos. Cheche, Mónica Carrillo e a deputada Martha Moyano, cada qual a sua maneira, argumentam que, se o Peru deseja colher um benefício semelhante ao dos Estados Unidos, deve reconsiderar a maneira como narra toda a sua história, desde a formulação de currículos escolares e a definição de feriados nacionais até o financiamento de organizações culturais e a diversificação de seus meios de comunicação impressos, eletrônicos e digitais para além de negativismos como El Negro Mama. Isso significa incluir os afro-peruanos — como escravos e como descendentes de escravos — na história oficial do Peru, como construtores da história e da cultura nacionais, como conservadores de tradições negras de cinco séculos e — talvez isso seja o mais importante — como membros da vibrante classe média peruana, um processo que começa necessariamente com acesso à educação.

Despedi-me cordialmente de Cheche, uma alma gêmea ou *doppelgänger* há muito perdido, explicando que tinha de ir à festa de uma *quinceañera*. Separamo-nos com votos de felicidades e promessas de trocar livros. Voltei ao hotel para vestir meu terno de linho branco. E naquela noite assisti a um ritual que culminou quando a bela filha de Chebo Ballumbrosio dançou com o pai, até altas horas, usando sapatos de salto alto pela primeira vez.

A festa de quinze anos é uma tradição latino-americana generalizada e não apenas negra. Queria ver como uma família afro-

-peruana encenaria, ou mesmo transformaria, esse rito de passagem panlatino. Foi então que me dei conta da sabedoria das palavras de Cheche. A filha de Chebo estava deslumbrante: usava um vestido branco com borboletas azuis, pintadas no tecido pelas tias e pela mãe. Além disso, usava asas, tal como as daminhas que a acompanhavam. Trazia o rosto pintado como uma máscara de borboleta azul. Era uma cena de magia, como ver a princesa de um conto de fadas surgir diante de nossos olhos. Naquela noite, os Ballumbrosio reivindicaram o Peru e aquele ritual latino--americano como algo deles, celebrando, manifestando e infundindo sua herança africana, sem esforço, nas formas desse ritual nacional. Tocaram músicas afro-peruanas, mas também "Speak Softly, Love", o tema da primeira parte de *O poderoso chefão*, canções mexicanas tradicionais, salsa, *sones* cubanos, música soul e hip-hop. Eles não aplaudiam o multiculturalismo; simplesmente o praticavam, e sem alarde. Celebravam a promessa do futuro da moça, dançando alegremente os vários ritmos de sua identidade cultural inseparavelmente misturada.

Marcava o ritmo com o pé na beirada da pista de dança. E pensava em tudo o que era possível para aquela nação. Havia pouco tempo, eu era uma das muitas pessoas que ignorava a existência de um Peru negro. E havia motivo para isso: o Peru negro tinha sido amordaçado. É difícil ouvi-lo se você mora em Cambridge, Massachusetts — ou, na verdade, em qualquer lugar no palco internacional. No entanto, o Peru negro não está calado, e na verdade, a voz dos afro-peruanos está aumentando de volume. Lutam pela visibilidade cultural que merecem. Lutam para resgatar a verdade de seu passado e para proteger o potencial de seu futuro. O resultado dessa luta não me parece previsível. Mas o importante é que eles começaram a lutar. E tendo como primeira vitória um pedido de desculpas sem precedentes, por parte de seu governo, pelos crimes de racismo, creio que com o passar do tempo suas chances de êxito são excelentes.

Ao fim da noite, deixei o salão de festas e voltei ao hotel pelas ruas escuras. Refleti sobre tudo o que havia aprendido. Pensava especialmente em Ana e Juana, as duas mulheres que conhecera no algodoal. Daí a pouco estariam acordando, saindo para o trabalho, lutando para ver os filhos deixarem para trás as agruras do passado escravista. Não saberia dizer por quê, mas, na penumbra, aquilo de repente me inspirou e encheu meu coração de esperança. Pareceu-me claro que o Peru poderia realmente aceitar seu rico legado africano, estudá-lo nas escolas e orgulhar-se dele. Compreendi que eu o vira com meus próprios olhos, ouvira-o com meus próprios ouvidos, sentira-o com o coração. E talvez, pensei, em breve todo o Peru — um improvável centro de cultura negra para a maioria dos americanos — fará o mesmo.

4. República Dominicana
"Pretos atrás das orelhas"

Estamos diante de uma população mulata que se diz indígena, o que nos dá muito o que pensar.

Frank Moya Pons

Como se manifestam a questão racial e o racismo no Caribe? Para responder a essa pergunta, peguei um avião para a República Dominicana, na ilha de Hispaniola, que os dominicanos dividem, meio a contragosto, com o Haiti. Faz 360 anos que essas populações se encaram, cada qual na sua parte da ilha, e suas culturas não poderiam ser mais contrastantes. O Haiti foi colonizado pela França; a República Dominicana, pelos espanhóis. No Haiti, fala-se o *créole*; na República Dominicana, o castelhano. No Haiti, o esporte nacional é o futebol; na República Dominicana, o beisebol. No Haiti, a religião nacional é o vodu; na República Dominicana, o catolicismo. Quando são sete horas da manhã do lado haitiano do rio do Massacre, que separa os dois países, são oito no lado dominicano.

Hispaniola é uma ilha compartilhada por dois povos que, até

certo ponto, plasmaram suas identidades em oposição um ao outro. Com efeito, a República Dominicana é o único país do Novo Mundo que se tornou independente de outro país americano, pois para os dominicanos sua separação do Haiti, em 1844, marca o início de sua existência como nação independente. (Entre 1822 e 1844, o Haiti ocupou a parte dominicana da ilha.)

De longe, pensei, a República Dominicana parecia o céu na terra. Lembrei de suas praias aparentemente intermináveis, sua longa tradição de merengue, seu prestígio no beisebol. E aprecio sua cozinha — sobretudo os pratos com frutos do mar, como o *chofán* e o *locrio* —, caracterizada pelo condimentado arroz frito, o *concón*. O país era repleto de rostos escuros, pois mais de 90% dos dominicanos têm algum grau de ascendência africana, e foi ali que ocorreu a primeira rebelião de escravos negros, em 1522. Além disso, a República Dominicana tem um passado complexo; poucas pessoas ali se identificam como negros, e a grande maioria dos dominicanos — 82% deles, segundo um recente censo federal — se classifica como "indígena", ao passo que somente 4,13% se dizem "pretos". E eu queria entender o porquê daquilo. Depois que Cristóvão Colombo aportou nas Bahamas, em 1492, a extremidade norte de Hispaniola foi sua próxima parada, e desde então o território da atual República Dominicana tem sido um agitado cadinho racial de europeus, africanos e nativos, embora seu povo e seu governo mostrem uma profunda ambivalência em relação a seu passado negro.

O irmão mais velho de Colombo, Bartolomeu, fundou São Domingos, a capital, em 1496. A cidade foi o primeiro núcleo europeu permanente no Novo Mundo. (Colombo criara um fortim em La Isabela, durante sua primeira viagem, mas ao voltar encontrou todos os seus habitantes mortos.) São Domingos foi também a primeira cidade das Américas a importar escravos da África, e os primeiros cativos chegaram ali em 1502, apenas dez anos depois de Colombo. Seguramente, nenhum desses escravos ou os colonizadores recém-chegados (ou mesmo as cabeças coroadas na Europa) poderiam imaginar que mais de 11 milhões de africanos repetiriam a rota daquele primeiro navio, rumo à escravidão. Os comerciantes chamaram São Domingos de "Porta do Caribe". Bem poderiam tê-la chamado de "Porta da Escravatura".

São Domingos tem um ar inequivocamente espanhol, e sua arquitetura na Zona Colonial lembra a Espanha, mas com a desenvoltura e o sabor dos trópicos. Meu hotel ficava perto do centro da cidade, numa ampla praça com uma imponente catedral em estilo espanhol numa das extremidades e uma enorme estátua na outra. Apesar de cansado, empoeirado e sedento ao desembarcar, pedi ao motorista que estacionasse o carro, para dar uma olhada. Ele me disse que aquela era a praça Colombo e que a catedral de Santa María de la Encarnación era a mais antiga das Américas.

Desci do carro para ver melhor a majestosa estátua de Colombo, em atitude régia e solene, apontando um dedo para novos horizontes. Até aí, nenhuma surpresa. Mas, pensando melhor, achei estranho que a praça central da capital de um país caribenho fosse dedicada ao primeiro europeu a colonizá-lo. (Curiosamente, em 1986, por ocasião da derrubada de "Baby Doc" Duvalier, no Haiti, uma multidão pôs abaixo uma estátua de Colombo em Porto Príncipe e a atirou no mar.) Talvez minha reação fosse exagerada. No entanto... Fiquei a imaginar se haveria algum monumento a heróis negros da República Dominicana. Olhei em torno, esperançoso, mas não vi nada que sugerisse uma ligação com a africanidade naquela praça quase espanhola. (É claro que, nos Estados Unidos, homenageamos todos os primeiros ancestrais europeus, pois julgamos que os ameríndios não contam tanto, por terem sido expulsos de suas terras ou dizimados, e também porque acreditamos que todos nós descendemos desses primeiros europeus quase num sentido cósmico. Creio que até os afro-americanos partilham uma versão dessa ideia com os brancos, ainda que, naturalmente, interpretem a história da colônia americana através de um filtro de escravidão. Além disso — ao contrário da forma como mexicanos e peruanos veem sua relação com os colonizadores —, a maior parte dos afro-americanos não considera que tenha sido colonizada.)

Perguntei a meu motorista, Adolfo Guerrero, se poderia me levar a um desses possíveis monumentos a negros. Ele virou a cabeça para um lado, para o outro, olhou de novo para mim e deu de ombros. A expressão de galhofa em seu rosto foi muito reveladora.

Acabei encontrando, dias depois, uma dessas estátuas, em homenagem a Lemba, grande líder dos escravos mulatos no século XVI, não numa grande praça, mas na entrada do Museo del Hombre Dominicano, em São Domingos. De volta ao carro, me dei conta de que minha primeira entrevista já estava em andamento. Gosto demais de estar com intelectuais e historiadores, políticos e ativistas, mas pode-se aprender muito sobre um lugar falando com pessoas comuns, cujo conhecimento do local onde vivem é necessariamente profundo.

Conversei com o motorista a respeito de meu projeto — colher dados sobre a vida dos negros na América Latina — e pedi sua opinião quanto à situação dos negros na República Dominicana. Ele respondeu, com gentileza, que os dominicanos não se julgam negros. Consideram-se "índios", numa referência à cor da pele, reproduzindo o mito de que descendem dos habitantes nativos da ilha.

Eu sabia que essas tribos tinham desaparecido havia muito tempo. Por isso pedi que definisse, mais claramente, o sentido de *índio*. Queria entender por que o termo é usado para descrever uma população que, nos Estados Unidos, seria classificada como negra. No entanto, Adolfo se atrapalhou para achar uma explicação que me satisfizesse. Ao que parece, qualquer pessoa que não seja branca, mas sim morena, mulata ou preta retinta, se autoclassifica como índio. Isso tem mais a ver com ser dominicano, explicou ele, do que ser africano ou indígena. Quem é preto? Quem é *negro*? Ora, os haitianos! E o fato é que se aplicássemos aos dominicanos a "regra de uma gota", vigente nos Estados Unidos, e tornássemos a ascendência indígena essa gota, a maioria dos dominicanos descenderia dos tainos, como os exames de DNA comprovam claramente.

Refleti sobre aquilo ao nos aproximarmos do hotel. A República Dominicana nasceu como uma colônia espanhola chamada São Domingos, e ao amadurecer como nação, as elites dominantes, eurocêntricas, classificaram-na como caribenha, ainda que afirmassem, orgulhosos, que sua herança era basicamente "espanhola, católica e branca" — e isso num país em que os dados referentes ao DNA mitocondrial revelam que, como me mostrou o antropólogo Juan Rodríguez, "85% dos residentes da República Dominicana têm antepassados africanos, 9,4% indígenas e menos de 0,08% europeus! E do lado paterno, sabemos hoje, graças ao haplogrupo R1a (Y-DNA), que apenas 1% de nós, dominicanos, descende de um indígena e 36% de um africano. Entretanto, quase todo mundo neste país se diz 'índio'". Ou seja, a República Dominicana admite seu passado indígena, mas não sua herança africana. Mas para onde sumira aquele passado negro, fora de sua música e do beisebol? Onde estava a marca cultural — e o reconhecimento cultural — das centenas de milhares de escravos cuja labuta construiu o país? Eu estava decidido a encontrá-la.

No dia seguinte, fui visitar uma plantation colonial, o tipo do lugar onde o primeiro escravo trazido ao Novo Mundo teria trabalhado. A Hacienda Nigua foi uma das primeiras plantations de cana-de-açúcar das Américas e chegou a contar com centenas de escravos. Emocionou-me estar em Nigua, mas estava mais ansioso por conhecer meu guia, o professor Frank Moya Pons, um dos mais respeitados

25. *Corte da cana-de-açúcar.* (Foto de Jemila Twinch.)

acadêmicos dominicanos, amplamente considerado o maior especialista em história da República Dominicana.

Os técnicos da equipe de filmagem se encaminharam para as ruínas do engenho, e vi Moya Pons vindo em nossa direção, com um sorriso simpático e acenando. Cumprimentamo-nos cordialmente, e ele me falou do surgimento da escravidão em seu país. Disse-me que propriedades como a Hacienda Nigua tinham sido o núcleo da produção de açúcar em São Domingos. Puseram em marcha o boom açucareiro que se espalhou pela América Latina, o surto de prosperidade que exigiu a importação em massa de escravos africanos, primeiro na República Dominicana, e depois no Brasil, no Haiti e em Cuba, nessa ordem. A população indígena foi a primeira reserva de mão de obra dos colonizadores, até que a varíola, trazida pelos navios, da Europa para o Novo Mundo, dizimou a população nativa. Inacreditavelmente, afirmou Moya Pons, a população indígena declinou de um total estimado em 400 mil habitantes quando da chegada de Colombo para menos de quinhentos em 1550. É difícil imaginar outra palavra, além de genocídio, para descrever essa mortandade. Diante da crescente demanda de açúcar na Europa e da queda vertiginosa da oferta de mão de obra, os colonizadores recorreram à importação de africanos para preencher a lacuna, e assim nasceu o império açucareiro do país.

Entretanto, a economia do açúcar não durou muito. Primeiro o Brasil e, depois, Barbados e Martinica, logo a Jamaica e, a seguir, Saint-Domingue (o atual Haiti) passaram a superar a produção dominicana, de modo que aos poucos a economia açucareira deu lugar ao ciclo do gado. Essa mudança transformou as relações raciais, disse-me Moya Pons, plantando as sementes da complexa identidade étnica da atual República Dominicana.

"A escravidão nas sociedades agrárias é diferente da que se verifica nas sociedades baseadas na pecuária", explicou ele.

> Quando a criação do gado se tornou a ocupação dominante, os escravos tiveram de ser usados também como boiadeiros. E a pecuária cria pouca diferença entre senhor e escravo. Ambos montavam cavalos, ambos usavam facões, de modo que aqui a relação entre senhor e escravo tornou-se bastante diferente da que existia no resto do Caribe.

Moya Pons comentou que havia menos tensão entre senhores e escravos nessa economia pecuarista — que o tratamento dado aos escravos era bastante diferente. Acresce que a nova economia provocou um enorme deslocamento populacional, que teve componentes raciais. Os negros ganharam mais importância em São Domingos, já que a criação de gado era a única ocupação na cidade. Muitos brancos — tanto os espanhóis natos quanto seus descendentes, nascidos em São Domingos — interessavam-se menos pela pecuária do que pela produção de ouro e prata, de modo que, em grande número, trocaram a área pelo México ou pelo Peru. Cada vez mais, São Domingos precisava dos africanos e de seus filhos (muitos deles mestiços) para trabalhar nas plantations e nas fazendas de gado. Por fim, e em números crescentes, alguns deles conseguiram ingressar no funcionalismo colonial, ocupar ordens eclesiásticas e entrar no Exército. E esses mestiços assumiam com entusiasmo tais papéis, orgulhosos de servir à Coroa Espanhola. Passaram a ser chamados de "brancos da terra".

"A população não parecia em nada espanhola", disse-me Moya Pons. "Mas se vê em documentos oficiais que a maioria das pessoas fazia anteceder sua assinatura, em cartas, com a expressão 'Dado na espanholíssima e mui leal cidade de São Domingos'. Aquilo criava, eu diria, uma superestrutura ideológica de 'hispanidade', por mais escura que fosse a cor da pele." Em outras palavras, viam "espanhol" como uma nacionalidade, e não uma raça.

Bem diferente era a vida nas plantations no outro lado da ilha, na parte que se tornaria a colônia francesa de Saint-Domingue e, em 1804, o Haiti independente, contou Moya Pons. O Haiti achava-se sob domínio francês, não espanhol, e as condições de vida na lavoura eram cruéis para os escravos. No entanto, havia um surpreendente nível de mobilidade social para alguns deles. Na verdade, Saint-Domingue tinha, em 1789, tantos afrodescendentes libertos quanto brancos, e muitos deles eram pessoas abastadas. Por exemplo, Toussaint L'Ouverture passou de escravo a administrador de fazenda e, depois, a proprietário de escravos, de modo que realmente havia mobilidade social para os negros na sociedade haitiana, embora os escravos tivessem uma relação inequívoca com o senhor colonial: com toda razão, odiavam a França, ainda que muitos negros livres e mulatos tivessem um vínculo forte com a colônia e a vida intelectual francesa. (Mesmo bem depois da independência, a nova elite negra e mulata haitiana manteve uma relação bastante complexa com a França.) Entretanto,

26. *"Esgotados os veios de minério de ouro, os pretos tiveram de trabalhar em engenhos de açúcar", gravura de Theodor de Bry, século XVI.* (Lebrecht Music & Arts; Corbis UK.)

ali, a ascensão social era impelida por um processo diferente: em Saint-Domingue, ela ocorreu num intenso boom econômico que realmente abriu possibilidades para afrodescendentes libertos. Já no caso da colônia espanhola de São Domingos, os afrodescendentes sentiam-se mais próximos de seus senhores coloniais e da cultura destes devido a uma espécie de margem, no seio do Império espanhol, para todos os residentes em São Domingos, uma situação que abriu possibilidades de ascensão social. Os negros em São Domingos estavam sendo bem tratados — em comparação com os escravos de Saint-Domingue —, integrados à sociedade de formas impensáveis, a não ser para uma exígua elite mulata, na parte ocidental da ilha. E assim, metaforicamente, desenvolveu-se aos poucos uma sociedade muito mais voltada para seu passado branco, europeu e colonial do que para sua herança africana ou para a nação negra que surgiu de confrontos violentos no terço oeste da ilha.

É um truísmo dizer que toda relação entre um colonizador e colonizado é uma complexa relação de amor e ódio. Todavia, a relação cultural e a de identidade entre a República Dominicana e a Espanha, ao menos no nível simbólico, parecia, às vezes, quase incestuosa. Fiquei imaginando se os escravos em São Domingos ressentiam-se do fato de os espanhóis os terem tirado da África e os escravizado. Teriam esses cativos algum dia se unido e se rebelado, como fizeram os haitianos? A resposta de Frank Moya foi interessante.

"Os primeiros negros foram trazidos de Sevilha", explicou. "Havia na época, em Sevilha, uma população negra bastante grande, e falavam espanhol, de modo que podiam comunicar-se entre si. E em 1522 eles se revoltaram... Sem sucesso, mas se revoltaram." (O historiador quinhentista Gonzalo Fernández de Oviedo y Valdés escreveu que essa rebelião foi liderada por negros da etnia wolof.) "Como resultado disso, depois de 1522, a colônia decidiu apenas importar escravos diretamente da África. Como falavam línguas e dialetos diferentes, não se comunicavam entre si." Pelo menos, esse era o objetivo.

> Mas ainda havia entre eles uma certa preponderância de senegambianos unidos por mandingas e wolofs, além de uma longa tradição de motins e rebelião, que remontava à década de 1560. E pouco depois, o colapso da indústria açucareira e o desenvolvimento da pecuária criaram uma relação diferente entre escravo e senhor, negros e brancos, do que aquela existente nas economias agrícolas mais tradicionais.

(Há historiadores, como Silvio Torres-Saillant, que notam que as rebeliões de afro-dominicanos se estenderam até o início do século XVIII.) Assim surgiu o que poderíamos chamar de uma diferença dominicana.

Tinha um encontro marcado no centro da cidade, e Moya Pons estava comprometido com uma reunião na Academia Dominicana de História em poucas horas. Por isso o deixei a caminhar, pensativo, para seu carro, enquanto eu, igualmente pensativo, caminhava para o meu. Talvez a história peculiar das relações raciais nos Estados Unidos não me tivesse preparado para entender a identidade racial numa sociedade complexa como a da República Dominicana. Enquanto questionava aquela identidade étnica "índia" tão entranhada ali, pensei que talvez coubesse a mim ao menos entender como se poderia forjar uma identidade autenticamente multicultural, mesmo numa terra tão negra, do ponto de vista cultural e genético, como a parte oriental de Hispaniola. Será que aquilo que os dominicanos entendiam por *raça* era demasiado sutil para que eu, um americano, entendesse? Não seria "índio" mais uma identidade construída socialmente? Talvez os dominicanos não estivessem "passando por brancos" e talvez eu precisasse ser mais crítico em relação a meus próprios pressupostos, já que era um estrangeiro num país cujas ideias sobre raça me pareciam muito estranhas.

Quando se quer chegar à essência de uma cultura afrodescendente, creio que sempre convém conhecer a música que as pessoas ouvem e também suas danças. Estava na hora de um pouco de merengue. Contatei o famoso Francis Santana, que havia mais de 65 anos tocava merengue na República Dominicana. Enquanto o público chegava e o conjunto musical se preparava, seu parceiro, Frank Cruz, juntou-se a nós na escadaria das ruínas do mosteiro de San Francisco, onde se desenrola esse ritual semanal. (O mosteiro de San Francisco foi o primeiro a ser erguido no

Novo Mundo.) Era noite de domingo, e todas as semanas uma multidão se reúne no centro da cidade para dançar o merengue. Quem não gosta de boa música e de dançar? Foi difícil para mim decidir o que mais queria fazer: conversar com Santana, ouvir seu conjunto tocar ou ir, eu mesmo, para a pista de dança.

Pouco antes do pôr do sol, ao chegar ao largo, à sombra das ruínas do mosteiro, eu já encontrara uma boa quantidade de gente. Todos ali pareciam frequentadores habituais. Era divertido olhar em torno e ver famílias inteiras — casais idosos que se movimentavam graciosamente, casais jovens e enamorados, adolescentes como sempre em bandos e crianças em correrias, perseguindo-se umas às outras, às vezes dançando com os mais velhos, aprendendo, quase por osmose, os ritmos e os movimentos do merengue.

E, naturalmente, havia a música, de um ritmo sedutor, música feita para dançar. Tal como o fandango mexicano, o merengue apresenta claras influências africanas e espanholas. Mas o ritmo é outro, a maneira de cantar é diferente e os floreios não têm nada a ver com os do fandango. O merengue tem um sabor claramente caribenho, o som negro das ilhas. O fandango, assim me parecia, era uma dança mais para ser vista; as pessoas se sentam e assistem a exibições de pares e grupos que estudam e ensaiam especificamente suas técnicas. Apesar de sua vitalidade e intuitividade, o fandango lembra, nesse sentido, uma peça de museu, um artefato cultural preservado quase por meio de formação em cursos, um pouco como a dança irlandesa chamada *stepdancing* — algo destinado mais a ser visto do que praticado. Já o merengue é uma dança ainda muito popular no país; é uma forma que se mostra mais viva na pista de dança, uma forma conservada de modo espontâneo, sendo o domínio de suas técnicas disseminado por toda a cultura, independentemente de classe, algo praticado sobretudo por prazer, com alegria.

Voltei a estar com Santana, reluzente de suor devido ao esforço da apresentação, numa extremidade da praça, na escadaria da catedral. Quem quer que o visse perceberia que ele ama o que faz. Entretanto, não é mais menino e ficou satisfeito por sentar-se comigo e descansar um pouco. Balançou a cabeça, tentando recobrar o fôlego. De um momento para outro, me fez dobrar de rir ao descrever como o merengue tinha mudado desde sua juventude.

"O merengue mudou. Agora tocam muito depressa", disse ele, tirando um lenço do bolso para enxugar o suor. "Agora é tão rápido que uma pessoa mais velha cai mortinha de um ataque do coração. Antes, uma pessoa podia passar o braço em torno de uma moça se estivesse apaixonado. Podia abraçá-la e dançar juntinho. Agora, um está aqui, o outro está lá, e dançam um de costas para o outro!"

Quando paramos de rir, Santana me contou, orgulhoso, que o merengue é o grande símbolo da República Dominicana. Pes-

27. *O conjunto de merengue de Francis Santana nas ruínas do mosteiro de San Francisco.* (Foto de Jemila Twinch.)

soas do mundo inteiro conhecem essa pequena nação insular por causa de seu amor pela música.

"O merengue é uma mistura da música dos escravos africanos, da música espanhola, com o violão, e da *güira*, que é um instrumento próprio de nosso país", disse. "Misturaram esses instrumentos para fazer o merengue."

Os próprios dominicanos adoram o merengue. Todos — brancos, mulatos, morenos e pretos — se misturam, unidos pela música. Os mestiços criaram o merengue, afirmou Santana, mesclando suas influências, suas histórias e seu futuro. E hoje todos dançam juntos, não importando a cor. Me perguntava se a curiosa insistência na identidade "índia" se manifestaria na escolha de pares na pista de dança. Isso não ocorria. Os dominicanos, disse Santana, encontraram na música uma forma de celebrar exatamente o que são — uma genuína mistura de culturas. Músicos e dançarinos não pensam na origem de seus ancestrais. Pensam no que esses ancestrais criaram juntos. O merengue, continuou ele, é patrimônio hereditário de todo dominicano, embora tenha sido declarado a música nacional por ninguém menos que Rafael Trujillo, o homem que governou o país durante trinta anos. (Entretanto, alguns historiadores culturais do Haiti também descrevem o merengue como um tipo de música nacional haitiana — as duas culturas, naturalmente, acham-se profundamente entrelaçadas nesse sentido.)

Fiquei pensando se o merengue poderia ser considerado a manifestação musical de uma cultura índia.

"Nós sentimos o merengue como coisa nossa", disse Santana com veemência, trançando os dedos num abraço universal. "Essa é a nossa vida. Sem o merengue, não podemos viver."

Voltei o olhar para os dançarinos. Era difícil discordar dele. Aquelas eram pessoas comuns numa noite qualquer de domingo. Não era nenhuma comemoração especial. Aquilo era somente uma cultura em ação, amando sua música e abraçando a si mesma, uma cultura que movimentava os pés.

Deixei Santana na praça, vendo-o pela última vez quando ele voltava para o palco, para mais uma apresentação. Pensei em sua definição do significado social do merengue como uma grande contribuição cultural para o mundo, e entendi que os dominicanos querem se ver como um orgulhoso povo mestiço. Contudo, queria descobrir como os dominicanos se sentem em relação à sua herança africana e achar os legados da escravidão — mas ninguém parecia querer falar de ser negro. E o orgulho mulato seria maravilhoso — se todos fossem tratados como iguais. Mas como vi repetidamente nessas viagens, o orgulho mestiço muitas vezes mascara um claro desdém por pessoas mais escuras que as mulatas.

Fiz uma pausa para olhar em torno, para as pessoas na calçada. Em toda parte havia pessoas com pele de várias tonalidades, inclusive mulatos escuros, mas também, negros. E eles queriam ser caribenhos, e não afro-dominicanos. O que estava acontecendo?

Precisava de ajuda para compreender aquela barreira cultural. Por isso, de volta ao hotel, peguei o telefone e marquei um encontro com o antropólogo Juan Rodríguez, diretor de diversidade cultural no Ministério da Cultura. Queria conversar com ele para ter certeza de que o orgulho dominicano por sua identidade mestiça não era apenas a negação cultural de um passado indisfarçavelmente negro.

Encontrei-me com Rodríguez bem cedo, perto da praça Colombo. É uma pessoa circunspecta e de aguda inteligência — e era evidente que tinha ancestrais africanos. Lembro-me de tê-lo olhado de soslaio enquanto cruzávamos a praça. Como americano, sei bem como os americanos julgam a cor. Não passava por minha cabeça que ele não fosse visto como negro. E tive de pensar que na República Dominicana havia categorias de negritude logo abaixo do rótulo de índio.

Rodríguez me olhou, um tanto intrigado, enquanto eu o estudava. Conhecia bem meu projeto e foi muito prestativo. Todavia, não estou seguro de que ele estivesse pronto para a enxurrada de perguntas que lhe fiz enquanto caminhávamos pelo centro da cidade. Comecei perguntando como ele definiria sua raça, em vista de sua cor escura. "Bem, aqui sou índio", respondeu ele, intencionalmente, virando a cabeça e sorrindo.

Perguntei-lhe o que significa a palavra. Ele respondeu com cautela, medindo as palavras. "Sou considerado um índio. *Índio* é alguém... uma pessoa negra que está, por assim dizer, no meio: nem muito escuro, nem muito claro, mas no meio."

"Ajude-me a compreender, como estrangeiro que sou", pedi. "De onde vem essa palavra?"

"Bem, ela é usada aqui há muito tempo", respondeu ele.

Mas na realidade foi um produto da palavra "indigenismo", do século XIX, com a ressalva de que no século XIX não havia mais nenhum povo indígena no país, assim como na América do Sul, de modo que na verdade o conceito não se aplicava a nós. Mas usar a palavra "índio" era uma forma de negar nossa ascendência africana e começar a ser outra coisa. Porque quando se olha para os dominicanos não se pode, em sã consciência, dizer que somos anglo-saxões. Olhe para mim. Eu sou negro.

"Você é negro!", deixei escapar. Era um alívio dizer isso e ouvir o mesmo da parte dele. "Pelos padrões americanos, você é evidentemente negro."

"Claro", ele respondeu, ainda sorrindo, "e eu me sinto afro-americano, afro-dominicano."

Perguntei a Rodríguez se sempre se soubera negro. Já tinha falando com várias pessoas na América Latina que descobriram suas raízes africanas na adolescência ou até mais tarde. Por isso não me surpreendi com sua resposta.

"Tive de descobrir que era negro. E descobri isso nos Estados Unidos, na primeira vez que fui a Nova York. A maioria dos dominicanos só descobre que é preto quando vai a Nova York", Rodríguez riu. "E de repente fiquei sabendo que minhas raízes estavam na África, e não na Espanha..., ainda que, mesmo hoje em dia, todo mundo aqui diz que sua identidade nacional vem da Espanha."

"Então, quem é negro na sociedade dominicana?", perguntei. "Nos Estados Unidos, todas essas pessoas seriam negras. Mas quem é negro aqui? Quem é *negro*?"

Rodríguez sorriu. "Aqui ninguém é *negro*", disse. "Se alguém diz que somos negros, respondemos: 'Ah, não, eu não sou negro. Sou outra coisa'. Os dominicanos vivem numa total negação do que são."

Negação. Aquela era a palavra que eu temia.

Caminhando pelo centro da cidade, Rodríguez e eu topamos com uma loja em cuja vitrine se viam figuras de cerâmica representando cenas diversas da ilha. Horrorizado, vi um grupo de imagens de Sambo, caricaturas vulgares de afrodescendentes, de pele pretíssima, traseiros enormes, peitos monstruosos e lábios vermelhos absurdamente grandes. Eram, para mim, figuras tristemente familiares, que nos Estados Unidos ainda eram vistas mais do que gostaríamos de admitir. No entanto, pretendiam representar haitianos contemporâneos. Fiquei aterrado com a violência inerente àquelas imagens abomináveis, e mais ainda quando Moya Pons mais tarde me disse que, em sua opinião, algumas daquelas imagens eram produzidas "por artesãos haitianos que se mudaram para São Domingos e trouxeram consigo seu ofício e suas representações populares do povo haitiano e dos negros no Haiti". Para mim era difícil acreditar naquilo.

"Olhe para isso", disse Rodríguez. "Para os dominicanos, isso representa a herança africana: Sambos. É assim que representam os africanos. Isso explica por que um menino não diz: 'Eu sou africano'. Porque é isso que lhe dão, acham que isso é ser africano."

Pensei em pretinhos dominicanos a contemplar aquelas imagens, e meu coração se confrangeu. Depois pensei em meninos brancos, ou meninos negros de pele clara, a vê-las, e fiquei a imaginar que tipo de comportamento racista esses estereótipos poderiam incentivar.

"Você já sofreu discriminação por causa de sua cor?", perguntei, receando já saber a resposta.

"Já sofri, sim", respondeu.

> Fui a uma boate cara com minhas sobrinhas. Disseram-me que eu não podia entrar. "É só para sócios", disseram. Mas vi então que dominicanos de pele mais clara entravam, sem nenhum problema. Voltei a falar com o sujeito na porta e ele disse: "Escute, sou tão escuro quanto você, mas tenho de manter meu emprego. Recebi ordens para não permitir a entrada de negros". Por isso, na semana seguinte, levei uma câmera escondida a seis lugares como aquele, e em todos eles fui impedido de entrar. Armei um baita escândalo na imprensa.

Aquilo me lembrou os testes da sacola de papel pardo a que no passado os afro-americanos eram submetidos. Uma pessoa mais escura do que a sacola tinha a entrada negada.

Eu não tinha ouvido falar daquilo antes de nosso encontro, e agora sentia um enorme respeito pela coragem de Rodríguez, assim como por sua lúcida percepção das relações raciais contemporâneas em seu país. Ele não desistia sem luta, como também não permitia que os dominicanos enchessem o peito para dizer que estavam acima do racismo. Mais uma vez, pensei comigo, aquele sonho, comum a todos os países da América Latina, de terem abraçado a lógica da mestiçagem — a de que um país podia ser tão mestiço que a cor da pele deixava de ser importante — não se tornara realidade ali.

"Você disse que os ricos na boate, os que entravam nela, tinham a pele mais clara. Isso quer dizer que a maior parte dos pobres na República Dominicana são mais escuros?"

"São", ele respondeu. "Se você examinar com atenção nossos estratos sociais, verá que os mais poderosos, os mais influentes, são mais claros e têm uma aparência quase europeia. Nos bairros mais pobres só se veem pessoas mais escuras. O mesmo acontece nas prisões."

Perguntei a Rodríguez sobre a origem do desejo de ser índio, a insistência dos dominicanos em ter sangue índio e não africano. De onde vinha aquilo? Sua resposta me surpreendeu.

"Aqui ninguém é negro, porque essa palavra é reservada para os haitianos. Acho que na verdade se trata de uma vontade de negar tudo o que seja haitiano."

O Haiti. Aquele vizinho próximo, do outro lado da grande ilha de Hispaniola. Na República Dominicana, ser negro não remete à África. Remete ao Haiti. Fiquei espantado. Se antes achava que chegara a certas conclusões sobre a identidade racial na República Dominicana, agora percebia que minha busca estava apenas no começo.

Ao me despedir de Rodríguez, minha alegre conversa com Francis Santana sobre o merengue parecia uma vaga lembrança. Segundo Rodríguez, o rótulo de índio não passava de um mito, uma espécie de ódio racial. Será que outras pessoas seriam da mesma opinião? Decidi conversar com mais negros que não necessariamente aceitassem o rótulo de índio e que não defendessem a identidade espanhola em detrimento da afrodescendente.

Tinha ouvido falar de um grupo, La Cofradía de los Congos del Espíritu Santo de Villa Mella, que se orgulhava de sua herança africana e ficava bem perto de São Domingos. Trata-se de uma irmandade católica, mas tal como aqueles que criaram o candomblé brasileiro, seus fundadores combinaram doutrinas católicas com religiões africanas. Acreditam que o Espírito Santo fez milagres, dando a seus antepassados africanos instrumentos musicais, para que pudessem cultuar seus deuses ancestrais. É claro que hoje sabemos que muitos dos congos em questão já eram cristãos antes que Colombo pisasse em Hispaniola. Hoje, o grupo, juntamente com os guloias no leste do país e os adeptos do grupo sociorreligioso dos gagás, nos bateyes,* mantém vivas as raízes africanas na ilha, na enorme sombra de Cristóvão Colombo.

Localizei a confraria numa ruazinha tranquila dos arredores da cidade, sob um dossel de árvores tropicais. Román Minier, o líder do grupo, saudou-me com entusiasmo. As muitas tradições dos deuses africanos ancestrais e suas histórias me encantam, e tenho um profundo respeito pela forma como os negros no Novo Mundo buscaram em suas religiões forças para suportar a escravidão. Minier logo reconheceu em mim uma alma gêmea, e explicou-me com minúcias a natureza do ritual que estavam realizando para uma família que havia solicitado seus serviços naquele dia — uma homenagem ao sétimo aniversário do falecimento de uma ancestral pelo lado materno.

"A irmandade vem atravessando gerações", disse-me ele. "A bisavó de meu avô, Maximiliana Minier, tinha doze anos quando foi nomeada rainha da confraria. Daquele dia em diante, seguimos essa tradição, que já tem mais de quinhentos anos."

Um dos principais deveres da confraria é homenagear os ancestrais já falecidos. No decorrer do dia, disse-me Minier, ele e seu grupo de músicos cumpririam um ritual para marcar o sétimo aniversário da morte da mulher, com sua fotografia no centro de

---

* Área onde vivem trabalhadores temporários haitianos, contratados para o corte de cana-de-açúcar na República Dominicana. (N. T.)

um altar improvisado, ao redor do qual se dispunham os percussionistas. Como um homem de Deus, Minier realizava os rituais para qualquer pessoa, branca ou negra, que os solicitasse, mas confirmou que a maior parte dos que procuravam a confraria era formada por gente escura. Essa é uma das maneiras pelas quais os afro-dominicanos que abraçam a tradição africana buscam reconforto e participação na vida comunitária.

Perguntei-lhe se havia outros grupos semelhantes na República Dominicana — grupos que mantêm vivas as tradições africanas. Ele fez que não com a cabeça. Os que existem, disse, estão ameaçados porque um grande número de dominicanos rejeita suas raízes africanas. A Organização Educacional, Científica e Cultural das Nações Unidas (Unesco) chegou a designar as atividades da confraria como uma prática cultural hoje ameaçada de extinção.

A existência da confraria confirmou que práticas culturais afro-dominicanas ainda existem na República Dominicana, e que em algum momento os costumes africanos fizeram parte da vida daquele país, apesar de seu alto grau de hibridização. Na atualidade, porém, esses costumes correm perigo de ser esquecidos ou abandonados. Voltei para o carro satisfeito por ter testemunhado uma forma cultural antiga de séculos, mas também preocupado com sua sobrevivência.

Se os afro-dominicanos rejeitam seus costumes ancestrais, o que é importante para eles? Eles apreciam esportes, principalmente o beisebol. Na verdade, é difícil citar uma equipe importante de beisebol nos Estados Unidos que não tenha um jogador dominicano. Por isso, procurei o arremessador dominicano José Rijo. Sabia que ele tinha voltado para sua pátria, a fim de criar um centro de treinamento para meninos, ligado ao beisebol, e eu estava ansioso por ver um dominicano bem-sucedido, e ainda por cima um dominicano negro.

Fui ao centro esportivo de Rijo, por ele batizado como "Lomas del Cielo" — Colinas dos Sonhos — uma referência ao filme americano *Campo dos sonhos*. E o que encontrei foi uma operação profissional, ordeira e eficiente. O beisebol movimenta milhões na República Dominicana. Rijo estava no campo com um de seus alunos, corrigindo o ângulo de seu braço nos arremessos. Viu-me caminhar em sua direção e me recebeu com um sorriso largo, gesticulando para mim com os dois braços.

"Se você construir o campo, eles aparecem", disse, citando uma fala do filme.

Rijo disse que sua inspiração para construir aquele centro viera de Roberto Clemente, talentoso *right fielder* dos Pittsburgh Pirates. Incansável filantropo, Clemente morreu num acidente aéreo quando viajava à Nicarágua para ajudar as vítimas do terremoto de 1972. "Foi um sujeito que deu a vida para ajudar outras pessoas!", exclamou Rijo, lançando o olhar para um mar de rostos jovens. "Pessoas que ele nem conhecia. Eu acho que se uma pessoa não acha motivação nesse modo de vida, é porque tem um problema."

Rijo usa seu centro para ajudar jovens talentosos a se tornarem ainda melhores, dar-lhes formação escolar e iniciá-los no caminho do beisebol profissional. Atletas vão lá a fim de se preparar para uma carreira em grandes equipes; para olheiros de equipes profissionais, a escolinha de Rijo é obrigatória. Percebi que para ele e seus meninos o esporte não é um passatempo. É um modo de vida. No beisebol, ele encontrou o sucesso e a fama — e também uma maneira de retribuir.

Perguntei-lhe o que é o beisebol para um menino na República Dominicana.

"Tudo", respondeu. Para um jovem dominicano, o beisebol é uma oportunidade, explicou. "Ele pode lutar por um sonho, um sonho que ele já viu se realizar para muitos outros jovens como ele. Pode abraçar uma paixão que, talvez, um dia, melhore sua vida e permita uma existência confortável para sua família. Todo menino desta escolinha veio de uma família pobre. Para eles, essa é a saída da pobreza."

"Então, beisebol é comida na mesa?", perguntei.

"Sem dúvida", falou Rijo. "Eles dizem que o único jeito de sair da ilha é fazendo música ou arremessando. Os jogadores de beisebol em geral não têm educação, mas o esporte lhes dá uma chance. Eles só querem a oportunidade de ser alguém."

Os dominicanos de pele escura são os mais pobres do país, afirmou Rijo, fazendo eco ao que Rodríguez me dissera. Sobretudo para esses dominicanos, os esportes com frequência proporcionam o único caminho para o sucesso. Com aquele centro esportivo, Rijo faz sua parte para facilitar as coisas. A comunidade empresarial poderia discriminar negros por causa da cor da pele. Mas naquele país ninguém nega oportunidades a um bom jogador de beisebol, independentemente de sua cor.

Conversamos algum tempo sobre Roberto Clemente, sobre as grandes ligas de beisebol e sobre os meninos que vinham treinar na escolinha. Aquele tem um bom braço, disse Rijo. Está vendo aquele outro ali? Rebate qualquer bola. É evidente que Rijo se orgulha do trabalho que faz. O mais importante, porém, é que se esforça em ajudar aqueles meninos a fugirem da pobreza.

Rijo e eu nos despedimos com um caloroso aperto de mão — e também com algumas predições a respeito da próxima temporada em nossos respectivos países. Voltei para o carro a fim de continuar minha viagem. Precisava mergulhar mais fundo na história dominicana para entender melhor suas realidades.

O encontro seguinte era com Silvio Torres-Saillant, um intelectual dominicano da Universidade de Syracuse. Tencionávamos debater a luta pela independência da República Dominicana. E sabia que tal luta afetara os sentimentos do país em relação à sua africanidade. Depois de ver tantos efeitos desses sentimentos, queria compreender melhor suas raízes históricas.

Encontrei-me com Torres-Saillant no Parque Independência, em São Domingos. Ali, em 27 de fevereiro de 1844, pela primeira vez, os dominicanos hastearam a bandeira de uma República Dominicana livre. Agradeci ao professor por abrir espaço em sua agenda e lhe pedi que traçasse um quadro daquele acontecimento.

"Isto aqui era um espaço aberto, uma campina com um pórtico, a chamada Puerta del Conde", começou ele, com um gesto em direção ao parque. "Havia aqui um prédio antigo, de significado político, onde toda a população se reuniu e proclamou o nascimento da República Dominicana."

Torres-Saillant me explicou que o movimento de independência da República Dominicana foi diferente de qualquer outro na América Latina. Todos os países que eu visitara tinham se libertado de uma metrópole europeia. Já a República Dominicana se libertara do Haiti, seu vizinho ao lado, depois de uma ocupação que durou de 1822 a 1844.

Esse aspecto da história do país é instigante. Os negros do Haiti, que detestavam seus governantes franceses, conquistaram a independência em 1804, depois de uma sangrenta revolução, e se tornaram a primeira república negra no Novo Mundo. Em 1822, o Haiti, persuadido de que a única maneira de garantir sua segurança contra invasões estrangeiras consistia em controlar seu flanco oriental (que, infelizmente, constituía um outro país), ocupou a ex-colônia espanhola que acabava de proclamar, em dezembro de 1821, sua independência da Espanha imperial, com o nome de "Haiti Espanhol". Os dominicanos viram-se independentes da Espanha, o que foi bom; mas não tardaram a ver seu país ocupado pelos haitianos, o que foi muito ruim.

Os líderes haitianos alegaram que tinham de fazer aquilo para impedir que forças francesas ou espanholas os atacassem pelo leste. Alguns dominicanos receberam bem os haitianos, saudando-os como libertadores. Compreensivelmente, porém, a maioria deles não se importava com as necessidades militares dos haitianos. Alguns tinham vivido satisfeitos sob o domínio espanhol; e mesmo que outros se exasperassem com aquela situação, muitos também se ressentiam de ser arrastados à união com um país cujas tradições já diferiam tanto das suas. Queriam criar e administrar seu próprio país. Afinal, por que trocar um senhor por outro?

Houve períodos de colaboração com o Haiti, observou Torres-Saillant, e até de boas relações entre os dois países. Mas, no decorrer de 22 anos, acumularam-se agravos e ressentimentos. O Haiti precisava de dinheiro e por isso tributava os dominicanos e suas instituições, levando muitos dominicanos a achar que não passavam de uma fonte de recursos. Para piorar as coisas, disse Torres-Saillant, os haitianos não mostravam muito respeito pela cultura dominicana. "O governo haitiano impôs o francês como a língua oficial, quando essa língua fora o espanhol durante séculos. Tributaram e até confiscaram terras da Igreja Católica, o que indignou a população."

As relações entre o Haiti e a República Dominicana continuaram a se deteriorar. E a ocupação deixou uma marca indelével na identidade dominicana. "Aquele período reforçou a ideia de que os dois povos eram diferentes", concluiu Torres-Saillant. "Os dominicanos começaram a se ver como um grupo separado. Nessa época, o processo podia ser observado claramente."

"Ou seja, os dominicanos começaram a dizer: 'Não somos como os haitianos, somos diferentes?'", perguntei.

"Isso mesmo", respondeu ele, enfático.

Juan Pablo Duarte, o arquiteto da nacionalidade dominicana, foi um admirador do povo haitiano, e a primeira constituição dominicana incorporou alguns dos aspectos mais progressistas do direito haitiano. Com o tempo, porém, a aversão aos haitianos se tornou, por assim dizer, parte da alma dominicana. Ser dominicano passou a significar, cada vez mais, "não ser haitiano". E quando a República Dominicana por fim se livrou da ocupação haitiana, em 1844, os dominicanos praticamente rejeitaram tudo o que se relacionava a seu vizinho. Rejeitaram a cultura do Haiti, sua língua, suas ideias... E até certo ponto, sua cor. Como o Haiti era negro, de uma hora para outra ser negro passou a ser ruim.

Torres-Saillant me convidou para visitar o mausoléu chamado Altar da Pátria, a fim de ver as estátuas dos fundadores da República Dominicana, os heróis que lideraram a luta pela independência: Rosario Sánchez, Juan Pablo Duarte e Ramón Matías Mella, grandes patriotas, equivalentes, nos Estados Unidos, a George Washington, John Adams e Alexander Hamilton. No entanto, ao chegar diante das esculturas, não diria que um deles, Rosario Sánchez, fosse um afro-dominicano. Seus traços tinham sido mudados de forma a que se assemelhassem aos dos europeus.

"Isso reflete a tendência das elites dominicanas a embranquecer seus heróis", comentou Torres-Saillant. "Se os heróis são negros demais, mudam seus traços."

No entanto, ele observou que a relação dominicana com a Espanha, e com os brancos, não era simples como se poderia esperar.

> Com relação a esse ponto, temos de levar em conta a Guerra da Restauração, travada com sucesso, entre 1863 e 1865, para repelir uma invasão espanhola feita para recolonizar o país. Talvez o senhor não saiba que os dominicanos com frequência usam termos como *los blancos* e *blanquitos* com intenção pejorativa. Pode-se dizer que esse capítulo acentuou nossa consciência de não sermos brancos.

Mais tarde, disse Torres-Saillant, outra ocupação intensificou a aversão dominicana aos haitianos — e à raça negra. Pouco depois da Guerra Hispano-Americana e de uma breve ocupação de Cuba pelos Estados Unidos, o presidente Woodrow Wilson foi tomado de intenso interesse pela ilha de Hispaniola. Ostensivamente, o que Wilson desejava era exercer maior influência sobre os vizinhos mais próximos dos Estados Unidos no Caribe e promover naquela área os interesses de seu país. Em 1915, os americanos ocuparam o Haiti. E em maio de 1916, a ocupação se ampliou, incluindo a República Dominicana.

Quando a Primeira Guerra Mundial interrompeu as exportações europeias de açúcar para os Estados Unidos, levando a um grave desabastecimento, os americanos reconstruíram e expandiram os canaviais dominicanos a fim de atender à sua demanda interna. Todavia, enfrentaram um problema: a escassez de mão de obra. Os dominicanos não aceitavam os baixíssimos salários oferecidos para aquele trabalho, disse-me Torres-Saillant. Entretanto, em vez de elevar as ofertas, os empresários americanos trouxeram milhares de haitianos para a República Dominicana. O recenseamento nacional de 1920 contou 28 256 haitianos no país, sendo possível que outros milhares tivessem imigrado ilegalmente. Assim começou o fluxo de mão de obra desqualificada do Haiti para a República Dominicana, que prossegue sem diminuir até hoje. E esses trabalhadores são legalmente definidos, num processo recente julgado pelo Supremo Tribunal de Justiça, como "em trânsito", um "exército de reserva de mão de obra", como definiu o historiador Franklin Franco Pichardo. Os haitianos viviam numa miséria tal, explicou Torres-Saillant, que trabalhavam por quase nada. Nunca tiveram sindicatos profissionais organizados, como os dominicanos, e aceitavam condições de trabalho muito mais duras.

Ademais, não tinham muitas opções. Empresas americanas adquiriram terras no Haiti, e muitos camponeses haitianos foram expulsos de suas casas e fazendas. Para sobreviver, muitos deles

28. *O Altar da Pátria, em São Domingos, homenageia três fundadores da República Dominicana: Francisco del Rosario Sánchez, Juan Pablo Duarte e Ramón Matías Mella. (Foto de Jemila Twinch.)*

bandearam-se para a República Dominicana. É claro que os dominicanos se indignaram. Olhavam os haitianos como usurpadores, com menos respeito do que nunca. Na imprensa popular, os haitianos eram demonizados.

"O sistema de plantation desumanizou os trabalhadores haitianos", disse Torres-Saillant. "Eles se viram reduzidos a uma situação de miséria absoluta. Foi então que os dominicanos passaram a se ver como superiores aos haitianos."

"Em outras palavras", continuei, "os haitianos tornaram-se os trabalhadores migrantes... executando tarefas que nenhum dominicano que se desse ao respeito aceitaria."

"Exatamente", confirmou Torres-Saillant. "Eles se tornaram uma nova classe. E por serem muito homogêneos em termos de cor, o preto deles passou a ser visto como diferente do preto do dominicano comum."

"Durante a ocupação, a classe passou a ser codificada pela cor?", perguntei.

"Isso mesmo", respondeu, assentindo com a cabeça. "Foi precisamente isso o que aconteceu."

Para alguns dominicanos, *negro* significava pobre, desesperado, sujo, inculto, ignorante, degenerado. Tudo o que pensavam sobre os haitianos tornou-se o que pensavam sobre ser negro. Hoje em dia, alguns dominicanos estereotipam os haitianos do mesmo modo como os brancos têm historicamente estereotipado os negros. Os jornais dominicanos conservadores constantemente pintam os haitianos como Sambos.

"Caricaturas como essas são sempre ofensivas", disse Torres-Saillant, "mas elas têm importância especial para compreendermos as relações raciais em nosso país. Os sentimentos negativos em relação ao Haiti e o racismo se fundem, e uma coisa influencia a outra."

Torres-Saillant me disse então que até a década de 1960 ensinavam-se nas escolas dominicanas atitudes anti-haitianas racistas. O Estado produzia uma propaganda aberta contra o Haiti e, por extensão, contra os negros. Um político em particular, disse ele, prejudicou demais a relação da República Dominicana com o Haiti — e com suas próprias raízes negras: Rafael Leónidas Trujillo. "É curioso destacar que ele era neto de uma haitiana, Ercina Chevalier, cujo nome foi dado a escolas e outras instituições durante sua ditadura." Trujillo era um general dominicano. Subiu ao poder por meio de um golpe e governou o país de 1930 até ser assassinado em 1961, após anos de brutalidade. Como líder, usou ardilosamente o sentimento anti-haitiano para solidificar seu poder e unir a nação contra um suposto inimigo externo. Trujillo argumentava que a República Dominicana era, na realidade, uma nação branca... apesar da óbvia herança africana do país e do fato de ele mesmo descender de haitianos! Com o passar do tempo, tornou-se um ditador cruel, tido como responsá-vel pela morte de milhares de dominicanos nas mãos do Exército e de sua polícia secreta.

"Trujillo foi um produto da ocupação americana", disse Torres-Saillant. "Recebeu sua educação política na Guarda Nacional, criada pelos Estados Unidos. Por isso, quando Trujillo pediu ajuda depois de tomar o poder, a ajuda veio.

Torres-Saillant propôs pôr-me em contato com uma pessoa que estudara a vida de Trujillo e poderia informar-me mais a seu respeito: Sabrina María Rivas. Logo consegui marcar um encontro no Museu de História e Geografia de São Domingos, onde ela trabalha, e onde os visitantes podem ver pertences pessoais do presidente Trujillo e informar-se sobre seu governo. (A mostra inclui um automóvel, ao lado do qual se vê um manequim vestido com o uniforme que ele usava em funções de Estado, o próprio carro que pistoleiros usaram para assassinar Trujillo.)

Para minha satisfação, Sabrina era uma jovem informada, franca e cheia de entusiasmo. Quis saber tudo que eu tinha feito na República Dominicana até então. Além disso, fez questão de me mostrar, uma a uma, todas as relíquias de Rafael Trujillo. Tinha um olho incrível para detalhes.

"Esse era seu uniforme formal", disse, aproximando-se de uma vitrine, que guardava o que parecia ser um terno de linho, coberto por galões, dragonas e botões. "Essa farda foi feita na França", disse-me ela. "Tem um estilo muito francês."

Mostrou-me a seguir um livro chamado *O álbum áureo de Trujillo*. O ditador publicou-o em 1956, disse ela, a fim de divulgar para o mundo a imagem que ele fazia da República Dominicana. Era uma visão substancialmente branca do país, e incluía uma fotografia notavelmente clara de seu líder.

"Todas brancas", comentei diante de uma foto de finalistas de um concurso de beleza. "Nem mesmo uma mulata."

Percebi um brilho de prazer nos olhos de Sabrina, que sorriu para mim, maliciosamente.

"Em todas as fotografias de Trujillo aqui, ele usa maquilagem", disse.

"Ele empoava o rosto?", espantei-me, chegando os olhos bem perto da imagem. Para um homem com uma reputação de extrema brutalidade, Trujillo parecia simplesmente bobo. Talvez o ex-jogador de beisebol Sammy Sosa tivesse sido levado a clarear a pele seguindo o exemplo de Trujillo, e não o de Michael Jackson.

"Isso mesmo", disse Sabrina Rivas, rindo, "pó de arroz. E repare nas bochechas rosadas." Em seguida, mostrou-me uma caixa de madeira que ainda continha, tantos anos depois, o pó de arroz de Trujillo, com o pincel que ele usava para aplicá-lo.

"Não acredito no que estou vendo", eu disse. "Quer dizer que ele tentava mostrar a República Dominicana como europeia, espanhola e, literalmente, branca?"

"Sim, senhor, essa era a imagem que ele queria transmitir", disse ela. "Outras pessoas chegavam a ver isso como um símbolo de estabilidade. Se ele mostrava uma população elegante, rica e branca, essa era a prova. E por isso era essa a imagem que ele projetava."

As posições anti-haitianas de Trujillo eram bem conhecidas e talvez até fossem a base de seu poder. No entanto, em 1937 seu antagonismo se acentuou, e ele ordenou um ataque aos haitianos que viviam ao longo do rio do Massacre, que constitui a fronteira entre a República Dominicana e o Haiti. Como Sabrina me explicou, a fronteira entre os dois países sempre fora bastante permeável. Muitos trabalhadores migrantes haitianos moravam do lado dominicano do rio, junto de dominicanos de ascendência haitiana e algumas famílias mistas. Esses haitianos trabalhavam no campo, e alguns até possuíam terras. Falavam o espanhol, como os dominicanos. E por muito tempo, os dominicanos toleraram sua presença, embora a contragosto. "Era exatamente essa convivência pacífica de dominicanos e haitianos", disse-me o professor Torres-Saillant, "que horrorizava os ultra-nacionalistas. Para eles, os contornos da nação estavam sendo erodidos pelas relações transnacionais naquela área de confraternização."

Trujillo decidiu que aqueles haitianos eram uma ameaça. Por isso, em outubro de 1937, lançou um ataque militar. Foi um episódio trágico, e escutei a narrativa de Sabrina em silêncio. Os soldados de Trujillo chegaram e imediatamente fecharam a fronteira, detendo os haitianos do lado dominicano, na cidade de Dajabón. Os haitianos ficaram aterrados, como era de esperar. Como sabiam que muitos deles morreriam, tentaram fugir pelo rio, mas as forças de Trujillo os massacraram nas margens e até dentro do rio. Ninguém sabe com exatidão quantos haitianos morreram, mas as estimativas em geral situam o número em cerca de 15 mil.

Apesar dessa chacina absurda, Sabrina contou que Trujillo nunca conseguiu erradicar os haitianos da República Dominicana. Na verdade, havia haitianos nas fazendas do próprio ditador, e não foram perturbados. E a entrada de trabalhadores haitianos continuou, logo depois do massacre. Hoje, mais de 1 milhão de haitianos vivem e trabalham na República Dominicana. Nem sempre são bem-vindos, como vimos, mas contribuem bastante para manter em funcionamento a economia dominicana, sobretudo a indústria açucareira. E estão lutando para construir uma vida melhor para si mesmos e para seus filhos, ainda que as crianças que nascem na República Dominicana não se tornem cidadãos dominicanos automaticamente, como acontece nos Estados Unidos. Não sendo cidadãos nem do Haiti nem da República Dominicana, são apátridas e trabalham a troco de salários aviltados, esforçando-se para manter a família mesmo em condições de vida precárias.

29. *Haitianos atravessando o rio do Massacre, em Dajabón, num dia de feira.* (Foto de Jemila Twinch.)

Decidi que seria importante ver Dajabón e o rio do Massacre com meus próprios olhos. Como o percurso entre São Domingos e Dajabón dura algumas horas, partimos muito cedo, quando ainda estava escuro. Chegamos pouco antes das oito da manhã, quando a fronteira se abre para o Dia de Feira e haitianos vadeiam o rio para montar bancas e vender seus produtos a dominicanos ou para comprar produtos e levá-los para caminhões que os distribuirão por todo o Haiti. Essas trocas de mercadorias na fronteira, toda sexta-feira, são uma atividade econômica bem organizada e florescente. Notei que muitos haitianos já estavam lá, arrumando seus produtos — legumes, frutas, roupas e artigos de artesanato — depois de atravessar o rio a vau, escapando quase por milagre dos olhos atentos de um número imenso de guardas de fronteira, que procuravam, de todas as formas, preservar a santidade da hora oficial de início da feira, forçando dezenas de feirantes a voltar para o lado haitiano até eles dizerem que tinha chegado a hora.

Talvez aqueles haitianos que já estavam do lado dominicano tivessem chegado a Dajabón como eu, no escuro. Pareciam dispostos a qualquer coisa, percebi, para ganhar a mais ínfima vantagem e ter um diminuto lucro extra no fim do dia.

Olhei para o Haiti, do outro lado do rio. Estava tão próximo que um braço forte seria capaz de atirar uma moeda ou uma pedra de uma margem para a outra. No entanto, quase não havia como medir o fosso cultural e econômico entre os dois países. O Haiti prezava seu passado colonial francês — seu *créole*, o vodu e o amor ao futebol; já os dominicanos tinham suas raízes espanholas, o catolicismo e a paixão pelo beisebol. Entretanto, o fosso maior era o que se interpunha entre suas ideias sobre raça — a sua e a do outro.

Voltando a São Domingos para pegar um voo que me levaria a Porto Príncipe, fiquei pensando no que tinha visto na República Dominicana. Tive a impressão de que encontrara ali um povo decidido a negar suas raízes, confuso quanto à relação entre cor, classe e inferioridade — um povo cuja aversão histórica a seus vizinhos haitianos, com quais dividiam a ilha de Hispaniola havia quase meio milênio, distorcera o modo como viam os haitianos e a si mesmos. Por um lado, a identidade denominada "índia" na República Dominicana apontava para uma longa história de casamentos mistos e hibridização cultural e genética, que tornava categorias assimiladas, como *negro* e *branco* inadequadas para definir a complexidade desse povo. Como disse Torres-Saillant, "que dizer da noção rizomática de identidade, de Edward Glissant, que remete não para uma raiz vertical que chega a uma origem singular, e sim para uma dispersão horizontal de raízes que se ligam a outras raízes e origens?". Há aqui algo a considerar. Por outro lado, não há como negar que uma grande dose de esquizofrenia, negação e tensão racial jaz sob a superfície da pele daquela nação, soterrada em muitas das várias conotações de "índio", essa curiosa designação étnica.

O colonialismo espanhol, uma ocupação pelo Haiti no século XIX, a anexação pela Espanha entre 1861 e 1865, e mais uma ocupação no século XX, essa pelos Estados Unidos (que levou à adoção do beisebol como o esporte nacional, mas foi acompanhada de uma obstinada resistência durante a simultânea ocupação americana do Haiti), além de líderes manipuladores, oportunistas e demagogos, fizeram sua parte para levar a República Dominicana àquela situação. Só os próprios dominicanos podem refazer seu caráter nacional e resgatar o orgulho negro. Isso se dará quando se olharem no espelho e admirarem as marcas africanas em seus rostos, tanto quanto apreciam os traços de seus senhores coloniais europeus, e quando os intelectuais da diáspora negra reconhecerem e derem crédito aos afro-dominicanos por seu passado glorioso. Mas talvez as coisas já estejam mudando: foi para mim um conforto e uma injeção de ânimo o fato de que o primeiro país a cruzar a fronteira e oferecer ajuda ao povo haitiano depois do terremoto de 2010 tenha sido seu vizinho fraterno, a República Dominicana. Oxalá isso lance os alicerces de uma nova era em suas relações internacionais e nacionais, bem como, por extensão, de uma nova era na avaliação do papel do passado africano no presente índio, híbrido e resistente que é São Domingos. Para mim, chegara a hora de cruzar a fronteira.

5. Haiti

"Elevo-me de minhas cinzas; Deus é minha causa e minha espada"

(Divisa na bandeira haitiana do
rei Henri Christophe, 1811-20)

[*Os escravos haitianos rebelados são*] *os canibais da horrível república.*

Thomas Jefferson, 11 de fevereiro de 1791

Seus escravos foram chamados a agir, e são um terrível motor, absolutamente ingovernável.

Thomas Jefferson, 24 de março de 1791

Recebemos com pesar informações diárias sobre o avanço da insurreição e da devastação em São Domingos. Nada indica ainda que o mal tenha chegado a seu zênite.

Thomas Jefferson, 5 de janeiro de 1792

Jamais uma tragédia tão profunda apresentou-se aos sentimentos humanos.

Thomas Jefferson, 14 de julho de 1793

Mesmo antes de desembarcar em Porto Príncipe, minha mente e meu coração estavam dominados pelo Haiti, pela saga incrivelmente complexa, ainda em evolução, de glória e de vergonha, de honra e de sofrimento daquele país. Do alto, só se viam campos azuis e brancos, como um tabuleiro de xadrez. Mais tarde vim a saber, como todos os que visitam o Haiti depois do terremoto, que aqueles campos eram barracas — barracas que abrigam cerca de 1,2 milhão de haitianos, e que, segundo estimativas, terão de servir de lar para pessoas que perderam suas casas nos próximos vinte anos.

O Haiti é a nação mais pobre do hemisfério Ocidental. Hoje em dia, associamos seu nome a imagens de sofrimento: o cataclísmico terremoto que devastou Porto Príncipe, ditadores brutais, os Tonton Macoute, golpes militares, rebeliões, escassez de comida, multidões em fila para receber ajuda internacional, imagens de indescritível e interminável agitação política. E também, é claro, imagens do vodu, ou, na maioria das vezes, da depreciação estereotipada de uma religião digna. No entanto, quando penso no Haiti, penso primeiro em seu papel singular na história mundial, como o berço de uma das mais inspiradoras revoluções do século XVIII, a Revolução Haitiana e seu triunfo sobre as forças da França de Napoleão Bonaparte, o mais poderoso exército do mundo. Quando o Haiti conquistou sua independência, em 1804, seus escravos fizeram algo que nunca havia ocorrido antes: derrubaram seus senhores europeus e fundaram sua própria nação, uma república, pelo menos no começo. Esse foi, e assim deve ser lembrado, um dos mais emocionantes momentos da história. Quando o Haiti nasceu, era a primeira (e única) república negra no Novo Mundo ou na África (a Abissínia, hoje Etiópia, era uma monarquia, o que o Haiti também logo se tornou, mas não de início). E sua libertação marcou a única rebelião bem-sucedida de escravos em todo o Novo Mundo.

Além disso, como parte de sua origem histórica e de seu legado cultural, o Haiti continua a ser, até hoje, uma cultura indiscutivelmente negra, ainda que tensões ligadas a cor, entre mulatos e seus cidadãos mais escuros, tenham causado muitos problemas ao longo de toda a história da colônia e da república. De fato, numa tentativa de abordar essa questão da cor como classe, a primeira constituição do Haiti — a de Jean-Jacques Dessalines, em 1805 — declarava: "Uma vez que devem cessar, necessariamente, todas as distinções de cor entre os filhos de uma mesma família, doravante os haitianos serão chamados apenas de negros". O Haiti tinha aguda consciência de seu papel como um centro putativo daquilo que mais tarde veio a ser chamado de pan-africanismo, como uma consciência política "negra" transnacional: com efeito, na constituição de 1816, Alexandre Pétion, no artigo 44, declarou: "Todo africano, índio ou aqueles que levam seu sangue, nascidos nas colônias ou em países estrangeiros e que vierem a viver na República, serão reconhecidos como haitianos". Essa atitude de acolher todos os negros, de qualquer parte do mundo, e torná-los cidadãos haitianos — uma proposta que Frederick Douglass pensara em aceitar, às vésperas da Guerra de Secessão — pode ser vista como um dos primeiros, senão como o primeiro, dos atos notáveis na história do pan-africanismo. Esta foi, sem dúvida, a primeira vez em que um governo considerou todas as pessoas de ascendência africana como "cidadãos" ou membros de um grupo unificado ou relacionado — o reverso de considerar todos os africanos como membros de um único grupo de pessoas potencialmente escravizáveis, ainda que saibamos que nem todos os grupos étnicos africanos foram vítimas do tráfico transatlântico de escravos e que algumas elites étnicas africanas se dedicaram a ganhar dinheiro vendendo a europeus outros grupos étnicos africanos, que seriam transportados para o Novo Mundo. Esse foi um fato extraordinário na história dos povos negros no hemisfério

30. *Alexandre Pétion, presidente do Haiti, 1806-18.* (Biblioteca Pública de Nova York.)

Ocidental: pode-se dizer, com razão, que o comércio de escravos criou, ironicamente, uma identidade "negra" pan-ética que se manifestou de muitas formas, mas de maneira especial nessa declaração que consta da constituição haitiana.

(A propósito, Douglass serviu como ministro e cônsul-geral dos Estados Unidos no Haiti entre 1889 e 1891, e pronunciou vários discursos sobre o Haiti e Toussaint L'Ouverture, entre os quais sua famosa fala quando da abertura do Pavilhão Haitiano na Exposição Colombiana Mundial, no Parque Jackson, em Chicago, em 2 de janeiro de 1893. Douglass foi também secretário assistente da comissão enviada à República Dominicana pelo presidente Ulysses S. Grant, de 24 de janeiro a 26 de março de 1871, e nesse mesmo ano endossou ativamente a tentativa de anexar São Domingos como mais um estado dos Estados Unidos. Apesar de sérias objeções, inclusive a de um amigo seu, o senador Charles Sumner, Douglass agiu assim, conforme declarou, levado por seu desejo de criar o primeiro estado negro na União, "uma irmã negra de Massachusetts", um estado cuja "ambiguidade racial" era a prova de que as categorias raciais não eram fixadas pela natureza, como a historiadora Sarah Luria demonstrou sobejamente em "São Domingos ou as ambiguidades: Frederick Douglass, imperialismo negro e a 'Ku Klux War'". Douglass achava também que a anexação daria início a um processo de incorporação de grande parte do Caribe, senão de todo ele, para formar a "Grande República Ocidental", transformando para sempre o equilíbrio racial da população dos Estados Unidos e com isso aumentando o número de eleitores negros e o potencial de oposição ao crescimento da Ku Klux Klan.)

Não obstante, no Haiti, como na República Dominicana, mas com seus próprios padrões de desenvolvimento, a cor como classe tem sido um aspecto importante e profundamente problemático desde seu surgimento, bem traduzido por um provérbio popular no Haiti: "Preto rico é mulato; mulato pobre preto é". Na verdade, como o historiador Laurent Dubois me informou, essa versão do ditado constitui uma revisão da forma que ele tinha no século XIX: "Preto rico que sabe ler e escrever é mulato; mulato pobre analfabeto preto é". Essa versão liga o discurso racial haitiano ao de filósofos iluministas como Hume, Kant, Jefferson e Hegel, uma vez que todos apontaram a ausência ou presença da razão ou da alfabetização como justificativa para se classificar os afrodescendentes abaixo dos europeus na grande cadeia do ser.

31. *Frederick Douglass à sua mesa no Haiti.* (National Park Service, Nova York.)

Por vezes, as rivalidades e os confrontos entre haitianos mulatos e negros têm sido quase tão odiosos e nefastos quanto aqueles entre haitianos e franceses, que se iniciaram nos primórdios da luta pela independência e persistem ainda hoje em formas menos ásperas, mas ainda assim pronunciadas. Queria ver como a raça se manifesta na extremidade ocidental da ilha de Hispaniola, em comparação com que eu vira na imagem especular do Haiti, na República Dominicana.

O Banco de Dados do Comércio Transatlântico de Escravos

estima em 770 mil o número de escravos levados ao Haiti enquanto durou o tráfico escravista. (Há historiadores que elevam esse número para perto de 1 milhão, pois muitos teriam sido importados ilegalmente.) Olhando pela janela de meu carro em Porto Príncipe, balancei a cabeça, atônito, ao recordar tal quantidade. Aquela pequena nação — um país que ocupa cerca de um terço da ilha de Hispaniola, ou seja, uma área mais ou menos do tamanho de Maryland* — teria absorvido 350 mil escravos a mais que o número total dos que chegaram aos Estados Unidos.

O que aconteceu com aqueles escravos? O que os encorajou, primeiro, a lutar, em condições tão difíceis, por sua liberdade e, depois, a fundar sua própria nação, uma nação negra num mar de colônias espanholas, portuguesas, holandesas, inglesas e francesas? Mais importante, o que os haitianos sentem hoje em relação a seu passado? Como sua africanidade repercute na vida de cada um deles? Como essa africanidade alimenta o espírito dos haitianos? E como o terremoto afetou a percepção que eles tinham de si mesmos, sua sensação de reconquistar um ponto de apoio num futuro democrático, de ascensão social? Assisti a grande parte da cobertura feita por Anderson Cooper na CNN sobre a devastação causada pelo terremoto. Agora estava prestes a conhecer haitianos, a conversar com eles, testemunhar suas lutas e tentar achar algumas respostas.

A primeira parada em minha viagem foi em Porto Príncipe, a cidade devastada que se tornou a face do Haiti para o mundo. Em 12 de janeiro de 2010, o pior terremoto em mais de duzentos anos sacudiu a cidade e o país com uma força descomunal. Com 7,0 pontos na escala Richter, o sismo arrasou quase toda a cidade. Mais de 220 mil haitianos perderam a vida, e ainda hoje 1,5 milhão continuam desabrigados. O mundo prometeu uma ajuda de 10 bilhões de dólares, mas grande parte desse dinheiro não chegou

---

* Ou um pouco maior (16%) que o estado brasileiro de Alagoas. (N. T.)

ao Haiti (apenas 38% desse montante tinha chegado ao país até janeiro de 2011) e o restante não chegará durante muito tempo. Autoridades haitianas declararam que reconstruir a capital levará 25 anos.

Eu havia me preparado para ver cenas trágicas, e esperava estar pronto para elas. Já vi áreas miseráveis em zonas centrais de cidades americanas e viajei a vinte países africanos, bem como a grande parte do Caribe. Já contemplei muitas atribulações. Achei que nenhuma penúria ou destruição me chocaria, por pior que fosse. E eu tinha visto, com atenção, a devastação sofrida por New Orleans e pela costa do Golfo após o furacão Katrina, além de acompanhar a cobertura do terremoto do Haiti, pela CNN, 24 horas por dia, sete dias por semana.

No entanto, quando saí a caminhar pelas ruas de Porto Príncipe pela primeira vez, percebi que estava enganado — que nada, na realidade, pode preparar um ser humano para ver uma coisa daquelas. Eu estava cercado por uma devastação absoluta. Edifícios de escritórios, hotéis, casas de todas as formas e tamanhos estavam reduzidos a montes de fragmentos de madeiramento, alvenaria e concreto, praticamente por toda parte. Não havia quase nada mais. Os edifícios simplesmente desmoronaram, desabando de cima para baixo, ao que parecia, em vez de serem derrubados de lado. Os escombros eram empurrados para a beirada das ruas, de modo a permitir o trânsito de veículos, mas não havia quase nenhum prédio intacto à vista.

Vi dezenas de milhares de famílias grandes vivendo em verdadeiras cidades de barracas, sem eletricidade ou água corrente, abrigando-se sob lonas em farrapos, buscando água em bicas e usando banheiros químicos. Sabia da existência de outras centenas de pessoas, talvez vivendo em condições ainda piores, dispersas pela cidade e em gigantescos campos de desabrigados, instalados em qualquer espaço disponível, o que incluía todos os grandes parques da cidade. Aquelas eram as piores condições de vida que eu já vira. A enormidade do desastre, assim como o fedor, me deixaram sem fôlego.

Caminhei por várias ruas. Quem tentasse conversar comigo me veria sem fala. Mas, com o passar do tempo, comecei a perceber um espírito de resistência. Havia esperança no ar. Talvez eu estivesse cambaleando de um lado para outro, atordoado — mas os haitianos, não. Em toda parte, tocavam a vida. Via pessoas se cumprimentando, conversando, traçando planos, trabalhando e ajudando-se umas às outras. Cheguei a ver um grupo tocando música. Viver era penosíssimo, mas aquelas pessoas estavam vivendo. Não sei como outras vítimas de terremotos reagiram, mas era claro que aqueles haitianos eram de uma resistência assombrosa.

De repente, no meio de uma daquelas cidades de barracas, deparei com algo maravilhoso. No meio dos escombros havia um monumento aos fundadores negros do Haiti: Toussaint L'Ouverture, Jean-Jacques Dessalines e Henri Christophe. Parei diante dele, pasmo. Tinha visto muitas coisas em minhas viagens, mas nada como aquilo, nem mesmo na África: o reconhecimento público, arrojado, dos fundadores negros de um país. Escravos e seus descendentes lutaram em muitas guerras de independência na América Latina. Chegaram até a liderar algumas delas, como Morelos e Guerrero, no México, e Antonio Maceo, em Cuba. Mas suas nações não lhes prestavam um reconhecimento assim. A maioria dos mexicanos tinha esquecido, havia muito, as raízes negras de Guerrero e Morelos, e até os traços de Maceo foram embranquecidos com o passar do tempo. Aquele país, o Haiti, era o único que, em minhas viagens, não vi embranquecer seus heróis. Os haitianos se orgulhavam de serem negros.

Não demorou muito para que eu visse uma demonstração prática desse orgulho. Naquela tarde, visitei a Escola Nacional de Artes de Porto Príncipe. O prédio sofrera muitos danos, mas numa sala intacta, um professor dava aula. Os estudantes que o cercavam seguravam tambores africanos. Estavam aprendendo a executar polirritmos com o mestre, um homem chamado Louis Lesley Marcelin, a quem os jovens chamavam Zhao. Ao me aproximar, vi que ele se debruçava sobre um livro, ensinando um aluno a ler notações de percussão num pentagrama.

"Como vocês estão vendo aqui, aparece um zero no primeiro compasso", disse ele, apontando a pauta com o dedo. "Aqui só o pé de vocês é que bate."

Enquanto seus alunos estudavam a lição, Zhao veio me cumprimentar. Apresentei-me e ele contou que era o diretor do departamento de percussão da escola. Disse que tudo o que ele leciona tem raízes africanas, mas todas as tradições musicais ensinadas na escola são claramente haitianas. A música nacional surgiu de uma rica mistura cultural — uma mistura africana.

"O Haiti é um país de imitação", observou Zhao.

Muitas etnicidades diferentes vieram da África. E nós, os haitianos, as imitamos todas. E é por isso que temos tantos estilos musicais. Por exemplo, há o daomé, que vem do Benin. Ou veja o nagô, que temos no Norte, em Gonaïves, que vem da Nigéria. Por descendermos de tantos lugares na África, herdamos tudo o que a África tinha a oferecer.

Quem não conhece a África costuma achar que todos os africanos são iguais. No entanto, a África é um continente de muitas culturas e o de maior diversidade genética no mundo. Ali se falam 1500 línguas. Foi um raro prazer conversar sobre entrecruzamento cultural com uma pessoa que não só admitia isso claramente como tinha conhecimentos específicos para explicar as partes que foram combinadas no Haiti para produzir novas formas culturais.

É claro que as influências europeias também deixaram sua

marca no país. Hoje, disse-me Zhao, quase toda a população fala o *créole* — uma bela língua que surgiu quando os primeiros haitianos misturaram as línguas de várias nações da África Ocidental com elementos do francês, do espanhol e, creem alguns linguistas, do árabe, tal como essas línguas se apresentavam no século XVIII. O *créole* é uma criação muito singular, disse Zhao, uma língua nacional criada por haitianos e só para o Haiti. (Cabe notar que quase todos os países caribenhos têm uma língua crioula, todas formadas de modo bastante análogo ao *créole* haitiano. Em Aruba, por exemplo, que quase não tem nenhum passado africano, o povo não fala o holandês, e sim uma língua crioula baseada no espanhol, com grande número de empréstimos africanos, que chegaram à ilha através de Curaçao. Essa língua, o papiamento, é tão singular quanto o *créole* haitiano.) É notável que só em 1987, durante o governo de Jean-Bertrand Aristide, as autoridades haitianas admitiram conceder a seu *créole* a condição de língua oficial do país, ao lado do francês, que, de modo geral, os mais pobres não falam com fluência.

Zhao voltou-se então para a sua turma, com um brilho nos olhos. Propôs aos alunos que cantassem para mim uma música sobre o *créole*. Gostei da ideia e eles também me pareceram satisfeitos por ter uma plateia. Um dia de aula normal se tornara uma ocasião especial para todos nós. De repente, começaram a cantar com muita animação, e suas vozes vibravam nas paredes danificadas a seu redor:

> *Créole, ô*
> *Falamos créole, entendemos o créole*
> *Créole, ô*
> *Falamos créole, entendemos o créole*
> *A língua de minha mãe*
> *O créole, ô, é a pátria*

A música ainda ecoava em minha cabeça no dia seguinte, enquanto eu rodeava Porto Príncipe, preparando-me para seguir para o Norte, onde conheceria a segunda cidade do país, e uma das mais históricas. Os franceses desembarcaram naquela área em 1625. Petit-Goave, fundada em 1654, em geral é considerada o primeiro assentamento formal (naquela época os espanhóis já tinham se instalado no lado oriental da ilha e fundado São Domingos). Os primeiros franceses a se instalar ali eram bucaneiros, e o primeiro núcleo deles na região foi erguido em Tortuga. Eram bandidos, e não representantes da França. Também construíram núcleos ilegais em Hispaniola na década de 1640, mas a presença formal dos franceses começou com a nomeação de Bertrand d'Ogeron como governador de Tortuga em 1665, uma situação não reconhecida pela Espanha na época.

As forças espanholas, além de exíguas, eram muito fracas para controlar toda a ilha. No entanto, nem a França nem a Espanha estavam dispostas a travar uma guerra por aquele território, de modo que, em 1697, as duas grandes potências dividiram a ilha em duas partes, mediante o Tratado de Ryswick, e Cap Haïtien (originalmente chamada Cap-Français, ou apenas "Le Cap") tornou-se o componente principal do lado francês. (Em 1777, o Tratado de Aranjuez dividiu formalmente a ilha em duas colônias distintas.) Foi um acordo afortunado para os franceses, e Le Cap logo se tornou o mais importante entreposto francês no Novo Mundo e um importante porto de desembarque de escravos africanos — ao menos 750 mil chegaram por ali — e o Haiti veio a ser a mais rica colônia no hemisfério Ocidental. Era a joia da coroa francesa, e os franceses chegaram a chamá-la de a "pérola das Antilhas".

A razão? Aquela palavrinha mágica: *açúcar*. Os investimentos franceses, aliados ao clima ideal do Haiti e à mão de obra cativa, transformaram a colônia numa enorme produtora de açúcar. Em meados do século XVIII, o Haiti produzia quase metade do açúcar

32. *"Plantio da cana-de-açúcar", litografia. (Biblioteca Pública de Nova York.)*

do mundo e respondia por dois quintos do comércio ultramarino da França.

Havia um motivo para que os engenhos de açúcar do Haiti rendessem tantos lucros. As condições de trabalho eram horrendas. Era frequente os escravos serem postos para trabalhar até morrer — tratados mais como equipamentos agrícolas baratos do que como seres humanos. Por isso, as plantations eram altamente lucrativas para a França, mas criaram um tipo de sociedade escravista muito diferente em relação ao lado dominicano de Hispaniola. Anos depois, como vimos, esses contrastes entre as duas culturas levaram à hostilidade entre elas, assim como às visíveis diferenças nos fenótipos de seus habitantes. Enquanto o Haiti, desde o começo de sua revolução, em 1791, tinha uma elite mulata livre claramente definida, a massa do povo — além de seus três fundadores — era inequivocamente negra.

Antes de deixar Porto Príncipe, visitei o sociólogo Guy Alexandre. Especialista na história das relações entre o Haiti e a República Dominicana, também já serviu como embaixador do Haiti em São Domingos. Enquanto caminhávamos pela cidade, Alexandre logo começou a explicar como as condições dos escravos prepararam o terreno para a atual animosidade entre os dois países. "No Haiti", disse ele,

havia uma economia de plantations ligada à exploração de grande número de escravos africanos, ao passo que na República Dominicana o número de escravos era infinitamente menor — e a economia baseava-se no gado. Isso fez com que, desde o início, houvesse diferenças importantes no modo como essas populações se formaram. E houve na parte leste uma taxa de cruzamento racial muito maior que a do Haiti.

Perguntei se aquelas diferentes circunstâncias históricas tinham levado os dois países a exibir atitudes tão diferentes em relação à África. Quis saber também sobre a relação entre a história e a cultura com seus antepassados escravos africanos. No tocante à aceitação das raízes negras, observei, aqueles dois países eram antípodas.

"Basicamente", ele respondeu sem hesitar,

na visão tradicional da sociedade dominicana, o negro, o africano, tem conotações de selvageria, de primitivismo com relação às religiões... como o vodu, no caso haitiano... associadas ao mundo negro. E também conotações, para o Haiti, de pertencer a um mundo que não é civilizado, porque os haitianos falam uma língua que não é civilizada, o *créole*. Por isso, o Haiti e seus habitantes representam, na ideologia da sociedade dominicana, o que e a África é, o que os africanos são: uma raça humana fora da civilização, selvagem etc.

"Ora, setores específicos da sociedade dominicana", prosseguiu Alexandre, vêm descobrindo aos poucos, muito lentamente, que a sociedade dominicana é uma sociedade misturada, e começam, pouco a pouco, a aceitar o elemento não europeu... o elemento africano... em sua cultura. Mas isso é um fenômeno recente. De modo geral, a elite dominicana simplesmente rejeitou, quase por completo, o componente africano de sua cultura. Já os haitianos, e especialmente a elite haitiana, aceitaram suas origens africanas a ponto de nossa origem negra ser parte da cultura nacional.

Na verdade, porém, a elite haitiana — até os líderes da Revolução — rejeitava o vodu e o *créole* e mantiveram um longuíssimo e apaixonado caso de amor com quase tudo o que fosse francês. Jean Price-Mars publicou em 1928 seu famoso livro *Ainsi Parla l'Oncle* [Assim falou o tio] para exaltar as raízes africanas da cultura haitiana em contraposição ao vilipêndio daquelas raízes pelas elites dominantes. O livro de Price-Mars fazia parte de um discurso mais amplo de transculturação, exemplificado também na obra de José Vasconcelos, no México, e Gilberto Freyre, no Brasil, assim como na de Fernando Ortiz, em Cuba.

No entanto, eu conhecia bem a longa e terrível história do preconceito inter-racial de cor no Haiti, a discriminação dos haitianos de pele mais escura pela elite mulata, que remontava à época da Revolução Haitiana contra a escravidão, iniciada em 1791. Já em 1797, Moreau de Saint-Méry, advogado e historiador francês, publicou um livro sobre a ilha de Saint-Domingue (como se chamava o Haiti antes de se tornar independente, em 1804), onde descreveu a mistura racial da comunidade usando doze categorias de cor, inclusive a branca. Feita a categorização, Saint-Méry passava a mostrar o que ocorre quando se dá o cruzamento de um branco com uma dessas categorias de mistura racial, levando a 128 possíveis combinações de mistura, a partir dessas doze categorias! Lembranças do Brasil! No entanto, me agradava pensar, ou esperar, que os haitianos respeitassem e festejassem o legado da África no Novo Mundo e que aquela longa história de cor como classe tivesse perdido força nos últimos anos. Eu queria examinar a valorização, pelo Haiti, de seu legado africano, que, como Guy Alexandre deu a entender, vem crescendo; queria determinar se isso é puro romantismo ou se é verdade. Por exemplo, seria possível a uma pessoa que só fala o *créole* avançar profissionalmente nessa sociedade? Deixando a companhia de Alexandre, parti para os arredores de Porto Príncipe, a fim de conhecer melhor o vodu.

Todos já tivemos contato com a versão de Hollywood da religião comumente chamada de vodu: zumbis, bonecos espetados com alfinetes, negros com ossos fincados no nariz criando tumulto durante transes assustadores, rituais que culminam com a morte de um porco negro aos berros. Já foi chamado de culto do diabo, mais recentemente pelo reverendo Pat Robertson, que atribuiu o sofrimento passado e presente do Haiti a um suposto pacto com o demônio, presumivelmente feito pelos escravos rebelados (afinal, pensou Robertson, de que outra forma os escravos poderiam ter derrotado os franceses?). A religião foi também chamada de magia negra. Repetidamente, pessoas que nada sabem a respeito dessa religião africana no Novo Mundo reduzem-na a uma caricatura racista. Na realidade, porém, o vodu é uma religião complexa e fascinante. É tão sofisticada e sagrada quanto qualquer outra fé.

Como o candomblé, no Brasil, e a *santería*, em Cuba, o vodu é uma mistura de religiões africanas e europeias. Os escravos que foram para o Haiti levaram consigo seus próprios deuses ancestrais, e os oriundos de Angola trouxeram sua própria tradição de catolicismo. Curiosamente, a maioria dos senhores não queria ter escravos que praticassem o catolicismo, e na verdade a expulsão dos jesuítas em 1763 se deveu, em parte, ao fato de sua atividade entre os escravos provocar a desconfiança dos fazendeiros. Esses africanos apegavam-se ao velho, mas também abraçavam o novo. Incorporaram novas crenças a ambas as religiões. E dessas fontes surgiu o vodu, uma religião inegavelmente africana com profundas influências católicas que remontam à África, como John Thornton demonstrou em pormenores, porque a etnia mais comum entre os escravos no Haiti era a dos congos, que já eram católicos, como vimos, antes de ser escravizados. Os padres católicos não queriam ter nada a ver com a catequização de escravos; passavam todo o tempo com os brancos, de modo que o proselitismo dirigido aos africanos recém-chegados ficava nas mãos dos congos, por mais surpreendente que seja.

Mesmo muitos dos líderes negros do Haiti de início condenaram a prática do vodu, mas jamais conseguiram erradicá-la. Hoje, grande parte do país é oficialmente católica, mas a maioria da população pratica o vodu. Na verdade, a maior parte dos haitianos pratica ambas as religiões ao mesmo tempo, sem ver nenhum conflito entre elas.

Como queria saber mais sobre essa fascinante religião, entrei em contato com o sumo sacerdote do vodu — um sacerdote é um *houngan* — que vive na aldeia de Trou-du-Nord, a cerca de uma hora de carro de Porto Príncipe. Max Beauvoir dirige o mais importante santuário de vodu no Haiti. Desejava me encontrar com Beauvoir e seus seguidores antes de assistir a uma manifestação mais espontânea do ritual do vodu em Trou-du-Nord. Todo ano, realiza-se na vila uma grande festa após uma missa na igreja de São João Batista em honra a são Tiago, padroeiro do lugar. Como Linda Heywood e John Thornton mostraram, são Tiago Maior era o padroeiro do reino do Congo, por ter intervindo miraculosamente na batalha entre Afonso I do Congo e seu irmão, Mpanzu a Kitima, em 1509. No Haiti, acredita-se que essa festa tenha raízes africanas (embora seja realizada em 24 de junho, e não em 25 de julho, como na África e em quase todos os demais lugares). Por isso achei que seria interessante comparar os rituais no templo de Beauvoir com aqueles que o povo praticava na rua, três dias depois, ao fim de uma noite de culto, bebidas e comemoração.

Encontrei-me com Beauvoir em seu templo (chamado *hounfour*), em Mariani, nas cercanias de Porto Príncipe, e fiquei fascinado ao ouvir sua história pessoal. Beauvoir era bioquímico de profissão, educado no City College, em Nova York, e também na Sorbonne, em Paris! Entretanto, recebeu um chamado irresistível para ser sacerdote do vodu. Há trinta anos ele se tornou um *houngan* no Haiti. E adora o que faz, disse-me ele. Vê o vodu como um credo universal, e acredita que essa abertura é fundamental na identidade haitiana.

"A abrangência é o fundamento do vodu", disse Beauvoir, sorrindo, enquanto caminhávamos pelo terreiro onde fica seu *hounfour*.

> Quando surgiu o vodu, a meta era incluir todos os grupos africanos. O Senegal fazia parte dele. O Mali também. O Daomé também. A Nigéria Superior também. A Nigéria Inferior, com os ibos, também. Os Congos do Norte, com o Camarão e o Gabão, também faziam parte dele. Ou seja, o vodu era inclusivo, não excludente. E na verdade, acho que essa era a grande força do vodu.

Beauvoir estava certo apenas em parte a respeito da origem dos escravos.

Conquanto fosse verdadeiro que um certo número de escravos chegou a Saint-Domingue vindo de muitas partes da África, a maioria deles veio de apenas duas regiões. Na República Dominicana, os escravos chegaram logo no início do tráfico, sobretudo antes de 1600, e a maioria veio da Senegâmbia, da Guiné Superior (Serra Leoa) e, mais tarde, de Angola. Em outras palavras, os grupos étnicos muitas vezes eram concentrados, variando segundo a

33. *Max Beauvoir e praticantes do vodu.* (Foto de Minna Sedmakov.)

região. Com efeito, isso aconteceu em toda a América Latina: no Brasil, cerca de 70% dos escravos vieram de Angola. Mina, ou a região fo-aja-iorubá, foi outra fonte importante de escravos para o Brasil. No Haiti, logo do outro lado do rio que o separa da República Dominicana, escravos de diferentes etnias e regiões da África trabalhavam juntos e fundiram seus sistemas de crenças para criar uma nova religião. Entretanto, metade dos escravos em Saint--Domingue, nos últimos trinta anos do tráfico, quando surgiu o vodu, vieram do reino do Congo. Aproximadamente um terço veio do Daomé e de sua região. Por isso, essas duas nações respondiam por 70% dos escravos no Haiti. Na República Dominicana, os escravos também produziram formas culturais africanas, inclusive uma religião chamada gagá, que, no entanto, não adquiriu o prestígio ou a popularidade do vodu no Haiti. Todas as pessoas que entrevistei no Haiti pareciam considerar o vodu particularmente "haitiano", algo fundamental para a identidade nacional. Achei aquilo muito interessante, sobretudo no que diz respeito à forma como o vodu tem sido muitas vezes demonizado, não só no Ocidente como também no Haiti, em gerações anteriores, pelas classes instruídas e dominantes.

O vodu, a religião dos escravos, era uma importante fonte de consolo para eles, disse Beauvoir. Além disso, funcionava como uma espécie de cimento social. No vodu, os negros encontraram consolação, mas também uma causa comum — e, unidos, acharam forças para lutar contra seus opressores. Devagar, aos trancos e barrancos, começaram a se organizar de forma eficaz contra seus algozes franceses. Escolheram líderes e, por fim, definiram um sonho comum: pôr fim à escravidão. E embora nem todos os negros tenham aderido à causa, e houvesse tensões e cisões entre os escravos e a comunidade de mulatos livres, um bom número de negros preferiu lutar pela liberdade como uma frente unida. E eles venceram.

Eram muitas as perguntas que queria fazer a Beauvoir sobre a Revolução Haitiana. Queria saber, por exemplo, como ele achava que sua gente tinha conseguido derrotar os franceses. Ele riu de mim um pouco, mas dava para perceber que ele se orgulhava da história de seu país — e daquele episódio em particular. Disse que a revolução tinha sido planejada num lugar chamado Bois Caïman (em *créole*, *Bwa Kayiman*) ou "Mata dos Jacarés". Contou que uma cerimônia vodu, celebrada por um escravo chamado Boukman, havia lançado a revolução, na mata, em 1791. E a seguir me disse que sua filha Rachel, antropóloga, era especialista na história de Bois Caïman e poderia falar mais a respeito. Viajei a Cap Haïtien a fim de encontrá-la.

A viagem exigiu um voo breve e depois um longo percurso de carro. Vendo os campos e as colinas, tentei imaginá-los através dos olhos dos escravos no século XVIII, ansiando pela liberdade. Pensei em como aqueles primeiros libertadores deveriam se sentir enquanto viajavam para planejar a revolução em Bois Caïman, na calada da noite e enfrentando mil adversidades.

Estava meio transtornado ao chegar ao lugar, empolgado com a ideia de conhecê-lo. Saltei do carro e comecei a olhar para tudo em Bois Caïman, como um desatinado. Não sei o que esperava ver — monumentos, bandeiras, um enorme museu? Mas tudo o que vi foi uma vila humilde, que se espalhava em torno de uma grande árvore. E fora sob ela que a revolução foi proclamada, com uma cerimônia vodu, supostamente anunciada pela oração de Boukman, registrada pelo poeta e político haitiano Hérard Dumesle em 1824:

Ó Deus, que criaste a terra! Que criaste o sol que nos dá a claridade! Que levantas os mares e faz rugir a procela! Nosso Deus, que tens ouvidos para ouvir! Ó tu, que te escondes nas nuvens, contempla este país, vê as atrocidades dos brancos! O Deus dos brancos exige que eles cometam crimes, mas o nosso, boas obras. Eis, porém, que nosso Deus ordena vingança, guiará nossos braços e nos dará a vitória. Com seu auxílio, pisotearemos a imagem do Deus dos brancos, ávido de nossas lágrimas. Ouvi, todos, o anseio de liberdade que vibra em nossos corações.

Ao me recordar das palavras de Boukman, lamentei que não houvesse sequer uma plaquinha, na árvore ou perto dela, que assinalasse o local onde havia começado a Revolução Haitiana. No entanto, as pessoas conheciam a força daquele lugar; muitos evangélicos haviam tentado, até recentemente, fazer com que a árvore fosse derrubada, por considerá-la um símbolo do culto ao demônio. Tinham até erguido uma igreja perto dali, como protesto e para afugentar o mal, além de tentarem envenenar a árvore!

Rachel Beauvoir encontrou-se comigo no centro de Bois Caïman. Intelectual entusiasmada e simpática, com um belo sorriso, ela me lembrou seu pai. Formada em antropologia, tem se dedicado a pesquisar a Revolução Haitiana, as sociedades secretas do Haiti (num livro escrito em *créole* e publicado no Canadá) e a história da hoje destruída catedral de Porto Príncipe. Ouvi, fascinado, seu relato sobre o método que usa para pesquisar a origem da revolução. Havia poucos registros sobre o que aconteceu em Bois Caïman. Contudo, os haitianos têm uma rica tradição oral, e os moradores da região transmitiram de geração a geração a história da revolução. Rachel reuniu essas narrativas, esmiuçou-as, comparou-as e concatenou toda a história. Ela sabe o que aconteceu nessas matas, há duzentos anos, à meia-noite de 14 de agosto de 1791, quando nasceu a revolução.

"O dia 14 de agosto é dedicado à Mãe da Terra, e por isso foi escolhido", começou ela, com um gesto em direção à floresta. "Eles se reuniram numa cerimônia vodu. E todos, juntos, declararam: 'Acabou. A escravidão acabou'. Sacrificaram um animal, um porco preto, e durante o sacrifício todos tocaram no porco. Aquilo representou a dedicação sagrada. A partir daí, tudo o que importava era a liberdade."

A cerimônia culminou com um chamado à revolução — e dentro de duas semanas os escravos já controlavam toda a Província Setentrional do Haiti, destruindo milhares de plantações e matando centenas de senhores de escravos. Forças francesas logo capturaram e executaram o sacerdote Boukman, mas não houve como deter o levante por ele inspirado.

Pedi a Rachel que me falasse mais sobre o papel do vodu na revolução.

"O vodu foi o elemento aglutinador", ela respondeu, veemente.

Havia todos aqueles escravos, provenientes de tantas áreas diferentes do continente africano. O Haiti era, por assim dizer, um microcosmo da África. E o cimento foi o vodu, que dava sentido a tudo e a todos. E havia também o *créole*, que se tornou a língua nacional. Ou seja, eles tinham uma língua e uma religião. Isso deu aos escra-

34. *Henri Christophe, um dos líderes da Revolução Haitiana, que em 1804 libertou o país do domínio da França, tornou-se presidente do Haiti em 1807 e em março de 1811 foi proclamado rei do Haiti, como Henri I.* (Illustrated London News Ltd./ Mary Evans Picture Library.)

vos a unidade que era necessária para criarem a mais poderosa revolução de escravos no Novo Mundo.

Rachel não estava exagerando. A Revolução Haitiana foi um evento notável, segundo qualquer critério. No século XVIII, a França estava entre as nações mais poderosas do mundo. A ideia de que um bando de escravos, numa pequena ilha do Caribe, fosse capaz de superar as forças francesas e pôr fim à escravidão, em seus próprios termos, era inimaginável. Entretanto, os revolucionários sabiam das coisas. Seus líderes extraíram motivação — e lições importantes — tanto da Revolução americana quanto da francesa, e, naturalmente, do discurso de Boukman, em congo, na celebração de Bois Caïman:

> *Eh!, Eh!, Bomba, hen, hen*
> *Canga ba fi ote*
> *Canga moun de le*
> *Canga doki la*
> *Canga le*

Eis a tradução, feita por John Thornton:

> Ei, ei, Mbomba [a divindade do arco-íris], ei, ei
> Amarre/contenha/salve os pretos
> Amarre/contenha/salve o homem branco
> Amarre/contenha/salve [no sentido religioso] aquele bruxo/feiticeiro
> Amarre/contenha/salve-o

O desenrolar da guerra teve muitas complicações. Ela foi conduzida por homens que nem sempre tinham os mesmos aliados e as mesmas ambições. Os mais notável desses líderes foi Toussaint L'Ouverture. Nascido escravo numa plantation haitiana, ele ganhou a liberdade aos 33 anos, e embora inteiramente destituído de experiência militar, mostrou-se um gênio no campo de batalha, chefiando guerrilheiros contra um sem-fim de exércitos europeus. Toussaint desempenhou um papel central na sublevação de 1791, e em 1793 lutava ao lado dos espanhóis, que haviam entrado no conflito, vendo nele uma oportunidade de enfraquecer os franceses. Toussaint foi logo promovido a general do exército do rei da Espanha e contribuiu para apressar a abolição da escravatura no Haiti. Um ano depois, porém, após a ratificação da abolição pelos franceses e sua aplicação a todo o Império francês, Toussaint mudou de lado na guerra europeia que devastava seu país, e em julho de 1795 a Convenção Nacional o nomeou general da brigada francesa. Naquele mesmo ano, a Espanha cedeu à França, pelo Tratado de Basle, a propriedade da parte espanhola de Hispaniola. Em 1797, ele foi novamente promovido, atuando como comandante supremo contra os exércitos espanhóis e firmando-se politicamente como o líder dos ex-escravos no Norte.

Na chamada "Guerra das Facas", travada entre 1797 e 1799, Toussaint derrotou seu rival, André Rigaud, líder dos mulatos livres no sul de Saint-Domingue. Em maio de 1801, a Assembleia Central de Saint-Domingue ratificou uma constituição para a colônia, que se tornou um regime político autônomo do Império francês (em outras palavras, continuou a ser uma colônia francesa). Toussaint foi nomeado governador vitalício. A constituição confirmou a abolição da escravatura, embora os libertos continuassem a trabalhar nas plantations como assalariados. Toussaint avançou contra São Domingos para unificar as duas partes da ilha e com isso fazer cumprir os termos do Tratado de Basle. Agia, naquela época, em nome da autoridade que o Estado francês lhe concedera.

Por isso, após o levante de 1791, da abolição da escravatura em 1793, da ratificação dessa decisão pelos franceses em 1794, de sua aplicação a todo o Império francês e da transformação do Haiti num país semi-independente, os escravos negros estavam livres — em grande parte devido às qualificações singulares de Toussaint como estrategista militar. O que desencadeou a guerra de independência do Haiti foi o fato de Napoleão ter invalidado, em 1802, a emancipação da colônia.

35. Toussaint L'Ouverture, *François Seraphim Delpech*, *1838. L'Ouverture (1743-1803) foi um revolucionário e estadista haitiano.* (Mansell/ Time Life Pictures/ Getty.)

Entretanto, antes de examinarmos essa nobre iniciativa, convém considerar as complexas atitudes do próprio Toussaint em relação à escravidão e à mão de obra. Como observa Carolyn E. Fick, ele não era, para dizer o mínimo, um reformador radical:

> Toussaint manteve as grandes propriedades, convidou os proprietários brancos a voltar e reassumi-las, arrendou fazendas confiscadas aos militares de patente superior e pôs os trabalhadores sob supervisão militar direta. Seria necessário usar de coerção aberta

para manter os trabalhadores na agricultura de plantation e evitar que fugissem das grandes propriedades, a maior parte delas entregue agora a oficiais de alta patente do Exército ou administrada pelos ex-senhores brancos.

Com efeito, Toussaint declarou certa vez:

> Nunca acreditei que liberdade fosse licença ou que homens que se tornaram livres devam se entregar à desordem e à ociosidade: minha intenção formal é que os trabalhadores permaneçam ligados a suas respectivas fazendas; que recebam um quarto das rendas; que não sejam maltratados impunemente. Ao mesmo tempo, porém, desejo que trabalhem mais ainda do que jamais trabalharam antes, que sejam obedientes e que cumpram seus deveres corretamente. Estou decidido a punir com severidade quem não proceder assim.

Em certo sentido, pode-se dizer que Toussaint via a escravidão como o inimigo, e não a França ou a economia de plantation: suas guerras decerto libertaram os escravos, mas ele também procurou firmar o lugar dos oficiais militares negros na elite do país, ao lado dos fazendeiros brancos. Principalmente, porém, procurou manter os ex-cativos nas grandes plantations.

Em outras palavras, Toussaint estava resolvido a pôr termo ao status legal da escravidão, mas imediatamente a substituiu pelo trabalho forçado, o que incluía a servidão nas antigas propriedades, devolvidas aos ex-proprietários. Compreender que Toussaint odiava a escravidão mas aceitava o trabalho forçado e o modo tradicional de fabricar açúcar é mais ou menos como se dar conta de que George Washington era proprietário de escravos. Não era fácil para Toussaint abrir mão da renda nacional advinda da exportação de produtos agrícolas, alegando que o fato de reinstituir a essência da escravidão, mas sem lhe dar esse

36. Haiti: um drama do Napoleão negro, *de William Du Bois, com o elenco da montagem em Nova York, 1938*. (Biblioteca do Congresso Americano.)

nome, visava comprar armas, o que provavelmente era verdade e fazia muito sentido. Contudo, esses fatos o tornam menos mítico. Como declarou John Thornton, os verdadeiros rebeldes contra ele eram congos, como Macaya, que perceberam sua complexidade desde o início. Consequentemente, não admira que ainda hoje os haitianos vejam os congos como africanos feios e primitivos, e a palavra seja usada como insulto, porque os escravos congos não cediam da maneira como os mulatos (que criaram a ideia de que os congos eram primitivos e colaboracionistas) e a elite dos escravos (Toussaint, afinal de contas, era um escravo de elite, e não um trabalhador do eito) se dispunham a ceder.

Por infelicidade, a emancipação no Haiti durou apenas uma década antes que Napoleão Bonaparte tentasse reinstaurar a escravidão, em 1802. Toussaint e seus compatriotas ficaram furiosos. Mas depois de uma violenta luta com a França, que durou alguns meses, ele recuou e aceitou se encontrar com líderes franceses, a fim de chegar a um acordo. A reunião, porém, revelou-se uma emboscada. Ele foi preso em sua casa e embarcado imediatamente para a Europa, onde morreu na prisão. Os negros haitianos enfureceram-se com aqueles fatos. Tomaram novamente as armas, recusando-se a voltar ao cativeiro e decididos a livrar-se dos franceses para sempre. E um novo líder surgiu, para assumir o lugar de Toussaint. Seu nome era Jean-Jacques Dessalines.

Segundo Rachel, Dessalines era uma figura impressionante. Como L'Ouverture, era ex-escravo e um exímio general. Combatia ferozmente, a tal ponto que foi apelidado de "o Tigre". E seu exército aplicou uma surra nos franceses num lugar chamado Vertières, nas proximidades de Cap Haïtien. Essa foi a batalha decisiva da guerra e, quando terminou, Dessalines fez um discurso emocionante e passional, em 1º de janeiro de 1804, declarando o Haiti uma nação negra independente.

37. *Coroação de Jean-Jacques Dessalines como imperador do Haiti.* (Biblioteca Pública de Nova York.)

Rachel trouxera consigo uma cópia daquele incrível discurso de Dessalines. E de pé sob a árvore no centro de Bois Caïman, onde tudo começara, lemos juntos: "Que eles tremam ao se aproximarem de nossa costa, se não pela memória das crueldades que aqui perpetraram, mas pela decisão inabalável que anunciamos de passar pelas armas qualquer francês cujo pé sacrílego profanar a terra da liberdade". Tais palavras me soaram um tanto estranhas, um pouco assustadoras. Mas, como explicou Rachel, eram compreensíveis. Os franceses tinham concordado em abolir a escravidão no Haiti, e depois voltaram atrás em sua palavra. Mentiram ao homem que viam como o maior responsável pela abolição da escravatura, capturaram-no e o atiraram numa masmorra na França, condenando-o a uma morte lenta e torturante. Eram muitas as razões para acreditar que os franceses poderiam, mais uma vez, tentar dominar a ilha. Por isso o tom desafiador de Dessalines.

Infelizmente, os temores de Dessalines levaram a melhor sobre ele. Numa tentativa grosseira de eliminar quaisquer ameaças restantes à sua nova república, Dessalines ordenou ataques a fazendeiros franceses, e seguiu-se um massacre. Nem todos os brancos na ilha foram vitimados, acentuou Rachel. Alguns colonizadores franceses, bem como os americanos, foram deixados em paz. Brancos franceses que tinham tomado o partido dos negros na guerra, desertores poloneses e alguns outros foram poupados. Entretanto, o massacre lançou ondas de choque em todo o mundo. Não mais que dois anos depois, Dessalines foi assassinado, a mando dos mesmos generais que haviam lutado a seu lado para expulsar os franceses do Haiti. Mesmo alguns de seus partidários achavam que ele fora longe demais.

O sucessor de Dessalines chamava-se Henri Christophe. Ex-escravo, fora o braço direito de Dessalines durante a luta pela independência. Em 1811, depois de ocupar a presidência, declarou-se rei do Haiti e, naturalmente, logo fez o que fazem todos os reis: ergueu um palácio em sua própria homenagem. No campo, nas cercanias de Cap Haïtien, Christophe levantou o inacreditável Sans Souci — "sem preocupação" em francês —, seguindo o modelo do palácio de verão que Frederico, o Grande, da Prússia edificara em Potsdam, perto de Berlim.

Em "As três faces do San Souci", um capítulo fascinante do livro *Silenciando o passado*, o autor, Michel-Rolph Trouillot, aventa a hipótese de que Christophe tenha mandado construir o palácio a pouca distância do local onde ele matara um coronel do exército revolucionário, um homem nascido no Congo e chamado Sans Souci, que lutou contra Christophe e Dessalines. Segundo essa interpretação, Christophe, agora rei, dera ao palácio o nome de seu inimigo a fim de absorver-lhe o espírito, emulando o mito de origem do povo fon, do Daomé. Trouillot observa que Christophe não só admirava e elogiava os daomeanos como grandes guerreiros, como muitos daomeanos serviram em sua tropa de elite. De qualquer modo, causa estupefação encontrar um edifício como o Sans Souci no norte do Haiti. Rachel descreveu-o tão vividamente que tive de ir lá conhecê-lo. Embora um terremoto devastador tenha destruído grande parte dele em 1843, ainda é uma construção grandiosa, imponente e magnífica, que parece saída de um conto de fadas — erguida, incongruentemente, no Haiti, durante o século XIX, para o primeiro rei do país.

Mas a vida para Henri Christophe não era feita de quimeras, pois ele carregava nos ombros uma gigantesca responsabilidade. Precisava conduzir o Haiti no processo de integração ao concerto de nações, mas o resto do mundo não estava interessado em dar as boas-vindas ao Haiti. Na realidade, a luta do Haiti para se fundar como Estado independente estava apenas começando. Praticamente todo o mundo ocidental aliou-se para sufocar a nova república no berço. Mesmo quando não se entendiam entre si, a França, a Inglaterra e os Estados Unidos uniam forças contra o Haiti. Recusavam-se a reconhecê-lo como uma nação legítima. A simples lembrança do Haiti era uma ameaça grande demais, disse Rachel. Esses países não podiam permitir que o exemplo do Haiti motivasse outros negros no Caribe, na América Latina e, principalmente, no sul dos Estados Unidos, a lutar para libertar-se da escravidão. Entretanto, é claro que o exemplo da revolução teve exatamente esse efeito. O fato de Christophe ter se coroado rei e

38. *O autor em Sans Souci, o palácio de Henri Christophe.* (Foto de Minna Sedmakov.)

começado a construir um palácio apontava para problemas na revolução, mas a verdade inconteste era que o Haiti derrubara seus senhores escravocratas.

Christophe sabia que era apenas uma questão de tempo para que seus inimigos despachassem exércitos para atacar o Haiti. Por isso lançou um segundo empreendimento ambicioso. Ao mesmo tempo que construía seu palácio fantasista, decidiu, mais pragmaticamente, construir uma enorme fortaleza, capaz de resistir a qualquer assédio. Ganharia o nome de Cidadela. Foi erguida num pico de 910 metros, e sua construção exigiu o trabalho de 20 mil homens. Ainda hoje, é a maior fortaleza do hemisfério Ocidental.

Naquela noite, voltei para Cap Haïtien extenuado, mas fascinado com o Haiti e sua história, tão extraordinária como já imaginara. Ao menos entre as pessoas que entrevistei, parecia haver pouca ou nenhuma rejeição das raízes negras em nome de um orgulho "mulato" híbrido. A despeito de uma longa história de relações complicadas entre a elite mulata e as massas negras, não vi quadros absurdos nem ouvi falar de listas de palavras usadas na conversa diária para categorizar e classificar dezenas de tonalidades de mestiçagem, como acontece em outros lugares por onde passara. E os haitianos de hoje não buscavam embranquecer seu passado. Cheguei ao hotel atônito com a longa história que conhecera naquele dia. E não tardou para que eu adormecesse com as imagens de uma fortaleza ciclópica, claramente visível pelos navios que navegavam para o Haiti. Projetada contra o céu, ela devia amedrontar os inimigos do Haiti, pensei, sonolento. Aquela era uma nação que sabia lutar para se proteger, e estava pronta para manter a luta em defesa de seus princípios.

De manhã, revisei minhas anotações sobre a Cidadela. Ela passara recentemente por uma certa renovação, por isso deveria haver um preservacionista haitiano naquele projeto. Havia, e era o arquiteto Patrick Delatour, formado na Universidade Howard, que ocupava o cargo de ministro do Turismo. Consegui localizá-lo, e combinamos de nos encontrar na Cidadela. Eu queria saber o máximo a respeito da fortaleza, tanto do ponto de vista da engenharia quanto do histórico. Delatour seria o guia perfeito.

Fui até a Cidadela de carro, e não sei descrever o que senti ao vê-la pela primeira vez. Saber que se vai visitar a maior fortaleza do hemisfério é uma coisa, mas vê-la com os próprios olhos é outra. E lembrar, ainda por cima, que foi construída por negros para defender uma nação negra causa ainda mais emoção.

Meu primeiro vislumbre foi no meio de árvores, ainda a grande distância. Parecia descomunal, mesmo de longe, e à medida que nos aproximávamos, ela só fazia crescer. No fim, agigantava-se sobre mim, projetando uma sombra imensa. Eu mal podia crer que aquele edifício monumental fora construído com ferramentas simples e trabalho humano. O fato de ainda estar de pé depõe a favor de sua engenharia. Mas eu pressentia algo maior quando contemplei a Cidadela. Ela correspondia às ambições do Haiti para si mesmo. Era descomedida como as esperanças da primeira nação negra do hemisfério Ocidental.

Encontrei-me com Delatour perto da entrada. Era um homem alto e robusto. A princípio seu comportamento me pareceu um tanto acadêmico, mas logo compreendi que era apenas uma expressão de sua seriedade. Ele trata a história do Haiti e de sua arquitetura com grande respeito. E apreciei sua sinceridade e diligência ao me mostrar aquela estrutura. Quando se deu conta de que eu percebia sua admiração pelo edifício, nossa conversa se tornou bastante cordial e descontraída.

Subimos até o alto da Cidadela. A vista era sublime — as montanhas do Haiti por toda a volta, o oceano à distância. Delatour comentou que estávamos bem perto do local onde Colombo desembarcara naquela parte da ilha. Naquela área, explicou, os haitianos levantaram suas defesas para impedir que outros europeus chegassem a suas praias.

"Olhe para o alto daquela montanha, lá", indicou, apontando a crista da serra. "Lá está outro forte e, mais adiante, um terceiro."

Era difícil imaginar a quantidade de planejamento estratégico necessário para prever a melhor forma de inibir uma invasão militar, possibilidade que assustou os primeiros líderes haitianos durante décadas.

"Eles seriam capazes de sustentar uma luta de guerrilhas contra qualquer força invasora", disse ele.

"Eu não fazia ideia de que esse baluarte fosse tão impressionante", respondi com toda honestidade.

Perguntei quem havia construído a Cidadela. Do ponto de vista arquitetônico, era uma obra de gênio. Seus construtores eram negros? Alguns deles, sim, disse Delatour. Engenheiros e arquitetos de origem haitiana e francesa haviam trabalhado juntos.

As diferenças de cor não eram importantes para aqueles que acreditavam num Haiti independente.

A Cidadela era mais do que impressionante. Entretanto, o dispêndio de tempo, de esforço e de dinheiro para erguer aquele colosso era realmente necessário? Perguntei a Delatour o que Christophe temia tanto.

"O retorno dos franceses", respondeu ele, francamente,

> e a volta à escravidão. Assim que a França firmou a paz com a Inglaterra, e logo que fez as pazes também com as outras potências europeias, Christophe refletiu que a França poderia se sentir tentada a atacar o Haiti. E a dor da escravidão era terrível para os haitianos. Sempre que se faz uma análise do Haiti ou do povo haitiano, essa ideia é onipresente. Muitos haitianos escreveram que prefeririam morrer a voltar à escravidão.

Uma vez erguida a Cidadela que os defenderia, os haitianos viram-se numa conjuntura crucial em sua história. E tomaram uma decisão que tem repercussões até hoje. Decidiram rejeitar qualquer vestígio da escravidão. Recusaram-se a trabalhar nas plantações e engenhos de açúcar, e até mesmo a conservar as propriedades para uso futuro. O que tentavam fazer era deixar para trás um passado penoso, explicou Delatour. Entretanto, destruíram com isso seu sistema econômico. Como frisa Adam Rothman, em 1789 o Haiti era o principal produtor de açúcar no mundo, exportando quase 50 milhões de libras de açúcar refinado e mais de 90 milhões de libras de açúcar cristal (cerca de 30% das exportações mundiais de açúcar). Em 1801, porém, as exportações do país tinham caído para menos de 20 mil libras de açúcar refinado e menos de 20 milhões de libras de açúcar cristal.

"O Haiti foi a colônia mais lucrativa da história da colonização", comentei. "Se tivessem mantido o sistema de plantation, o

Haiti teria ficado rico... Teria se tornado uma das economias mais ricas do mundo."

Delatour assentiu. Era um fato complicado, mas trágico. "Eles destruíram sistematicamente todos os meios de produção", disse, pesaroso.

Tudo o que estava associado à escravidão fora destruído. Por fim, destruíram todo o sistema de aldeias e o sistema viário, juntamente com os investimentos para a maquinaria de engenhos, e até o café. Em essência, a vida dos haitianos passou a se basear unicamente na ideia de sobrevivência pessoal, sobrevivência da família.

Fui ao Haiti para descobrir a alma do país, lembrei-me. E parecia que, às vezes, o próprio Haiti a perdera de vista. Começava a entender que os primeiros anos de verdadeira independência do país tinham sido prejudicados por erros medonhos. Naquele momento, porém, segui o conselho de Delatour e lembrei a mim mesmo a dor da escravidão. Somente circunstâncias inumanas poderiam ter levado os haitianos a abandonar as melhores chances de êxito do país, que eram manter seu nível de produção açucareira, logo dominada por Cuba. Em sua paixão pela liberdade, na pressa de deixar o passado escravista para trás, disse Delatour, eles inadvertidamente decretaram sua própria destruição econômica, sem desenvolver opções econômicas alternativas.

"Eles ajudaram a fazer o que competia a seus inimigos", disse Delatour. E tinha razão. Se ninguém jamais se animou a atacar a Cidadela, a Europa e os Estados Unidos acharam outros meios de manter o Haiti na base da cadeia alimentar global. Insistiram em não reconhecer sua soberania. Achincalharam o povo haitiano. E verberaram com empenho a própria ideia de negros se governarem. Ficou famosa a forma como Thomas Jefferson, então presidente dos Estados Unidos, se referiu a Toussaint L'Ouverture e

39. *Jean-Pierre Boyer, presidente do Haiti, 1822-43.*
(Biblioteca Pública de Nova York.)

seus partidários como "canibais da horrível república". Poderíamos dizer, percebi enquanto Delatour falava, que a postura anti-Haiti dos dominicanos foi, em parte, resultado dessa lamentável onda de aviltamento do Haiti, como reitera Silvio Torres-Saillant.

O comércio entre o Haiti e o resto do mundo se manteve, observou Delatour, até com os Estados Unidos. No entanto, as relações de troca eram inerentemente desiguais. As outras nações exploravam o Haiti, recusando-se a tratá-lo com justiça. Desesperados, os haitianos não tinham opções senão aceitar as transações irrisórias que conseguiam obter. A França, em especial, tratou sua ex-colônia com extrema dureza. Ameaçou um bloqueio dos portos haitianos se o país não pagasse reparações aos antigos proprietários das plantations. Sem aliados militares, a nação incipiente não tinha saída. Entre 1825 e 1947, pagou mais de 1 bilhão de dólares em troca do reconhecimento formal de sua independência e de garantias de que não seria invadida, ao menos de imediato. Por fim, os Estados Unidos reconheceram a independência do Haiti em 1862, durante a Guerra de Secessão, observou Delatour — mas só porque o presidente Lincoln queria mandar para lá alguns escravos libertados.

O país se esforçou para pagar suas dívidas, mas durante algum tempo conseguiu, admiravelmente, proporcionar o mais alto padrão de vida para negros em qualquer país do Novo Mundo. Não fossem as reparações exigidas pela França, o Haiti poderia ter se estabilizado e chegado à prosperidade. Em 1914, entretanto, nada menos que 67% do orçamento destinavam-se ao pagamento da dívida externa. Uma forma de escravidão, pensei, simplesmente substituíra outra. E logo a situação se agravou. Em 28 de julho de 1915, forças militares dos Estados Unidos chegaram a Porto Príncipe e ocuparam o país. (Um ano depois, ocuparam também a República Dominicana.) Os americanos alegavam que precisavam levar estabilidade a Hispaniola. Queriam garantir que o Haiti pagasse o restante de suas dívidas. Contudo, como vimos com relação à República Dominicana, os Estados Unidos também queriam utilizar a ilha para produzir açúcar — preenchendo a lacuna na oferta provocada pela guerra na Europa. A soberania do Haiti em nada lhes importava. Fiquei triste por saber daquilo, mas não posso dizer que estivesse surpreso. Os presidentes americanos costumavam dizer que o Caribe era seu "quintal". Sentiam-se no direito de fazer ali o que lhes convinha.

Durante a ocupação, que se estendeu por dezenove anos, explicou Delatour, os Estados Unidos confiscaram terras haitianas.

Exerceram poder de veto sobre decisões do governo. Chegaram a reescrever a constituição do país, tornando legal que brancos de outros países fossem proprietários de terras no Haiti. Milhares de haitianos tiveram de fugir para a República Dominicana em busca de trabalho, e muitos aceitaram salários de fome para trabalhar na lavoura. Alguns haitianos tentaram organizar uma insurreição, reprimida brutalmente pelas forças de ocupação americanas. De acordo com Delatour, os Estados Unidos mandaram para o Haiti suas tropas mais racistas — fuzileiros navais do Sul, que não viam os negros como seres humanos. Tudo isso reabriu muitas feridas coloniais do Haiti, que sofreu um retrocesso político, social e econômico de décadas.

Em tese, aquela nação estava independente desde 1804, mas as grandes potências nunca lhe deram a menor chance de se desenvolver, livre de sua interferência. De fato, o que fizeram foi castigar, sabotar e vilipendiar o Haiti. Além disso, sedentos de poder, líderes haitianos fizeram o possível para ajudar os estrangeiros, reprimindo seu próprio povo e sufocando o crescimento de instituições democráticas e da livre iniciativa.

Delatour estendeu a mão e, simpaticamente, deu-me tapinhas nas costas, com certo formalismo, mas muito calor humano. Nem todos os problemas do Haiti tinham sido causados pelo mundo exterior, disse. Durante a Revolução Haitiana, o país havia escolhido grandes líderes. Depois disso, porém, sofrera com alguns governantes brutais e extremamente corruptos. O pior deles, disse-me, fora François "Papa Doc" Duvalier.

Duvalier exerceu a presidência do Haiti de 1957 até sua morte, em 1971. Foi um verdadeiro déspota. Tinha sua própria milícia privada, os chamados Tonton Macoute, que aterrorizavam os haitianos comuns. Roubou milhões de dólares enviados a título de assistência internacional. E, curiosamente, declarou que, em sua opinião, os ditadores não mereciam a má fama que tinham. Delatour mostrou-me a transcrição de um discurso de Duvalier, no qual ele dizia: "Para que haja paz e estabilidade, é preciso que em cada país haja um homem forte. Não um ditador, mas um homem forte. O que uma pessoa chama de democracia em sua terra, em outro país pode chamar de ditadura".

Apesar da corrupção e da crueldade de Duvalier, os Estados Unidos respaldaram seu governo — tanto quanto apoiaram o general Trujillo na República Dominicana. Por quê? Porque ambos se opunham ao regime comunista da vizinha Cuba. Aparentemente, todo líder que se alinhasse com os Estados Unidos contra os comunistas contaria com o apoio dos Estados Unidos, não importa a brutalidade com que tratasse seu próprio povo.

Voltando para meu hotel em Cap Haïtien, fiz um telefonema. Tinham me dado um contato no Haiti, um jornalista chamado Bernard Diederich, que cobrira grande parte do governo Duvalier. Ele recomendou que nos encontrássemos em Fort Dimanche, fora de Porto Príncipe. Em sua opinião, o forte era importante para entender a figura de Duvalier, pois o presidente havia usado o complexo como prisão. As condições ali reinantes mostravam bem sua personalidade.

Ao chegarmos, vi que a fortaleza, meio em ruínas — tanto devido ao tempo e ao desleixo quanto por causa do recente terremoto —, era cercada pela pior favela de Porto Príncipe. Juntos, examinamos os muros e as pedras de Fort Dimanche. O calor extremo do dia acentuava ainda mais o fedor dos esgotos a céu aberto. Mas senti um calafrio correr pelo corpo. Diederich dirigiu-me um olhar — ele também o sentira. Aquele era um local cheio de más energias, palco de horrores inenarráveis.

"Aqui ficava um velho quartel do Exército", disse-me. "Era o pior lugar para se estar no reinado de Duvalier. Ele simplesmente punha as pessoas aqui, e elas morriam. A tuberculose era a primeira coisa que as abatia, e depois vinha a disenteria. Aos poucos, iam piorando, piorando, e morriam. Alguns teriam preferido a execução."

Um único prisioneiro conseguiu escapar, ele me informou. Os presos eram torturados, seviciados. Ser inimigo de Duvalier provocava pesadelos. Entretanto, aquele ditador perverso fazia mais que atormentar os inimigos e aterrorizar seu povo. Seus atos levaram os melhores e mais brilhantes talentos do Haiti a emigrar, e até hoje o país paga o preço por esse êxodo.

"Ele obrigou as melhores cabeças do país a ir embora", lamentou Diederich. "O que foi péssimo, porque perdemos os melhores professores, os melhores escritores. Ele os pôs para fora a pontapés."

Afastamo-nos lentamente de Fort Dimanche. Tal como Porto Príncipe, o forte está cercado de miséria. Ele se acha incrustado numa imensa favela. Soube que cerca de 10 mil pessoas vivem em sua sombra. Mas esses haitianos mantêm-se longe do forte. Sua história é demasiado amarga, e as lembranças, ainda recentes.

Diederich despediu-se então de mim, à beira da estrada. De um infortúnio para outro, pensei. Da escravidão cruel para o cruel encarceramento. De um cativeiro a outro, e sempre, para o Haiti, uma vida de miséria. Aquele país descrevera o círculo completo, mas seu círculo era feito de sofrimento. Ao entrar de novo em meu carro, essas ideias perturbavam meu espírito e me comoviam.

Terminei minha viagem por onde a começara — no centro de Porto Príncipe. Passei pelas cidades de barracas, pelas multidões de negros pobres. Percebi que embora tivesse viajado à América Latina em busca de sua africanidade, aquilo era uma visão que meus olhos já estavam cansados de ver. O Haiti que eu queria ver era o Haiti do futuro — a nação que se recuperou desse terremoto, de seu legado de escravidão, das décadas de governos corruptos.

O Haiti que eu vira era muitas coisas. Era pequeno, pobre. Fora escorraçado do mundo ocidental por ser livre e negro, e ainda hoje paga por essa exclusão. Mas o Haiti também é forte como o ferro. Seu povo é extremamente resiliente. E orgulha-se de ser negro, o que o distingue de muitos outros povos que visitei na América Latina.

Essa é a nação minúscula que desafiou o Império francês. Esses são os descendentes daqueles que fundaram a primeira nação negra nas Américas. Mas não devemos esconder o significado histórico de suas próprias formas internas de tensão e de preconceito de cor inter-racial — da elite mulata contra os haitianos mais escuros, que parece ter se reduzido na atual geração de haitianos. Essa é uma parte ruim de seu passado. Hoje, contudo, se há quem possa transformar em triunfo a história trágica do Haiti, é o povo haitiano. Esse povo já enfrentou dificuldades maiores em sua história. É resiliente e corajoso o bastante para reconstruir sua sociedade e produzir vidas mais prósperas. E talvez, agora, depois de tantos anos, o mundo acolha bem essa grande república negra como uma parceira plena e igual na comunidade de nações. Se não for agora... quando será?

6. Cuba
A próxima revolução cubana

Como americano, para mim fica difícil pensar em Cuba além da revolução de Fidel Castro em 1959, da sua adesão ao comunismo dois anos depois, imaginar além da baía dos Porcos, da confusão por causa de Elian González, e de uma ditadura de cinquenta anos a apenas 145 quilômetros de Miami. Mas esses fatos recentes obscurecem a história compartilhada entre os Estados Unidos e seu vizinho mais próximo no Caribe, uma história que remonta a séculos. E é no tocante às relações raciais que essa ligação fica mais forte.

Entre 1651 e 1866, Cuba recebeu da África 779 mil escravos — 329 mil além do total de escravos chegados aos Estados Unidos —, e a maior parte deles desembarcou depois de 1801 e da Revolução Haitiana, após o colapso da economia açucareira do Haiti. Cuba teve então de substituir o Haiti como o maior produtor mundial de açúcar. Eu pretendia pesquisar o que aconteceu a esses africanos e como foi a existência de seus descendentes. Segundo o censo de 2002, o mais recente, 65% dos cubanos são brancos; 25%, negros; e 10%, mulatos. Mas há quem estime que pelo menos 65% dos cubanos sejam "negros", tal como se entende nos Estados Unidos. Sabia que os afro-cubanos criaram a música, a cozinha e o modo de vida do país, mas porventura Cuba reconhece suas contribuições hoje em dia? Fidel Castro um dia declarou que sua revolução pôs fim ao racismo. Prometeu oportunidades para todos. Mas teria a revolução cumprido o prometido? Estava ansioso para descobrir.

Comecei com uma visita à professora María del Carmen Barcia, que dedicou sua carreira ao estudo da escravidão em Cuba. Ela concordou em se encontrar comigo nas ruínas de uma plantation chamada Angerona, na província de Artemisa. Ao sair de Havana, que correspondia à sua reputação de decadência elegante e degradação pós-revolucionária, a beleza natural das ilhas do Caribe mais uma vez me impressionou — o verdor e a exuberância das paisagens, a sedução do mar, a tentação das praias, o céu azul e a insolação aparentemente infinitos. Lugar de tumultos políticos e econômicos posteriores, a beleza natural de Cuba deve ter lembrado o paraíso a seus primeiros colonizadores. É fácil compreender por que tantas pessoas se dispuseram, há longa data, a arriscar a vida para viver aqui. Há nessa ilha um encanto e uma sensualidade irresistíveis, mesmo depois de meio século de regime comunista.

Encontrei Carmen Barcia a me esperar, protegendo os olhos contra o sol. Caminhamos juntos pela propriedade verdejante, repelindo os mosquitos e falando da história da fazenda Angerona. Embora Colombo tivesse chegado ao Caribe em 1492, a economia de Cuba só decolou depois que a Revolução Haitiana destruiu o próspero comércio açucareiro do Haiti. Percebendo a oportunidade econômica, os espanhóis e a elite *criolla* de Cuba importaram milhares de escravos a fim de pôr a produção de açúcar em marcha acelerada. Na década de 1820, Cuba já era o principal exportador de açúcar do mundo e a maior economia escravista do hemisfério Ocidental. Ademais, a escravidão não só ajudou

Cuba a produzir açúcar, como definiu o próprio país — Cuba aferrou-se à escravatura até 1886, 21 anos após a abolição da perniciosa instituição nos Estados Unidos e apenas dois anos antes da abolição no Brasil.

Carmen Barcia contou que Angerona tinha sido uma das mais importantes plantations de Cuba. Ali trabalhavam mais de quatrocentos escravos, que primeiro produziram café e, depois, açúcar. A mão de obra escrava era tão importante para a economia, explicou, que os senhores mantinham os escravos em acomodações mistas, com homens e mulheres vivendo juntos, a fim de incentivar a reprodução. No fim do século XIX, os afro-cubanos e mestiços superavam em número os brancos na ilha. Essa proporção talvez não fosse motivo de preocupação, observou ela, mas a revolta dos escravos no Haiti, em 1791, deixou os brancos nervosos. E quando os escravos do Haiti se livraram dos grilhões e anunciaram a independência do país, em 1804, a notícia logo chegou a Cuba, deixando os senhores brancos muito aflitos.

"Isso alimentou o medo que eles sentiam dos negros", disse-me Carmen Barcia, "o medo de que pudesse acontecer aqui uma revolução como a haitiana. Por isso, os senhores tomaram dois caminhos. Se, por um lado, fizeram concessões aos escravos, no que se referia a suas condições de vida, por outro, a repressão e os controles cresceram. O medo era real."

Ela me mostrou os restos de uma torre de vigia na fazenda e explicou que, após a Revolução Haitiana, muitos cubanos monitoravam seus escravos 24 horas por dia, como se administrassem uma prisão. Alguma preocupação se justificava, disse Carmen Barcia, pois de vez em quando ocorriam revoltas. Entretanto, as elites brancas de Cuba também contribuíram para atiçar esse medo. Usaram-no para persuadir os brancos a se agruparem e permanecerem leais à Coroa espanhola. Durante muito tempo, essa tática cínica deu certo. Em 1825, todas as colônias espanholas na América Latina tinham se tornado independentes, menos duas: Porto Rico e Cuba.

Perguntei a Carmen Barcia sobre o cotidiano em plantations como Angerona. Os escravos eram obrigados a trabalhar até morrer, como acontecia no Brasil?

"A situação não era tão extrema assim", respondeu, fazendo que não com a cabeça. "Alguns senhores, claro, eram muito cruéis. Mas os escravos eram caros. Por isso, de modo geral, seus donos procuravam mantê-los vivos e aptos para o trabalho."

Destino nada desejável, pensei, mas melhor que morrer de exaustão. "Então, o que aconteceu a todos aqueles escravos?", perguntei. "O que ocorreu aos descendentes? Se muito mais escravos vieram para cá do que para os Estados Unidos, por que não há mais negros aqui do que lá?"

"Os descendentes dos escravos de Cuba estão aqui!", ela anunciou, abrindo os braços o suficiente para abarcar toda a ilha. "A escravidão está sempre presente, tanto de forma positiva quanto negativa. Grandes atletas cubanos, pintores e músicos famosos... muitos dos quais são negros ou mestiços... têm os sobrenomes dos senhores de escravos a quem pertenciam seus bisavôs. Entretanto, muitos negros ainda vivem na pobreza.

"Quando se aboliu a escravidão, em 1886, o mercado de trabalho foi inundado por mais de 200 mil homens", prosseguiu ela. "Eram analfabetos e sem qualificação, e por isso eram destinados a executar as tarefas mais subalternas e mal remuneradas. Isso teve um efeito a longo prazo que é sentido até hoje. Nem todos os pobres são negros, mas um maior número de negros são pobres, e isso vem da escravidão."

Queria saber mais a respeito da transição de Cuba para o trabalho assalariado. Por isso agradeci a Carmen Barcia e comecei uma longa viagem, percorrendo quase mil quilômetros para o Sudeste, de Havana em direção à província de Oriente, berço de várias revoluções cubanas. Historicamente, devido à sua localização, Oriente sofre uma forte influência haitiana. Foi ali que, em 10 de outubro de 1868, um dono de engenho, Carlos Manuel de Céspedes, convocou todos os seus escravos para uma reunião misteriosa e anunciou que ele pretendia libertar Cuba da Espanha à força. Disse a seus escravos que eles eram o seu exército e libertou todos na hora. A notícia deve ter sido um choque, e de início muitos dos escravos não confiaram em Céspedes, mas combateram a seu lado, começando um conflito que cresceu sem parar, transformando-se por fim na Guerra dos Dez Anos.

Esse foi o primeiro esforço significativo para derrubar o domínio espanhol em Cuba, e um de seus principais objetivos era abolir a escravatura. A intenção não era tão nobre como pode parecer. A rebelião tinha como líderes, basicamente, latifundiários e comerciantes cubanos brancos, e suas motivações eram complexas. Para a conquista da independência, eles precisavam de soldados, e desejavam debilitar, de todas as formas, o poder econômico da Espanha. A promessa de abolição atendia às duas metas — esvaziar as plantations e abastecer de soldados seus exércitos. Por isso, a intenção não era puramente humanitária. No entanto, prometeram libertar os escravos, e puseram em marcha uma série de acontecimentos que alcançaram aquela meta. Embora a revolta não tenha tido êxito, lançou as sementes do que viria a ser a independência cubana, e teve, em última análise, um impacto tremendo sobre as relações entre as populações africanas e espanholas de Cuba.

Chegando à província de Oriente, fui à cidade de Santiago de Cuba, e a primeira coisa que vi foi um busto de Céspedes na praça central. Embora ele seja um personagem fascinante, eu não estava ali para investigar sua história. Estava interessado na vida de um de seus sucessores. Céspedes foi deposto da presidência da república em 1873, e em fevereiro de 1874 tropas espanholas o mataram, num refúgio de montanha, quatro anos antes do término da guerra que ele havia iniciado e da derrota de seus amigos e aliados. (O novo governo não permitiu que ele se exilasse.) Como vários outros que lutaram pela independência de Cuba, ele morreu antes de ver seu país livre do domínio da Espanha. No entanto, um grupo de persistentes rebeldes cubanos não desistiu. Após uma segunda tentativa de livrar-se do jugo colonial da Espanha, na "Guerrinha", de 1879 e 1880, eles retomaram a luta, começando outra guerra em 1895 — e surgiu um novo herói, Antonio Maceo. Muitos soldados que lutavam pela independência eram negros, como também alguns de seus líderes. Maceo era mestiço, filho de Marcos Maceo, um mulato livre, e de uma afro-cubana, e se tornou um tesouro nacional.

Fiquei imediatamente fascinado por Maceo, curioso por saber como um negro conseguira alcançar tanto poder. Ao circular pela cidade, acreditei ver certas pistas. Santiago fica na área mais negra de Cuba. Tive a sensação de que o lugar seria análogo à Bahia, no Brasil (ainda que para J. Lorand Matory a "Roma Negra" da religião afro-cubana esteja em Havana e Matanzas). Sentia a presença da África ali. Sentia o cheiro de pratos africanos e via os costumes da África na rua. Um insigne afro-cubano saíra daquelas ruas para a proeminência nacional, e é venerado ali por seu papel na conquista da independência.

Fiz uma visita ao monumento a Maceo, localizado na entrada para Santiago, na Praça da Revolução Antonio Maceo. É bem diferente do monumento a Céspedes. Para começar, é enorme — a estátua mais alta existente em Cuba. A escultura, meio abstrata, mostra Maceo a cavalo, fazendo um gesto para as tropas às suas costas. O animal está empinado nas patas traseiras, o que indica que Maceo morreu em batalha. É uma obra de arte comovente, embora na linha geral dos monumentos a heróis de guerra. Talvez eu o tenha admirado tanto porque Maceo era negro, e não há nos

40. *José Antonio Maceo, 1845-96.* (Biblioteca do Congresso Americano.)

Estados Unidos nada que remotamente se aproxime daquilo em termos de homenagem a um militar afro-americano.

Regressei a Havana para estar com Ada Ferrer, historiadora da Universidade de Nova York e autoridade sobre as guerras de independência de Cuba. Ela me falou muito mais de Maceo, discorrendo com entusiasmo sobre sua história. "Antonio Maceo aderiu à Guerra dos Dez Anos, em 1868, como simples soldado", disse. "Foi promovido dentro de semanas, talvez até dias, e alcançou o posto de general. Mas sempre houve certa inquietação quanto à sua ascensão ao poder militar, pelo fato de ser negro. Foi acusado de pretender criar um outro Haiti. Ele se defendeu com muita eloquência. Disse: 'Sim, sou um homem de cor, e não acho que valha menos do que qualquer outra pessoa."

Maceo foi promovido ao posto de general de divisão em 1878, com 32 anos, e teve tanto êxito em batalhas que passou a ser chamado de "Titã de Bronze". Disse à Ada que estava abismado com o fato de Cuba ter generais negros já na década de 1870. Nada parecido poderia ocorrer nos Estados Unidos daquela época. Isso se deu uns setenta anos antes de termos o primeiro general negro, o general de brigada Benjamin O. Davis, promovido a esse posto em outubro de 1940. Já Cuba tinha generais negros no século XIX.

"Mas não foi fácil", ela comentou, aquiescendo.

Nem todo mundo em Cuba se opunha ao racismo ou à escravidão. Maceo, porém, afirmou-se como parte da própria guerra, da luta maior pela independência. Ascendeu naquele contexto. E realmente se tornou um herói para todo o país. Não havia quem não o conhecesse. Em Havana, rapazes iam aos cafés ansiosos por encontrá-lo e apertar-lhe a mão.

"Como negro, acho isso quase inacreditável", gaguejei em resposta. Lembrei-me da enorme estátua de Maceo. Em seguida, a professora comentou sobre o museu que o governo montara na casa de Maceo para homenagear seus ancestrais africanos. Soube que ele se casou com uma mulata em Cuba e que teve um filho com uma jamaicana, um rapaz que estudaria no Ithaca College e na Universidade Cornell. Fiquei embasbacado, outra vez. Falávamos de um mestiço, pensei, que morreu apenas um ano depois de Frederick Douglass. Contudo, as realizações daquele negro eram tratadas com muito mais respeito do que as de Douglass nos Estados Unidos.

258

Ada Ferrer contou que a Espanha, como era de esperar, usou o fato de Maceo ser negro para instilar o medo entre os brancos cubanos. A Coroa dizia aos colonos que se Maceo expulsasse a Espanha de Cuba, os afro-cubanos subiriam ao poder e criariam uma sociedade majoritariamente negra, como tinham feito os haitianos. Muitos brancos se deixaram convencer, levados pelo fato de que cerca de 60% dos revolucionários eram negros. Mas o pai da revolução, o poeta e jornalista José Julián Martí y Pérez, defendeu Maceo. Segundo a professora, Martí afirmava sempre que Maceo queria libertar Cuba para todos os cubanos. Na verdade, chegaram a discutir estratégias numa reunião em Nova York, depois do fim da Guerrinha.

Maceo e Martí reiteravam que Cuba tinha o direito à sua própria cultura, aquela que haviam criado e deviam compartilhar, fossem eles negros, mulatos ou brancos. O inimigo era a Espanha, repetiam, e o racismo não era a resposta. Como líderes, estavam gerações à frente de seu tempo. E com eloquência desmentiram o ardil espanhol.

"Lembravam a todos que os escravos lutavam ao lado de brancos", disse Ferrer,

que morriam juntos, que suas almas subiam ao céu juntas. Diziam: "As únicas pessoas que falam em guerras raciais são os espanhóis, e fazem isso para nos dividir". E com isso criaram uma visão de nacionalidade que transcendia a raça. Transformaram o racismo em infração, não contra uma pessoa, mas contra a nação. Proclamar essa ideia não a tornava uma realidade, mas proclamá-la... e fazer dela uma coluna ética da nação... era significativo e poderoso.

Ali estava outra sociedade que anunciava poder existir além do racismo, pensei. Era difícil não se comover ao escutar novamente esse grito comum.

A história de Maceo e a de Martí tiveram um fim complicado. Em 1896, ambos morreram em ação. Durante quase dois anos, o resultado da revolução mostrou-se incerto. Então, em janeiro de 1898, o governo dos Estados Unidos decidiu intervir para proteger seus próprios interesses. Foi nessa época que o imperialismo expansionista surgiu na política externa americana, de maneira que algumas forças defendiam a anexação de Cuba, enquanto outras desejavam que uma Cuba independente eliminasse a influência europeia na região. Por volta das dez da manhã de 25 de janeiro de 1898, o encouraçado *USS Maine* atracou em Havana, alegando estar ali para garantir a segurança de cidadãos americanos residentes em Cuba. De modo geral os historiadores creem que Washington tinha também outros objetivos e que a belonave visava, ao menos em parte, intimidar os espanhóis e obrigá-los a negociar com os rebeldes. Qualquer que fosse a intenção, o incidente acabou em tragédia quando o navio explodiu misteriosamente e afundou no porto de Havana em 12 de fevereiro, matando 268 marinheiros. Jamais alguém soube o que destruiu o *Maine* (o caso é um mistério até hoje), mas os Estados Unidos culparam os espanhóis, e em abril as forças americanas fizeram uma aliança de conveniência com os rebeldes cubanos, o que na realidade os marginalizou, e lançaram a chamada Guerra Hispano-Americana (em Cuba, ela é denominada, mais corretamente, Cubano-Hispano-Americana). Após dez semanas, Cuba estava livre do domínio espanhol. A intervenção dos americanos interrompeu a vitória das forças cubanas sobre a Espanha, permitindo-lhes reivindicar o triunfo para si. Washington fez papel de estraga-prazeres. Os cubanos teriam derrotado a Espanha sozinhos.

Os cubanos exultaram a uma só voz: negros, brancos, ricos e pobres. Entretanto, uma surpresa aguardava os rebeldes, muitos dos quais lutavam por igualdade entre os cubanos. Quando os americanos irromperam em massa em Cuba para "estabilizar" o país, ficaram chocados ao ver negros e brancos lutando em unidades mistas. Nos Estados Unidos a era de Jim Crow estava em pleno vigor, e por isso os americanos, dispostos a só embarcar de volta quando a nova nação fosse "capaz de autogoverno", começaram a reordenar e ressegregar a sociedade cubana.

"A senhora está dizendo que a diferença na história das relações raciais em Cuba foi determinada pela ocupação americana?", perguntei, irritado. "Será que os quatro meses da Guerra Hispano-Americana realmente reverteram a possibilidade de uma democracia inter-racial, a primeira democracia inter-racial no mundo livre?"

"Em parte foi isso mesmo o que aconteceu", explicou Ada Ferrer.

A tensão decorrente da raça sempre esteve presente. Martí tinha sido morto, e Maceo também... isso enfraqueceu a frente antirracista. E, ao mesmo tempo, os Estados Unidos intervieram. Não foi isso o que pôs em movimento certas forças, mas lhes deu vantagens. Com a proximidade do fim da guerra, muitos oficiais negros já viam bloqueada sua ascensão. E quando os americanos intervieram, essa ascensão ficou ainda mais ameaçada. Alguns líderes negros protestaram, mas os brancos cubanos sempre respondiam: "Agora precisamos de unidade, para que os americanos saiam". O projeto de antirracismo tornou-se secundário em relação ao projeto de independência.

Aquele fora um projeto, parecia-me, que nunca foi levado a termo.

"Então a presença americana só fez exacerbar uma situação já existente?", perguntei. "A situação poderia seguir um caminho, mas a história não permitiu que esse caminho se tornasse realidade?"

"Isso mesmo", disse ela.

Lutei com emoções muito fortes em relação ao que Ada Ferrer me dissera. Não alimento ideias românticas quanto ao racismo contra os negros, em qualquer sociedade. Sei que havia racismo na Cuba colonial, mesmo enquanto tropas mistas combatiam pela independência, mesmo quando a incrível dupla inter-racial de Maceo e Martí conquistou proeminência. Não é possível a uma cultura ver os negros como escravos num dia e, no dia seguinte, tratá-los como iguais. Mas me senti profundamente incomodado com a forma como a intervenção americana afetara a história das relações raciais em Cuba. O nascente movimento de igualdade dos negros fora suprimido antes que houvesse a chance de criar raízes numa nação que ganhara a independência, em grande medida, graças aos sacrifícios e à coragem daqueles negros.

Quis entender exatamente o que ocorrera durante a ocupação de Cuba pelos Estados Unidos. Por isso, marquei uma conversa, em Havana, com a professora de história Marial Iglesias Utset. Ela sugeriu uma visita, no porto, aos restos do *Maine*, o encouraçado americano que servira de catalisador na luta de Cuba pela independência. Disse que seu afundamento foi um incidente ímpar, que dividiu a história de Cuba em duas fases.

"O episódio pôs termo à história colonial de Cuba, aos quatrocentos anos de colonização espanhola", explicou ela, enquanto contemplávamos o que se podia ver do navio. "Os Estados Unidos intervieram na guerra entre Cuba e Espanha, e expulsaram os espanhóis do país."

"A senhora acredita que a história das relações raciais em Cuba teria sido outra se não fosse a intervenção dos americanos, se eles tivessem deixado o exército cubano inter-racial derrotar os espanhóis?", perguntei. Queria que ela discorresse mais sobre a questão, para ter certeza de que eu não estava impondo à história cubana ideias relativas às relações raciais nos Estados Unidos.

"Acho que sim", ela respondeu.

As políticas oficiais do governo dos Estados Unidos eram inacreditavelmente racistas. E os americanos tentaram, durante o período de ocupação, impor políticas segregacionistas. Também havia uma

41. *Os rebeldes do PIC como macacos (orangotangos)*, La Discusión, *19 de junho de 1912*. (Foto de Marial Iglesias Utset.)

elite cubana racista que cooperou com as forças armadas do governo de ocupação e apoiou suas políticas. Mas os americanos tomaram a iniciativa. Por ocasião da formalização da força policial, que tinha sido integrada pelos cubanos, as autoridades do governo americano obrigaram a população cubana a criar divisões separadas de negros e de brancos. Isso desencadeou uma onda de protestos. Muitos veteranos do exército de libertação alegaram que, durante as guerras de independência, os negros e os brancos lutavam ombro a ombro e que, portanto, essas instituições militares deviam ser inter-raciais. Mas os norte-americanos deram um jeito de impor suas ideias.

Alguns cubanos brancos, disse-me a professora, defenderam os direitos dos afro-cubanos, resistindo aos esforços dos Estados Unidos para negar o voto aos negros. Mas a vontade da elite branca, mais rica e mais influente, prevalecera. Essas elites viram com bons olhos a oportunidade de embranquecer Cuba e até, em retrospecto, embranquecer a guerra de independência. Viam Cuba como propriedade privada.

Marial Iglesias me levou para ver uma grande exposição de canhões e correntes do *USS Maine*, próxima ao porto. Contou-me que, quando o encouraçado explodiu, demorou algum tempo para afundar de todo. Na verdade, durante catorze anos os cubanos ainda podiam ver os pedaços da destruição. Para os afro--cubanos aquilo devia ser um símbolo muito perturbador.

"A história 'patriótica' deveria ser aquela onde os cubanos lutaram contra os espanhóis durante trinta anos e finalmente venceram", suspirou a professora. "Entretanto, com a intervenção por meio de um governo militar de ocupação, os Estados Unidos impediam o surgimento de uma república verdadeiramente independente!"

Eu ouvia calado, enquanto ela dizia que Cuba só trocara uma forma de colonialismo por outra. O país elegeu o primeiro presidente em 1902, mas os Estados Unidos exerceram forte influência sobre Cuba durante muitos anos.

Já encerrávamos nossa excursão quando Marial me perguntou se eu tinha um pouco mais de tempo. Explicou que, durante a pesquisa que realizara para seu doutorado, descobrira uma carta escrita por um homem chamado Vicente Goytisolo, civil negro e ex-escravo. A carta, remetida a um líder militar branco, era um documento extraordinário. Em Cuba, 90% dos escravos eram analfabetos, incapazes de escrever tal carta. E o mais incrível, disse ela, a carta proporcionava uma visão direta do coração de um negro cubano antes da independência. "É uma carta muitíssimo interessante", frisou Marial, "porque ele revela seus sentimentos nacionalistas. Chama Cuba de 'nosso país'."

Ao ver a carta, fiquei tão empolgado quanto Marial e lhe perguntei se ela sabia algo mais sobre o autor. Quis saber se o homem ainda tinha descendentes em Cuba. Ela acreditava que sim. Com um certo esforço, acabamos por localizar a família desse homem, numa das áreas mais pobres de Havana, e ela e eu fomos juntos mostrar a carta a eles.

Chegamos à casa modesta de uma afro-cubana chamada Penélope Gato Moré, que nos recebeu gentilmente e nos apresentou seus dois filhos. Um deles era um adorável menino de nove anos, que pareceu especialmente fascinado pelos feitos de seu trisavô. A professora leu em voz alta a carta do ancestral deles:

> Pego a pena para expressar a felicidade que sinto ao saber que todo o país ouve a minha alegria. Todos vós, com efeito, suportaram, desde 1878, muitas horas horrendas por amor a nossa pátria, sem ter o que comer ou beber, sem sono, em benefício de nosso país e pelo bem de todos. Supliquei a santa Bárbara, a santa padroeira dos guerreiros, que cuidasse de meus irmãos, alguns dos quais ainda vivem. E também que cuidasse do senhor, meu pai. Prometo não dormir numa cama até o dia em que eu souber que os cubanos triunfaram.

A família não tinha conhecimento da carta, mas sabia de tudo a respeito de seu ancestral e orgulhava-se de sua história. Penélope me mostrou uma fotografia, pintada à mão, que pendia sobre o console da lareira. Era velha e desbotada pelo tempo, mas inequívoca. Aquele era um ex-escravo cubano.

"Os meninos um dia me perguntaram: 'Mãe, quem é essa pessoa?', disse ela, abanando a cabeça e rindo. "Eu respondi: 'É o trisavô de vocês'. E eles perguntaram: 'Mas por que está vestido desse jeito?'. Eu disse: 'Porque ele era do tempo das guerras de independência! E era assim que eles se vestiam.'"

Quis saber mais sobre Vicente. Como ele era? A resposta de Penélope me surpreendeu. Vicente, disse ela, era um babalorixá de *santería*. Presidia um cabildo, uma congregação africana, e falava lucumi, dialeto da língua iorubá e língua litúrgica da *santería*, a

42. *Vicente Goytisolo*. (Foto de Marial Iglesias Utset.)

versão cubana do candomblé e do vodu, religiões aparentadas. Era filho do principal deus iorubá, Xangô, identificado com santa Bárbara no sincretismo, uma figura central na *santería*, no candomblé, no vodu, no lucumi e em outras religiões iorubás em toda a América Latina, inclusive Porto Rico e Venezuela.

Como já vimos, a *santería*, assim como o candomblé brasileiro e o vodu haitiano, era uma religião nascida do comércio de escravos. Os escravos cubanos mesclaram sua fé iorubá com o catolicismo, numa mistura que é específica da ilha, de sua população e de sua cultura. Mais uma vez, os orixás iorubás e os santos católicos colaboraram para ajudar os escravos a suportar a servidão com fé e dignidade. A *santería* é também conhecida por "Caminho dos Santos".

Os descendentes de Vicente falaram-me com orgulho sobre a vida dele como babalorixá, e disse à Marial que gostaria muito de assistir a uma cerimônia durante minha estada em Cuba. Ela me falou de uma velha fazenda chamada Taoro, onde se realizam regularmente rituais de *santería*. E, agradecendo a Deus, Olodumaré, santa Bárbara e a quem mais pudesse ser responsável pelos telefones celulares, comecei a tomar providências.

Rumando para Taoro, notei algo bem interessante. Em vários momentos via uma árvore que me lembrava o irôko, uma espécie comum na África Ocidental. Perguntei a meu motorista sobre ela, e ele disse que se chamava ceiba. De repente, tive uma visão de escravos africanos chegando a Cuba, sendo levados para o interior, sem fazer ideia de onde estavam — e então depararem com ceibas. Na época, os africanos estavam profundamente ligados à natureza, de modo que aquele lembrete visual de sua terra deve ter sido emocionante. Mas nem toda árvore era uma ceiba, refleti. E nem todo costume africano poderia ter sobrevivido a uma vida inteiramente nova como escravo. Pensei na *santería* e relaxei no banco do carro. Fazia sentido que aquele novo mundo houvesse criado uma nova religião.

Quando cheguei à fazenda Taoro, meus guias foram dois babalaôs, Nelson Rivera Vicente e Juan Bencomo Pedroso. O primeiro era branco; o segundo, negro. Disseram-se que muitos rituais da *santería* só são realizados em segredo e que eu não poderia assisti-los. No entanto, propuseram que eu assistisse a uma cerimônia inteira, a fim de conhecer o culto.

Posso dizer que sempre me interessei muito pela religião iorubá, e o que vi me fascinou. A cerimônia compreendia um sacrifício a um orixá que os cubanos chamam de Elegua, o mesmo que na religião iorubá é chamado Esu Elegbara, o mensageiro dos deuses, como Hermes na mitologia greco-romana. Como vimos, no Brasil ele se chama Exu. Fica claro, só por esses nomes, que podemos ver suas raízes nigerianas. Soaram os atabaques, uma mulher pôs-se a dançar e logo o ritual seguiu. Chamaram-me a atenção as semelhanças entre essa cerimônia e as do candomblé e do vodu. Cada ritual começa com um sacrifício a Esu. Era evidente que essas três religiões tinham antecedentes históricos comuns com as religiões dos iorubás nigerianos e dos fons de Benin. O parentesco das tradições era óbvio. Suas raízes comuns, fortes e indiscutíveis, estavam vivas diante de mim.

Mais tarde, esperei pacientemente que Bencomo e Nelson completassem seus deveres. Não estava disposto a deixá-los tão cedo. Perguntei àqueles homens, irmãos na fé, até que ponto a *santería* é importante hoje em dia para o povo cubano. Essa religião vive em seus corações, em suas almas?

"As pessoas têm uma enorme fé na *santería*", respondeu Bencomo, enquanto Nelson assentia, a seu lado. "E por meio desse caminho, elas encontram um modo de resolver seus problemas sociais, econômicos e familiares. Procuram um meio de serem mais livres." Antes, os adeptos da religião eram perseguidos, mas a Cuba moderna vê na *santería* uma criação singularmente nacional. Até os brancos estão abraçando a religião, em número cada vez maior. Ambos me disseram que, para cada afro-cubano iniciado hoje, há quatro brancos.

Bencomo me levou até sua humilde casa, onde ele fabrica atabaques sagrados. Cada um deles será consagrado, explicou-me, numa cerimônia em que um espírito chamado Ana entrará nos instrumentos e viverá em seu interior. Perguntei se podia testar um e ele me deixou manusear diversos deles, ainda não consagrados. Mas não me disse uma palavra sobre a cerimônia secreta onde Ana tomaria posse dos atabaques. Eu sabia que havia chegado a meu limite. Mas estava especialmente interessado em suas raízes iorubás.

"As raízes africanas em Cuba não aparecem apenas na religião", disse Bencomo como resposta. Parecia importante para ele que eu compreendesse isso.

Elas podem ser vistas não só em cerimônias religiosas como também em festas, danças, músicas, no modo de pensar. A África está presente na vida diária de Cuba. Esse desejo de fazer o que temos vontade era o mesmo que os escravos tinham em suas senzalas. Isso porque o homem negro é um homem livre. Nós mostramos o que sentimos.

Para mim foi especialmente gratificante saber que os afro--cubanos praticavam formas culturais que tinham uma memória ancestral explícita de sua própria soberania como seres humanos. Centenas de anos de escravidão e de opressão assustadora não tinham conseguido obliterar, em Cuba, sua ligação consciente com a África.

"Sabe de uma coisa?", perguntou Bencomo. "Sabe o que diz Ochún, o deus do amor na *santería*? Ele diz '*Iquiriada*'. Isso quer dizer '*Afie de novo o seu machete*'. E isso é uma coisa que todos os negros cubanos dizem, porque temos uma consciência nacional."

No dia seguinte, de volta a Havana, dirigi-me ao prédio dos arquivos nacionais de Cuba, cantarolando a melodia que eu ouvira Bencomo tocar. Queria me informar melhor sobre o que acontecera aos líderes negros do país durante a ocupação americana. Antes do desastre do *Maine*, eram líderes respeitados da revolução. O que lhes acontecera com a chegada dos americanos? Encontrei várias histórias fascinantes e perturbadoras. Depois da morte de Maceo, outro general, Quintín Bandera, tornou-se um dos mais populares líderes negros do país, insuflando entusiasmo nos afro-cubanos.

43. *Ritual de* santería. (Foto de George Hughes.)

Chegaram a escrever poemas em sua homenagem. Pesquisei sua correspondência nos arquivos e fiquei chocado com uma carta que achei, escrita após a tomada do poder pelos Estados Unidos. Era dirigida a uma benfeitora, a quem Bandera pedia dinheiro. Dizia-lhe que estava em busca de um emprego como zelador mas em vão, e que precisava demais da ajuda dela. Se algum dia ele recebeu resposta àquela carta, esta não foi preservada. Seja como for, não fazia diferença. Quatro anos depois, forças do governo mataram Bandera no interior do país, durante uma insurreição.

    Examinando os arquivos, vi a mesma situação se repetir inúmeras vezes. Os segregacionistas americanos e os cubanos brancos que os apoiavam formalizaram o racismo, convertendo-o em políticas nacionais, se não em leis, e afro-cubanos de valor, como Quintín Bandera, morreram na miséria ou enjeitados por seu país. Profundamente entristecido, descobri algo ainda mais chocante. No dia 17 de setembro de 1889, uma comissão patriótica exumou o corpo de Antonio Maceo, o grande herói negro da guerra de independência, a fim de trasladar seus restos para um mausoléu levantado mediante subscrição popular, juntamente com os do filho de Máximo Gómez, que fora ordenança de Maceo e morto junto dele, sendo sepultado a seu lado. Naquele processo, cientistas decidiram investigar a diferença entre a ascendência negra de Maceo e sua ascendência branca, com o intento de confirmar — melhor dizendo, garantir — o que se dizia: que, de fato, Maceo era muito mais branco do que negro, o que supostamente explicaria suas nobres qualidades. (Como Gómez era branco, não era preciso investigar no caso dele.)

Vamos supor que Ulysses S. Grant tivesse morrido na Guerra de Secessão. E que mais tarde os cientistas decidissem fatiá-lo, como fariam com um sapo numa aula de biologia, a fim de determinar se seu esqueleto parecia mais inglês, digamos, ou irlandês. Isso seria escandaloso. E como os afro-cubanos reagiram? E o que os cientistas europeus queriam exatamente determinar? Lembrei-me das *pinturas de casta* mexicanas, criadas na época em que o racismo tentava se tornar uma ciência. Fiquei pensando se o mesmo não teria acontecido em Cuba.

Como Armando Rangel, da Universidade de Havana, estava disposto a me mostrar textos acadêmicos sobre a estrutura craniana de Maceo, acompanhei-o imediatamente a seu laboratório, cheio de crânios e outros ossos. Para ser sincero, aquilo me pareceu um pouco estranho, mas sua amabilidade e sua atitude profissional me puseram à vontade. Rangel explicou que um cientista francês, chamado Henri Dumont, que se radicara em Cuba, resolvera provar a superioridade da raça branca fazendo experimentos "científicos" com cadáveres. Dumont e sua equipe desmembraram, pesaram e mediram vários corpos, buscando determinar com exatidão as características que tornavam a raça branca superior. Com frequência, faziam isso relacionando as características dos negros às de macacos.

Infelizmente, já escutara isso antes. "Em sua opinião, por que tantos estudos tentam mostrar essa ligação?", perguntei.

"Essa corrente de pensamento se desenvolveu principalmente durante o século XIX", explicou Rangel. "Ela apareceu quando Darwin anunciou a teoria da evolução das espécies. E a relação entre negros e macacos foi proposta porque o negro era visto como inferior. Os brancos consideravam que os negros estavam mais perto dos orangotangos e outros antropoides."

"Em outras palavras, o senhor está dizendo que se os cientistas fossem capazes de demonstrar que os africanos estavam mais próximos dos macacos, mediante o exame de seus crânios, isso poderia ser usado para justificar a discriminação", eu disse.

"Isso", ele concordou.

Rangel exibiu-me um artigo sobre o exame do esqueleto de Maceo. O que mais o fascinava era que a carreira de Maceo tinha influenciado o estudo de seus ossos. Os pesquisadores escreveram que o crânio do general era "perfeito", mais europeu do que africano, e que ele fora incrivelmente forte, um Hércules. Não tentaram diminuir seu legado, mas valorizar a parte europeia de sua herança genética. Explicaram que sua estrutura óssea era a de um africano, mas que as mensurações de seu crânio deixavam claro que seu cérebro era o de um branco.

"Se Maceo era um homem superior, não podia ser negro", disse ele. "O homem superior deveria ter características europeias. Aquilo era um erro, um erro científico que se cometia na época. E o mais curioso é que à medida que as pesquisas prosseguiam, mais brancas se tornavam as imagens de Maceo. Seu rosto passou a ser desenhado com traços cada vez mais europeus."

Eu tinha visto toda sorte de embranquecimento durante minha viagem, mas aquilo era algo novo. Pouco depois, fiz contato com outro intelectual cubano, Tomás Fernández Robaina, especialista em políticas raciais na Cuba do começo do século XX. Encontramo-nos na Biblioteca Nacional de Havana. Ele me disse que, depois da independência, Cuba deu início a uma campanha de embranquecimento agressiva, na qual procedimentos opressivos se tornaram comuns. Em 1906, afirmou Fernández Robaina, uma nova lei de imigração autorizou uma verba de 1 milhão de dólares para promover a imigração de europeus. As mesmas políticas tinham sido adotadas no Brasil e no México. Ao longo dos vinte anos seguintes, chegaram a Cuba 600 mil europeus brancos — na maioria provenientes da Espanha — para acrescentar mais brancura corretiva ao banco genético do país.

Essa resolução de "embranquecer" Maceo, mesmo depois da morte, teve um curioso precedente nos tempos coloniais: se brancos ricos e poderosos geravam filhos que pareciam negros, não precisavam aceitar que fossem cubanos negros. Instrumentos como *gracias al sacar* (ou *regla del sacar*)* lhes permitiam comprar o reconhecimento legal da "pureza de sangue" (ou de certo grau de "brancura") daquelas crianças. Ou seja, a classe prevalecia sobre a raça.

"Cuba foi um país muito racista", disse Fernández Robaina com um suspiro. "Havia uma tradição de que negros não podiam entrar em certa áreas dos parques, por serem destinadas a brancos. Era exatamente como nos Estados Unidos, onde, naquela época, os negros eram marginalizados."

Depois de quase dez anos dessas políticas, os afro-cubanos por fim reagiram. E, em 1908, Evaristo Estenoz e seus companheiros (entre os quais um homem chamado Pedro Yvonnet) fundaram o Partido Independiente de Color (PIC), um dos primeiros partidos políticos negros no Novo Mundo. O PIC pressionou o le-

---

* Em vários territórios do Caribe, as *gracias al sacar* permitiam que um mestiço fosse considerado branco se provasse em juízo que no mínimo um ancestral por geração, nas últimas quatro, fora legalmente branco. (N. T.)

gislativo em prol dos direitos dos afro-cubanos, revivendo o sonho de uma Cuba não racista. A reação foi áspera. Tal como anteriormente, os brancos temeram que os negros tomassem o poder, e o governo atiçou esses receios ao alegar falsamente que o PIC se identificava como um partido negro, e não como um partido que acreditava numa Cuba multirracial. Proibiram que o partido sequer realizasse reuniões. Estenoz tentou negociar com o governo, chegando a dar apoio a um candidato presidencial que prometia legalizar o partido se fosse eleito. Pouco depois, porém, o mesmo político disse que o acordo tinha sido um suborno, e a perseguição ao PIC continuou.

Fernández Robaina foi comigo à seção de periódicos para me mostrar recortes da imprensa da época. Os detratores do Partido Independiente de Color eram cruéis. Em cartuns e caricaturas políticas, vi negros caracterizados como canibais, prontos a devorar o governo branco. Negros eram comparados a ratos, que tinham, pouco antes, causado um surto de peste bubônica na ilha, como Marial Iglesias descobrira. E todos os negros, é claro, assemelhavam-se a macacos. O clima se tornara tão hostil, disse-me Fernández Robaina, que os negros se escondiam em casa à noite, com medo de serem agredidos ou mesmo linchados. Folheando os cartuns, lembrei-me das charges racistas publicadas nos Estados Unidos na época. Curiosamente, era comum que os cartuns em jornais americanos representassem Cuba como uma criança negra.

Em 1912, Estenoz, Yvonnet e seus correligionários tentaram uma revolta e foram esmagados. Seguiu-se um massacre no qual as forças de segurança mataram 3 mil afro-cubanos, entre os quais os dois líderes. O laudo oficial declarou que foram baleados quando tentavam fugir à captura, porém a maioria dos historiadores acredita que tenham sido simplesmente executados. Perguntei a Fernández Robaina como esse morticínio fora justificado pelo governo. Afinal, muitos dos homens de Estenoz tinham combatido nas guer-

44. A liderança do Partido Independiente de Color em 1912, com seu fundador, Evaristo Estenoz no centro, de paletó branco e bigode. No Museu da Revolução, em Havana, há uma versão colorida dessa fotografia. (Foto de Gloria Rolando.)

ras de independência e ajudado a libertar Cuba da Espanha, e Yvonnet serviria como capitão, sob o comando do próprio Maceo.

"Talvez o massacre tenha sido executado a fim de atender aos americanos", especulou Fernández Robaina. "Havia uma ameaça vinda de Washington. Se o governo cubano não demonstrasse que tinha o controle e o poder na ilha, os Estados Unidos poderiam intervir outra vez e, dessa vez, permanecer em Cuba."

Derrotado o PIC, os esforços cubanos para embranquecer o país se intensificaram. De acordo com Fernández Robaina, os negros tinham direito ao voto e alguns políticos negros foram eleitos. Entretanto, as elites brancas faziam o possível para recriar a Europa no Caribe, com a ajuda do modelo Jim Crow dos Estados Unidos. Como parte da política oficial de identidade nacional, não se podia falar de raízes negras, muito menos de orgulho negro. As formas culturais negras eram desestimuladas por serem primitivas e vulgares. Grupos negros eram proibidos de cantar e dançar em festas públicas como o Carnaval. Os afro-cubanos só podiam praticar suas religiões em segredo. Cuba tentou, afincadamente, apagar ou exorcizar sua própria africanidade.

Não obstante, como em todas as demais nações latino-americanas, as tradições africanas reprimidas encontraram meios de se exprimir e se desenvolver. Não puderam ser silenciadas e, muito menos, erradicadas. Durante décadas, após a independência, as formas musicais africanas tradicionais foram rejeitadas como "música da selva", disse Fernández Robaina. Contudo, em vez de desaparecer, elas apenas se esconderam na clandestinidade — e depois reapareceram. Nos anos extremamente repressivos do começo do século XX (e bem na época do surgimento do jazz, em New Orleans), nasceu um novo gênero de música cubana, o "son".

O son surgiu no interior rural de Cuba, na extremidade oriental da ilha, em torno de Santiago de Cuba, na província de Oriente. Chegou às cidades cubanas por volta de 1908, quando a nação começou a organizar um novo Exército e uma nova Marinha. Ao se transferir das zonas rurais para as urbanas, a fim de servir a essas forças, os recrutas levaram também a nova música. Aos poucos, o novo gênero passou a ser ouvido em cafés e casas noturnas, nas esquinas e em tabernas de bairros. O son era sensual — e muito. E se tornou popularíssimo entre os afro-cubanos, na maioria analfabetos e sem voz política.

Consegui combinar um encontro com um conjunto musical, o Septeto Típico de Sones, um dos mais antigos grupos de son no mundo. Não tinham muito tempo, mas disseram que eu seria bem-vindo se quisesse assistir a um ensaio. Para mim, aquilo estava perfeito. Cheguei à casa de um dos membros do conjunto e sentei-me com eles no quintal. Logo percebi que o son combinava muitas culturas de Cuba. A percussão evocava a música dos bantos, e a melodia incorporava elementos de chamado e resposta,

45. *"A espada do caudilho"*. La Política Cómica, *28 de julho de 1912*. (Foto de Marial Iglesias Utset.)

mas a forma de tocar o violão vinha direto da música popular espanhola. Era uma combinação incrível, que passava uma energia fervilhante e voluptuosa. Fiquei maravilhado ao vê-los tocar.

Quando terminaram, me apresentei. Falei sobre meu projeto — pesquisar a situação dos negros na América Latina. E eles me falaram um pouco sobre a vida que levavam.

"Quando você nasceu?", perguntei a um deles.

"Em 1926", respondeu Francisco Antonio Bacallao Villaverde. "Em breve vou fazer 84 anos."

"A música do son era permitida há 84 anos?", eu quis saber.

"Não", ele disse, rindo. "Naquele tempo, diziam que o son era coisa de negros. A polícia chegava e prendia os músicos. Não se podia tocar o son. Para isso a gente tinha de se esconder. A polícia aparecia e levava todo mundo para a delegacia."

A rigor, o son não era ilegal, mas, como outros gêneros musicais de raízes claramente africanas, não se podia executá-lo num evento público organizado pelo Estado sem provocar encrenca.

"Quanto é que o son tem de africano e de espanhol?", perguntei em seguida. Eu confiava em meu ouvido, mas queria uma confirmação.

"Da Espanha, ficaram os elementos instrumentais, as cordas", respondeu Angel Marrero, um dos músicos mais jovens do conjunto. "Mas da África, há a percussão e o vocal de apoio. Além disso, o jeito como o vocalista canta é muito mais africano do que espanhol."

Mais adiante em nossa conversa, eles me disseram que o son acabou causando uma reviravolta na cultura cubana: pela primeira vez um elemento da cultura negra era apreciado. No fim da

46. *"Esporte da atualidade": jogo de futebol com a cabeça de Estenoz e de Yvonnet*. La Discusión, *8 de junho de 1912*. (Foto de Marial Iglesias Utset.)

década de 1920, até brancos ricos queriam fazer aquela música, e davam festas, às escondidas, nas quais o son era o gênero mais executado. Os próprios proibidores queriam provar do fruto proibido. Em 1925, o presidente Gerardo Machado chegou a dar uma permissão especial para que um conjunto de son tocasse em sua festa de aniversário. E deve ter gostado, porque pouco tempo depois o governo reconheceu formalmente o son como um elemento valioso da cultura popular cubana.

Estive em tantos lugares nessa viagem, pensei, e sempre a mesma história. As culturas africanas persistem através de uma religião clandestina e através das artes, emergem e passam a transformar tudo. A aceitação oficial do son fez mais do que proporcionar a meu novo septeto predileto a possibilidade de apresentações rentáveis. De acordo com os músicos do conjunto, a aceitação do son fez parte de um movimento muito mais amplo — um movimento em que a elite cubana (e seu governo) parou de rejeitar tudo o que fosse afro-cubano em favor apenas de coisas europeias. Ela aceitou, e até aplaudiu, uma expressão das raízes negras. E na década de 1940, embora Cuba ainda fosse, em muitos aspectos, uma sociedade racista — ainda que, como o Brasil, nunca segregada —, os cubanos começavam a apregoar sua identidade mestiça, muito ao contrário de seus irmãos americanos. Como fora possível uma nação alterar tão depressa sua ideologia oficial em relação ao negro?

Combinei um almoço com Eduardo Torres Cuevas, diretor da Biblioteca Nacional. Telefonei para lhe dizer que estava a caminho. Pelo telefone, falei sobre a minha viagem, e adiantei que ela me deixara muito confuso. Ele riu. O prato que estava preparando, disse, explicaria tudo.

A casa de Torres Cuevas estava tomada por maravilhosos aromas. Ele me saudou com efusão e, enxugando as mãos com um pano de prato, levou-me à cozinha. Estava preparando um ensopado chamado *ajiaco*. É uma mistura de carnes, frutas e legumes

47. *O autor com o Septeto Típico de Sones*. (Foto de George Hughes.)

que combina uma variedade de sabores. Provei uma colherada da panela borbulhante, "*Gracias, muchas gracias!*", exclamei, sentindo as especiarias dançarem em minha língua. "Excelente!" Senti o gosto de pedacinhos macios de carne de porco, e o molho era denso e apetitoso. Tudo delicioso.

"Este é um dos pratos que definem Cuba", ele disse, enquanto eu me servia de um pouco mais. "*Ajiaco* é uma palavra cubana que designa a fusão que determinou nossas características culturais: nossa língua, nossa sociedade, nossos costumes, nossas tradições."

Torres Cuevas afirmou que o prato era de especial interesse para o grande pioneiro da sociologia cubana, Don Fernando Ortiz. Ele usava o conceito de *ajiaco* para definir a *cubanidad*. O conceito era utilizado desde a década de 1920 para explicar a identidade cubana. Em 1943, Ortiz publicara um artigo, hoje bastante conhecido, sobre a cubanidade. Cuevas explicou que, ao criar o termo, Ortiz apenas dera nome aos ideais dos líderes da luta pela independência, Martí e Maceo. Ortiz criticava o processo de embranquecimento e lembrava a Cuba sua história e seu destino raciais singulares, e incentivava o país a, orgulhando-se de suas raízes culturais africanas, acreditar em suas potencialidades.

"O importante é que você foi criado aqui", continuou Torres Cuevas. "Você se identifica com as tradições e os costumes daqui, com o modo de vestir, as músicas que todos conhecem. Não importa que suas raízes étnicas sejam africanas ou espanholas. O importante era que você se integrasse à identidade cubana universal."

Mas as raízes negras não se perderiam no molho, por assim dizer? Perguntei a Torres Cuevas o que ele pensava daquilo.

"A identidade cubana é o resultado de múltiplos ingredientes que perdem parte de seu sabor original a fim de adquirir um novo sabor", ele admitiu.

Nos Estados Unidos, negro é qualquer pessoa que tenha uma gota de coloração negra. Na sociedade cubana, é muito difícil determinar isso, porque todos nós temos essa gota. Por isso, as diferenciações raciais são extremamente falsas. Quem examina o âmago da sociedade cubana vê que se trata de uma sociedade multicor por sua natureza, mas multicor dentro do próprio indivíduo. Todos esses elementos estão misturados em cada pessoa.

Sentamo-nos para comer o *ajiaco*, e eu pensei muito na *cubanidad*. Não pude deixar de recordar a raça cósmica de José Vasconcelos e a teoria da democracia racial de Gilberto Freyre, o que me lembrou a decisão do México de eliminar a referência a raça nos atestados de nascimento. A ideia de que o orgulho nacional pode sobrepujar a identidade racial se espalhara, de cima a baixo, na América Latina. Mas raramente teve êxito, ao menos de meu ponto de vista, porque, para dizer isso de forma clara, grande número de negros tinha permanecido, visível e inequivocamente, negros. Muitas vezes, essas políticas bem-intencionadas tinham levado a situações em que o negro era forçado a se tornar invisível, ou a movimentos de orgulho mestiço que soterravam as raízes negras. O que *cubanidad* realmente significava para os afro-cubanos?

Agradeci a Torres Cuevas por sua hospitalidade e voltei para o hotel sentindo-me agradavelmente farto. Uma jornada cheia me esperava no dia seguinte. De manhã, eu poria à prova meus conhecimentos de Cuba na era moderna. Mais conflitos, mais insurreições, mais pesquisa. Passei pé ante pé pela balança do banheiro e me atirei na cama, desmaiado.

Ao me levantar, sentia-me revigorado e pronto para meu encontro com a historiadora Graciela Chailloux. Reunimo-nos no histórico Hotel Nacional. E enquanto tomávamos um delicioso café, nos conhecemos e começamos a conversar sobre as relações raciais em Cuba após a introdução da *cubanidad*. Graciela me disse que, de fato, a ideia revitalizara um anseio de unidade em Cuba. Cada vez mais, muitos cubanos passaram a valorizar sua herança mista. Viam a identidade cubana como algo novo — como o *ajiaco*, uma mescla de muitos sabores que se combinam e formam um único sabor.

De repente, dei-me conta de que vira indícios daquilo em minha viagem. Toda vez que pedia a um cubano que se descrevesse, em geral respondiam: "Sou um cubano negro". Não diziam: "Sou negro e também cubano". Essa atitude diferia da que eu vira nos Estados Unidos, onde os negros costumam se identificar primeiro como negros e, depois, como americanos. A *cubanidad*, imaginei, era em parte responsável por aquele hábito.

Na época em que Cuba abraçava a identidade multicultural, sua economia se expandia. Na década de 1940, enquanto os Estados Unidos se recuperavam da Grande Depressão com uma economia de guerra, a indústria do turismo em Cuba começava a florescer. Os turistas chegavam ao país em grande número, e novos hotéis surgiam por todos os lados. Havana tornou-se um importante centro turístico. Não tardou para que o brilho do sol e dos refletores atraísse um novo tipo de visitante. Um dos reis da máfia americana, Meyer Lansky, mudou-se para uma suíte de luxo no Hotel Nacional. Seus comparsas montaram gigantescas operações de jogatina — cassinos, loterias e casas de apostas em cavalos — e a cidade veio a ser conhecida como a "Las Vegas latina". Enquanto a festa em Havana seguia animada, um novo líder ascendia ao poder em Cuba. Fulgencio Batista fora sargento no Exército Republicano, e em 1933 participou de uma revolução que, apoiada por estudantes e outros grupos progressistas, provocou a renúncia do presidente Gerardo Machado, ineficiente e cada vez mais tirânico. Os Estados Unidos não reconheceram o governo revolucionário que se instalou sob a presidência de Ramón Grau San Martín, que tomou medidas como revogar, de forma unilateral, a Emenda Platt, que definira, desde 1901, os termos das relações cubano--americanas. Entretanto, os Estados Unidos permaneceram em contato com Batista, e quando este derrubou Grau em 1934, imediatamente reconheceram o novo regime. Batista passou a controlar a política cubana desde então, e em 1940 foi eleito presidente.

"Batista ganhou destaque na sociedade cubana e manteve-se no poder durante 26 anos, em grande parte por ser o guardião dos interesses americanos em Cuba", contou Graciela, depondo delicadamente a xícara na mesa. "E ele era um homem com uma extraordinária sede de poder."

Eu sabia que Batista tinha ancestrais europeus, africanos, chineses e ameríndios, e que na sociedade cubana era considerado mulato, e perguntei à professora a respeito de suas políticas em relação aos negros. Ele era racista? Ou se orgulhava de ser negro?

"Não creio que Batista jamais tenha se visto como negro ou desejado identificar-se como tal", ela respondeu, abanando a cabeça. "Ele se via como um homem poderoso, segundo as normas cubanas. Violava a lei, pois conseguira penetrar no domínio da elite branca. Mas não mudou, em nenhum sentido, a estrutura da segregação que existia em Cuba."

Como vimos, no começo Batista participou da coalizão progressista que levou Grau San Martín ao poder em 1933. No entanto, foi a principal figura na deposição de Grau. Em 1934, Batista teve um papel vital na repressão de estudantes e de outros elementos políticos progressistas. Assim que grande parte da oposição foi neutralizada (processo que obrigou muitos de seus adversários a se exilar), ele se empenhou em políticas que procuravam expandir sua base de apoio, que até então se limitava ao Exército. Durante algum tempo, cumpriu fielmente um programa social, como um líder populista. Criou um banco nacional e reformou programas públicos de educação e saúde. Com apoio do Partido Comunista, chegou a realizar, em 1940, uma convenção constitucional, acrescentando à carta magna artigos que desestimulavam o racismo. A seguir, ajudou a nação a se preparar para eleições democráticas, e foi legitimamente eleito presidente. A economia cubana crescia a olhos vistos, e Cuba tornou-se um dos países mais prósperos de toda a América Latina.

No entanto, disse Graciela, muito do que Batista fazia destinava-se a preservar sua própria posição. Deixando a presidência em 1944, voltou ao poder em 1952, mediante um golpe militar. Lansky, chefe informal da máfia americana, logo se tornou amigo íntimo de Batista e seu sócio em atividades excusas. Durante os cinco anos seguintes, Batista protegeu o fluxo de caixa da máfia em seu país, e os mafiosos o protegiam de um número crescente de cubanos que queriam derrubá-lo. Batista chegou ao ponto de permitir que asseclas de Lansky se tornassem senadores — embora nem sequer fossem cubanos.

A economia continuava florescente. Em 1957, Cuba ostentava a segunda renda per capita da América Latina. A prosperidade do país era altamente assimétrica, porém. Os ricos estavam cada vez mais ricos, enriqueciam sem parar, mas os pobres viviam na miséria. Havia duas Cubas, explicou a dra. Graciela. Uma era rica, urbana e basicamente branca. Já a outra, urbana ou rural, vivia numa pobreza degradante e era quase totalmente negra. Em 1953, entre 15% e 20% da população cubana estava desempregada. A família cubana média ganhava seis dólares por semana. Apenas cerca de um terço de todos os domicílios tinham água corrente. E os negros tinham muito menos oportunidades do que os brancos.

Por fim, nem a segregação nem a discriminação tinham sido reduzidas pelas políticas de Batista. Embora não houvesse leis que impusessem a segregação racial, na prática os negros formavam uma parcela desproporcionalmente grande nas classes mais baixas e eram segregados informalmente em muitos locais públicos. E à medida que a injustiça e a desigualdade cresciam, Batista se mostrava mais implacável em seus esforços para reprimir os protestos. Seu governo se tornou cada vez mais brutal, e alguns historiadores calculam que suas forças mataram nada menos que 20 mil homens, negros e brancos, que lhe fizeram frente. Por outro lado, florescia uma imprensa vibrante e muito crítica, que publicava manifestos políticos e cartas sobre a necessidade de uma drástica mudança social — inclusive algumas escritas por um jovem Fidel Castro, nas montanhas. Em 1955, começaram a estourar revoltas. Levados pelo desespero, cubanos organizaram manifestações contra Batista e atacaram as forças do governo. A reação de Batista? Torturar e matar quantas pessoas fossem presas, abrindo caminho para uma nova guerra — uma nova revolução — liderada por Fidel, então um advogado de 29 anos, com talento para a luta de guerrilhas e a estratégia militar.

Disse à Graciela que muitos americanos têm uma opinião negativa sobre Fidel. Ele é visto em geral como um ditador, um homem que se alinhou com a União Soviética e depois agravou ainda mais a situação do país, que já não estava boa, levando-o ao embargo comercial e às restrições de viagem que tanto vêm alienando os Estados Unidos de Cuba. É claro que muitos de nós, como eu, também nos lembramos, de maneira intensa e pessoal, da crise dos mísseis em Cuba — como um dos momentos mais assustadores de nossa vida. Ela me ouviu com paciência e depois respondeu que os cubanos viam Fidel de forma diferente.

A revolução socialista de Cuba foi um dos fatos mais complexos de sua história. Batista sofria a oposição de vários grupos, todos com metas distintas para o país. Muitos desses grupos eram de um anticomunismo exaltado, e nem todos queriam ver os negros conquistando igualdade. Entretanto, a concepção vigorosa de Fidel, aliada a seu talento para angariar apoio popular, moldou a revolução. Ele lançou mão de todo o seu carisma e persuadiu a nação de que chegara a hora de uma mudança revolucionária. Mas de início não abraçou o comunismo, o que só aconteceria dois anos depois.

Quando Fidel tomou o poder, em 1959, disse-me Graciela Chailloux, dispôs-se a transformar Cuba num país onde os brancos, os negros, os mulatos, os ricos e os pobres fossem iguais. Fidel declarou a ilegalidade do racismo e eliminou muitas políticas informais que discriminavam os afro-cubanos. Dessegregou clubes sociais, parques públicos e praias. Criou um novo órgão público incumbido de eliminar a discriminação racial na contratação de recursos humanos. O governo confiscou propriedades e casas abandonadas e redistribuiu-as a famílias pobres, brancas e negras. Numa de suas iniciativas mais importantes, o governo começou a proporcionar educação e assistência médica a todos no país. Isso teve um ótimo efeito para o bem-estar do segmento mais pobre, constituído basicamente de negros. Fidel extinguiu o acesso elitista à educação, tornou a assistência médica gratuita para todos e pareceu estar encetando uma era prometida de *cubanidad*. Muitos cubanos, disse-me a professora, ficaram eufóricos.

48. *Cemitério da Santa Efigênia.* (Foto de George Hughes.)

"A vida de minha família mudou de maneira absoluta e radical", ela me contou. "Minha irmã e eu estávamos na escola primária, mas não esperávamos ir além disso no regime de Batista. A revolução abriu possibilidades para todos."

"A vida dos negros mudou para melhor depois da revolução?", perguntei.

"A mudança mais importante foi que eles passaram a ter um novo acesso à educação, a melhores padrões de vida, a melhores empregos e saúde melhor", respondeu ela. "Mas isso não aconteceu devido a um tratamento específico para os setores mais privados da sociedade. Esses benefícios foram resultado de uma política de igualdade."

Em 1961, Fidel pediu aos adolescentes cubanos que se integrassem a um novo programa de alfabetização. Incentivou-os a ir para o campo e ensinar a população rural, que compreendia negros e brancos e era, em geral, analfabeta, a ler e escrever. Cerca de 100 mil jovens participaram dessa iniciativa, e Graciela

Chailloux foi um deles. Tinha onze anos e ficou longe da família oito meses.

"Com onze anos, eu jamais teria saído de perto de meus pais. Todo verão, meu irmão e eu passávamos duas semanas na casa de minha tia, e eu chorava de saudade de casa." Imaginei que ela tivesse se sentido apavorada. Ela fez que não com a cabeça. "Havia um monte de outras crianças que, como eu, também tinham deixado sua casa", disse. "As crianças que sofreram foram as que tinham sido impedidas de ir pelos pais!"

Tenho filhos, e eu mesmo imaginava que também faria a mesma coisa. Indaguei à Graciela se sua família tentara impedi-la de ir. Ela respondeu que não. Seu pai era um homem de boa formação e se diplomara em direito em 1949. Todos percebiam que aquele era um momento especial na história cubana, disse ela, e muitas famílias incentivavam os filhos a fazer parte desse projeto histórico.

"Em 22 de dezembro de 1961, o governo declarou que Cuba era um país sem analfabetos", disse ela. "E todos os jovens que participaram do programa desfilaram na praça da Revolução.

Perguntei a ela se achava que esse fora o ponto alto da história de Cuba.

"Acho que sim", respondeu, com os olhos marejados.

Nem todos, é claro, ficaram felizes com a revolução, disse Graciela. Os brancos privilegiados indignaram-se. Ao dessegregar seus locais de diversão prediletos, diziam, Fidel estava se intrometendo na vida particular deles. Assim, após uma forte campanha inicial em favor da igualdade, Fidel recuou. No papel, os negros gozavam dos mesmos direitos e privilégios dos brancos, mas não tinham muita representação política. E, para evitar que as tensões crescessem, o governo proibiu os partidos de base racial. Afirmou que, como o racismo estava extinto em Cuba, os cubanos não precisavam formar esses grupos. Em 1962, Fidel declarou oficialmente que o racismo acabara em Cuba — e que o assunto estava encerrado. Ninguém estava autorizado a falar de discriminação, pois isso equivalia a criticar o governo — e criticar o governo era visto como sedição. Creio que, com isso, Fidel esperava agradar à elite branca — e ao mesmo tempo poder afirmar que fizera a coisa certa para os afro-cubanos.

Terminei meu café e me recostei. Graciela levara meu conhecimento da história de Cuba até a era de Fidel e me transmitira sua impressão pessoal da revolução como cidadã. Mas eu sabia que alguns veteranos da guerra ainda viviam e gostariam de falar sobre suas experiências. Agradeci-lhe sinceramente pela gentileza de me receber e voltei para o hotel. Queria informações sobre a revolução de Fidel dadas por alguém que participara dela.

Marquei uma entrevista com um integrante negro do exército de Fidel, o coronel Víctor Dreke. Ele morava perto, e concordou em encontrar-se comigo no Centro para o Estudo da África e do Oriente Médio (que serve como um museu nacional da cultura negra), e do qual é diretor. O coronel Dreke atuou como subcomandante na intervenção cubana (comandada pelo "Che" Guevara) no Congo, em 1965, em favor do grupo de Patrice Lumumba, assassinado em 1961, pouco depois de assumir o cargo de primeiro-ministro. Entre 1966 e 1968, dirigiu a intervenção militar de Cuba em Guiné-Bissau, ajudando as forças de Amílcar Cabral a lutar pela libertação do domínio português. A seguir, chefiou a missão de Cuba na República da Guiné. Dreke formou-se em política, pela Academia Militar Máximo Gómez, e em direito, pela Universidade de Santiago de Cuba. Voltando a Guiné-Bissau, ali viveu de 1986 a 1989.

Encontrei-me com o coronel Dreke no museu, e conversamos cercados por arte africana. Seu rosto tinha uma expressão forte, bastante marcada. Eu sabia, antes mesmo de começarmos a conversar, que aquele homem fora um soldado dedicado e um oficial no exército de Fidel desde o começo da revolução, em meados da década de 1950. Dreke me disse que aderira à milícia rebelde de Fidel quando tinha apenas quinze anos. Serviu sob as ordens de Guevara tanto na revolução quanto na guerrilha horrivelmente malograda no Congo. Hoje em dia, a imagem de Guevara tornou-se muito presente na cultura pop americana, sobretudo entre jovens que não sabem quem ele foi! Para homens como Dreke, porém, Guevara foi um líder sério e motivador. E ele lutou pela revolução com eficiência implacável.

"Aqueles foram tempos absolutamente inesquecíveis para nós", disse Dreke, devagar, tendo nos olhos imagens de combates e morte, mas também da improvável vitória final. "Para nós, que tivemos a oportunidade de estar lá, foram dias que nunca serão esquecidos."

Ouvi, enlevado, sua narrativa da experiência, Dreke lutou nas montanhas de Cuba durante sete anos. Quando sua unidade se aproximou de Havana, as forças do governo a superavam numericamente numa proporção de dez para um. Os combates se tornavam cada vez mais sangrentos. De um jeito ou de outro, porém, ele sobreviveu. "O triunfo da revolução ocorreu no meio da guerra", disse ele.

> Quer dizer, lutamos até o dia em que os últimos soldados do governo se renderam. Mais ou menos às seis da manhã, vimos uma bandeira branca. Alguém me disse: "Veja, Dreke, estão se rendendo, estão se rendendo!". Eu não conseguia acreditar. Tudo parecia ser surreal. Choramos de alegria... e também de tristeza, por causa de companheiros que tinham morrido poucos dias antes, que não iriam ver nossa vitória.

Exaustos, mas triunfantes, Guevara e suas forças entraram em Havana enquanto Batista fugia (diz-se que ele saiu do país em doze horas, levando mais de 400 milhões de dólares e acompanhado de 180 de seus comparsas). Os revolucionários tiveram uma recepção de heróis. "Não acreditávamos que viveríamos para ver a vitória da revolução", confessou Dreke.

Aquele foi um momento maravilhoso, para todos os combatentes e para o povo de Cuba, que saiu às ruas em massa: homens, mulheres e crianças, todos aplaudindo, comemorando a vitória da revolução. Até algumas pessoas que não tinham apoiado a revolução saíram às ruas para festejar seu triunfo. Negros e brancos, estavam todos lá.

Eu sabia que alguns cubanos não tinham apoiado a revolução, e estava curioso para saber mais a respeito. Perguntei a Dreke se negros cubanos haviam sido contra ela.

"Alguns negros se aliaram ao inimigo", ele confirmou. "Mas não entendiam a revolução. Eu disse a eles: 'Vocês não podem ser contra a revolução, porque ela lhes deu o que nunca tiveram antes: a chance de serem pessoas, como o resto da sociedade'. E eu disse a mesma coisa a brancos pobres que se opunham a ela."

Alguns afro-cubanos mostravam-se solidários com Batista pelo fato de ele ser mulato. Dreke, é desnecessário dizer, não pensava assim. "Mas ele nada fazia pelos negros", disse. "Antes do triunfo da revolução, os negros eram explorados pelas classes ricas. Viviam nas piores áreas. Não tinham oportunidades econômicas. Havia lugares em que nem podiam entrar. Batista não fez nada para acabar com essas coisas."

Já Fidel, disse Dreke, imediatamente promulgou leis que condenavam o racismo. Proibiu a discriminação da mulher. E aos olhos de Dreke, ele mudou para sempre as relações raciais em Cuba.

"Em Cuba, todo mundo tem o direito de estudar", disse ele, muito emocionado. "Todos têm o direito de trabalhar. Todos têm o direito de lutar para defender os ideais da revolução... os brancos e os negros. Não se pode dizer que haja discriminação."

Era fascinante ouvir cubanos defenderem a revolução com tamanho orgulho. Tanto Graciela Chailloux como Víctor Dreke defendiam com ardor as realizações de Fidel, até com certo romantismo. Acreditavam sinceramente que a revolução transformara a nação para melhor.

Comentei com Dreke minha própria experiência com sua revolução. Disse-lhe que tinha doze anos por ocasião da crise dos mísseis de Cuba, em outubro de 1962, e que nunca sentira tanto medo na vida. Todos nós achávamos que a destruição nuclear era iminente e que íamos morrer. Quando estava na escola, mal conseguia prestar atenção na aula. Se não estava na escola, estava de joelhos, rezando. Dei uma risadinha, contando essa história. Em retrospecto, consigo até achar graça, mas com toda certeza na época não havia nada de engraçado. Dreke chegou-se para a frente e deu-me uns tapinhas consoladores no ombro. Sorriu ante aquela minha imagem como uma criança assustada. E compreendi que, como soldado, ele já havia vencido o medo da morte.

"Eu era um líder militar durante a Crise de Outubro, como a chamamos", disse ele. "Estávamos sendo praticamente forçados a uma guerra, e tínhamos duas opções: ceder ou defender a dignidade de Cuba. Mas, por sorte, não houve guerra."

"O senhor, como eu, achou que ia morrer?", perguntei.

"Sim, eu achei que poderia morrer", ele respondeu, calmamente. "Pensei nisso muitas vezes. Eu lutei na revolução e fui ferido... Poderia ter morrido então. Também fui ferido na invasão da baía dos Porcos... Poderia ter morrido então. Mas não é verdade que eu seja corajoso. A gente apenas decide morrer pela causa."

A causa. Essas palavras ficaram gravadas em minha mente enquanto eu agradecia ao coronel Dreke e me despedia dele. (Antes disso, ele me pediu que agradecesse por ele a Colin Powell por resistir à tentativa da comunidade cubana de impedir sua visita aos Estados Unidos por ocasião do lançamento de seu livro, pois o acusavam de ser um assassino. Prometi que diria aquilo ao general Powell da próxima vez que o visse.) A causa era decerto admirável — igualdade social e econômica, fim da discriminação racial e de gênero, alfabetização universal e acesso aos serviços de saúde. Ao pôr fim à segregação, proscrever o racismo e proporcionar assistência médica e educação aos pobres, tanto negros quanto brancos, o governo de Fidel realmente se esforçou por transformar a nação. No entanto, eu não via uma Cuba transformada ao percorrer as ruas de Havana de carro. Via negros pobres amontoados em bairros decadentes e brancos bem vestidos em áreas ricas. É claro que sempre haverá ricos e pobres, pensava comigo. E com certeza havia em Cuba também brancos pobres. Queria acreditar que as melhores esperanças da revolução tivessem sido alcançadas, e o racismo, erradicado. Só que não via isso.

Estava na hora de voltar às ruas. Precisava conversar com cubanos comuns e descobrir o que pensavam sobre a raça e o racismo em sua sociedade. Não demorou para que estivesse conversando com nossos motoristas, Rafael e Yoxander, que faziam parte da equipe de filmagem. Tinham orgulho de ser cubanos e ficaram satisfeitos por conversar comigo sobre questões de raça. Comecei perguntando a Rafael, cuja pele tem a cor do café, de que cor ele é.

"Sou mestiço", disse ele. "Sou simplesmente um cubano. Uma mistura de todas as raças."

"Certo, eu sei disso", respondi. "Mas o que está escrito em sua carteira de identidade?"

"Branco", disse ele.

O homem não era branco. E ele não soube me explicar porque sua identidade dizia que é. Aquilo encaminhou nossa conversa para outra direção. Rafael podia querer ser apenas um cubano, e sua identidade podia classificá-lo oficialmente como branco. Mas e a Cuba não oficial? O que as pessoas pensam de si mesmas quando param de seguir as linhas politicamente corretas? Pedi aos dois homens que classificassem as pessoas que passavam por nós nas ruas. São cubanos, o.k., mas o que mais são? Logo descobri que a *cubanidad* ainda comporta categorias de negritude.

Aquela pessoa ali? "*Morena.*" E aquela lá? "*Mulata.*"

"E eu?", perguntei.

"*Negro*", respondeu Rafael. Por mim, tudo bem. Não tenho nada contra ser negro. Mas aí aproveitei a oportunidade para lhes perguntar por que não havia mais professores como eu nas universidades, e por que os bairros ricos não tinham mais residentes de cor.

"Acho que talvez seja porque os brancos gostam mais de estudar", disse Yoxander, surpreendendo-me com sua franqueza. "Eles não param de se esforçar, e estão sempre tentando melhorar de vida, dia após dia."

Como podem imaginar, nesse momento fui tomado de certas emoções fortes. Mas eu não estava conversando com Yoxander para julgá-lo.

"Por que os negros não têm os mesmos valores?", perguntei.

"Talvez seja por causa dos genes deles, da mentalidade deles, do modo como veem a vida, do jeito que são", ele respondeu. "Ou porque, devido ao contexto em que nasceram, estão felizes do jeito que são e não querem nada mais que isso."

Perguntei a ele se achava que havia discriminação racial em Cuba.

"Na verdade, não", disse, abanando a cabeça, "não em grande escala. Todos nós crescemos juntos... brancos, mestiços, negros. Todos estudamos até o mesmo nível."

"E existem negros com alto nível de educação e brancos com baixo nível de educação", aparteou Rafael. "O problema é que os negros às vezes têm complexos. Fazem discriminação contra eles próprios. Chamam uns aos outros de negros. Mas eles têm os mesmos direitos."

O.k., pensei. Os cubanos comuns dizem nas ruas que a discriminação não existe. Entretanto, eu queria outra perspectiva. Por isso encerrei minha conversa sobre raça com Rafael e Yoxander e resolvi subir ao último degrau da escala de renda. Como em gran-

49. *Fulgencio Batista y Zaldivar (1901-73), soldado e ditador que governou Cuba duas vezes, a primeira em 1933--44, período em que fez um governo forte e eficiente, e a segunda em 1952-9, como um ditador que apreciava táticas terroristas.* (Bettmann/ Corbis UK.)

de parte do mundo, em Cuba os negros bem-sucedidos com frequência são atletas, e não advogados ou médicos. Telefonei para Omar Linares, um famoso jogador de beisebol — e afro-cubano. Estava curioso para ouvir sua opinião. Ele me convidou para uma partida numa manhã de domingo. Durante algum tempo, falamos de esporte. A maioria dos cubanos adora beisebol, como eu. De-

COMPAÑEROS DE INFORTUNIO

La desratización y desivonización simultáneas.

50. *Yvonnet e um rato.* La Discusión, *11 de julho de 1912.* (Foto de Marial Iglesias Utset.)

pois passamos ao assunto que me interessava de momento. Queria saber por que os cubanos negros têm no esporte um caminho tão importante para o sucesso.

"Os negros aqui em Cuba gostam muito de esportes", disse Linares, gentil.

"Em sua opinião, por que há mais jogadores de beisebol, proporcionalmente, do que advogados ou médicos negros?", perguntei.

"Os negros costumam praticar mais esportes", ele insistiu, paciente. Ele estava escutando minhas perguntas, mas elas evidentemente não o mobilizavam. Disse-me que nunca havia sofrido discriminação em Cuba, e assegurou que cubanos comuns também não eram discriminados. A revolução tinha acabado com o racismo, disse.

"Por que você não foi para os Estados Unidos?", perguntei. "Você poderia ter tido uma carreira como a de Big Papi e ganhado muito dinheiro."

"Porque nasci aqui em Cuba", ele respondeu, "e a revolução me deu chance de estudar e de jogar. Eu devo meu sucesso a Cuba."

Francamente, depois de me despedir de Linares, eu me sentia desconcertado. Via segregação para onde quer que olhasse. No entanto, os cubanos não pareciam culpar o racismo. Via um fosso enorme entre os ricos e os pobres, e muitos destes eram mestiços. Mas os negros que eu entrevistara até então insistiam que o sucesso (ou o insucesso) de cada pessoa decorria de sua própria responsabilidade.

Falei a Tomás Fernández Robaina sobre minhas conversas com Rafael Muñoz Portela, Yoxander Oritz Matos e Omar Linares. Parecia que a *cubanidad* e que até os afro-cubanos acreditavam que não havia racismo.

"Eu me vejo como um cubano comum", disse-me ele. "Mas, falando como cubano negro, eu sei também, no fundo, que a primeira coisa que as pessoas veem é que sou negro, não que sou cubano. A polícia sempre me lembra isso, logo de saída."

"Então o senhor acredita que os afro-cubanos sofrem racismo?", perguntei.

"Todo cubano, esteja ou não consciente disso, já foi vítima de racismo", disse ele, sem titubear. "Preconceito e humilhação fazem algumas pessoas rejeitar o fato de que são negras. Aqui em Cuba há muitas maneiras diferentes de se referir ao tipo racial dos negros... na verdade, 44 categorias diferentes."

Quarenta e quatro categorias de negros e pardos! Considerando que ninguém queria falar do assunto, esse número era muito maior do que eu tinha esperado.

"O que acontece é que aqueles que têm pele mais clara, quase brancos, alisam o cabelo para passarem por brancos e ter sucesso", continuou ele. "Eles querem gozar das mesmas oportunidades que os brancos."

Essas palavras traziam à tona uma dolorosa sensação de verdade. Mas achei que ainda precisava investigar mais. Marquei um encontro, numa barbearia, com outro jornalista, Tato Quiñones, que morava em Cuba em 1989, quando se deu a dissolução da União Soviética. Os soviéticos eram os principais parceiros comerciais de Cuba na época, e quando seu império se desintegrou, 6 bilhões de dólares sumiram da economia cubana de uma hora para outra. A ilha descambou para o caos. Quiñones havia coberto todo o processo.

Eu sentia especial ansiedade por ter essa conversa porque nos encontraríamos numa barbearia. Preocupado em cumprir os horários nas últimas duas semanas, eu não tivera oportunidade de cortar o cabelo! Quiñones e eu nos cumprimentamos com alegria e nos instalamos confortavelmente em cadeiras de barbeiro ao velho estilo, esplêndidas, mas bastante surradas, como os carros de Havana, relíquias da década de 1950. A toalha quente em torno de meu pescoço dava uma sensação de pompa, embora a barbearia ficasse num bairro pobre da cidade. Perguntei então a Quiñones como a derrocada da União Soviética afetara Cuba — e o que significara para os afro-cubanos. Quiñones me disse que, mesmo quando a União Soviética estava forte, a paisagem econômica de Cuba era desigual para brancos e negros. E isso fora vinte anos depois da revolução.

"A maioria dos negros vivia ainda nos bairros mais pobres", disse ele.

E era notável a disparidade em termos de rendimento acadêmico. O percentual de negros nos cargos mais elevados, em organizações políticas e governamentais, não tinha relação alguma com o percentual da população de cor. O governo tomou algumas medidas para remediar aquilo. Entretanto, algumas, em minha opinião, eram ingênuas. Havia novas formações de classes sociais, mas nelas... como sempre fora o caso de Cuba... as classes mais altas eram constituídas sempre de famílias brancas, e na base da pirâmide estavam as famílias negras.

Com o colapso da União Soviética, Cuba perdeu mais de 80% de seu comércio exterior. O produto interno bruto do país caiu à metade. A indústria e a agricultura cubanas praticamente cessaram. A desnutrição e a fome disseminaram-se rapidamente, e a maior parte da população se viu numa situação de desespero. Muitos passaram a depender das remessas de cubanos exilados nos Estados Unidos, e cabe lembrar que a comunidade cubana no exterior é quase toda branca, embora venha se diversificando. A maioria dos negros cubanos não dispunha de nenhuma tábua de salvação, de modo que a situação deles era gravíssima. As relações raciais se deterioraram.

"Fui para os Estados Unidos no fim da década de 1990", disse Quiñones, "e sabe o que constatei? Que 97% dos cubanos que viviam lá consideravam-se brancos. Assim, as centenas ou, como dizem alguns, milhares de milhões de dólares remetidos para Cuba todos os anos acabam nas mãos daqueles que se dizem brancos." Muitos cubanos em Miami não admitem pensar em si mesmos como negros ou mulatos.

Se não havia mais racismo em Cuba, por que cubanos multiétnicos que faziam sucesso preferiam embranquecer a própria identidade? Aquilo não me parecia *cubanidad*.

"Trinta anos depois do triunfo da revolução, ainda havia germes racistas em Cuba", explicou Quiñones, "e quando a União Soviética acabou, eles se multiplicaram num ritmo fenomenal. Foi inacreditável. Foi como se o sistema imunológico de

Cuba houvesse entrado em pane, e essa doença tomou conta da sociedade."

Com efeito, inacreditável. Perguntei a Quiñones se ele havia sido vítima de racismo. Ele não hesitou.

"Claro que fui vítima de racismo", disse. "Existe discriminação racial em Cuba. Ela piora a cada dia... Torna-se mais visível e descarada."

A linha divisória racial é exacerbada, disse-me ele, pela política monetária de Cuba. A partir de 1994, depois da queda do Muro de Berlim, o país passou a usar um sistema monetário dual. Atualmente, os cubanos são pagos em pesos, mas os turistas usam pesos conversíveis cubanos, também conhecidos como CUCs, adotados há alguns anos. Qual é a diferença? Os CUCs valem cerca de 25 vezes mais do que os pesos. Pelo fato de usar dois sistemas monetários, explicou Quiñones, Cuba tornou inúteis muitas de suas reformas bem-intencionadas. Afinal de contas, para que um cubano vai queimar as pestanas na faculdade, formar-se em medicina e ganhar o equivalente a vinte dólares por mês quando, atendendo a turistas, um garçom ganha isso em um dia?

Essa ideia me encheu de tristeza. Lembrei-me de como brilhavam os olhos de Graciela Chailloux quando ela me falava da campanha de educação feita por Fidel. Lembrei-me de Omar Linares manifestando uma gratidão sincera pelo fato de seu país lhe ter proporcionado educação e a chance de ter sucesso. Entendi num átimo que aquele sistema monetário subvertia o senso comum que eles tinham expressado, e quis saber melhor como esse sistema afetava os afro-cubanos.

Quiñones me pôs em contato com o escritor e crítico Roberto Zurbano, que se encontrou comigo no restaurante de meu hotel, onde me apresentou à cerveja cubana. Embora sempre muito gentil, ele não mediu as palavras em relação ao sistema monetário dual de Cuba: fora um desastre para os negros pobres.

"Estive em muitos lugares como Cuba", eu disse, "e como negro americano, sempre me interesso pelos negros, sempre. Mas aqui vejo pouquíssimos negros em aviões, nos hotéis ou em restaurantes. Por quê?"

"Infelizmente, assim são as coisas", respondeu Zurbano.

Talvez eles estejam limpando os quartos, trabalhando na cozinha ou como artistas de rua. Com certeza vão ser pagos em pesos. São muito poucos os negros em setores econômicos fortes de Cuba. Por quê? Porque o preconceito nunca acabou. Nunca desapareceu. Estava apenas escondido debaixo da mesa. E o silêncio permitiu que todos os problemas crescessem, debaixo da mesa.

Entendi que com "silêncio" Zurbano se referia, em parte, ao governo, às elites e aos negros, que tinham medo de ser perseguidos. E refleti sobre sua análise enquanto provava a cerveja. Raramente o silêncio é uma boa resposta para a injustiça, e eu temia que os próprios afro-cubanos houvessem se calado. É claro que não aceito que os negros sejam preguiçosos, e que se são pobres é por culpa deles mesmos. Entendo que isso é uma justificativa racista dos efeitos de uma história de racismo. Em que isso é diferente de dizer que os negros são pobres por serem naturalmente inferiores aos brancos? Se uma pessoa acredita de verdade que os negros são iguais aos brancos e tão capazes quanto eles, não tem de perguntar o que os mantém na pobreza?

Resolvi conversar um pouco com alguns afro-cubanos que estão fazendo certo barulho com relação à situação atual das relações raciais em Cuba. Fui à casa de um rapper, Soandres del Rio Ferrer, cujo nome artístico é Soandry. Ele lidera uma das principais bandas de hip-hop em Cuba, os Hermanos de Causa. Estava ansioso por conhecê-lo, pois sabia que o governo cubano proibira duas músicas suas por falarem de racismo. (Na verdade, eu tinha planejado gravar um show dele, mas o governo disse que eu não poderia assisti-lo. Mesmo assim, conseguimos fazer com que uma equipe de filmagem entrasse e gravamos o show.)

A chegar, percebi que Soandres não tinha me convidado apenas para ir a sua casa, que também era seu estúdio de gravação clandestino. Depois de uma conversa longa e proveitosa, enquanto esperávamos o fim de uma chuvarada tropical, ele concordou em interpretar para mim um de seus raps proibidos:

Ei, ho
O cubano preto quer é ser igual ao branco
Acha que escuro é atraso e que claro é adianto
Acha graça demais de uma piada racista
E discrimina até o irmão, que nem um bom nazista,
Cubano preto não tem patrão, mas rasteja pelo chão
Perdeu o amor-próprio e o orgulho já se foi
O cubano preto é o lixo da ilha onde mora*

Soandres me contou que cresceu na época do colapso da União Soviética. Viu o que aquilo causou aos afro-cubanos, e começou uma guerra pessoal contra o silêncio que se seguiu. Escutando o que ele dizia, comecei a me animar. Soandres quer assistir a uma reforma social, ver a vida dos afro-cubanos melhorar, e já. Quer que toda Cuba veja um pouco de realidade e se junte a ele em sua luta. "O que nós fazemos é um rap clandestino", ele explicou. "O rap clandestino informa às pessoas o que realmente está

---

* Traduzido do original: "*No, el negro cubano quiere ser igual que el blanco/ Porque cree que el oscuro es atraso y lo claro adelanto/ Tanto así que siempre está riéndose de él mismo a carcajadas/ Cuando escucha algún chiste de racismo/ El negro cubano discrimina a su hermano/ Le levanta la mano/ Y aunque no tiene amo/ Se arrastra como gusano que no tiene nada suyo/ Pues tiene rota la autoestima y sumiso el orgullo/ El negro cubano es la escoria de su isla*".

302

acontecendo. Na televisão, dizem que tudo vai bem, que tudo está o.k., que tudo funciona como deve ser, que a economia vai muito bem e que o país está melhorando. Mas nas áreas pobres, nada disso é verdade.

"Fazemos tudo de forma independente", continuou.

Nossa estratégia consiste em fazer nossa música chegar ao povo, porque as instituições do governo não tocam o que fazemos. Montamos nossos próprios estúdios de gravação, gravamos nossos CDs, que distribuimos de graça nos shows. Decidimos não esperar que os selos cubanos importantes nos digam o que querem. Nós criamos nossas próprias possibilidades.

Perguntei sobre as duas músicas que tinham sido proibidas de ser cantadas em público porque falavam de racismo. "Bem, não estou proibido de cantar essas músicas", disse Soandres, olhando para mim de esguelha e sorrindo, "mas se eu fizer isso, estarei pondo em risco o sucesso da apresentação e os meus colegas. A polícia pode parar o show na hora. Eu posso conseguir fazer esse rap, mas talvez o próximo artista não possa subir ao palco, e isso seria ruim para o nosso movimento. Queremos que o hip-hop continue."

Soandres me disse que o governo quer censurar os artistas, mas também não quer ser criticado. Por isso, as punições nem sempre são diretas. Soandres e os outros músicos continuam a compor e a testar seus limites.

"Muitos de nós fomos silenciados por causa do que fazemos", ele disse. "Mas não paramos de fazer nossa música, porque essa é nossa realidade. Se você aceita a sua realidade, ao menos tem coragem de encarar o que está acontecendo. E aí pode começar a trabalhar para consertar isso."

"Então você acredita que existe um racismo claro contra os negros na sociedade cubana?", perguntei.

"É claro que existe", disse ele, enfático.

O sistema alimenta esse racismo, porque não fala de sua existência. O sistema finge que não existe racismo em Cuba. Durante toda a história de Cuba, o futuro foi posto em primeiro lugar, e a situação dos negros ficou relegada ao segundo plano. Mas precisamos analisar esse problema, encará-lo de frente e dizer que o racismo existe. As novelas cubanas mostram os negros quase como escravos. No cinema, o negro é sempre um ladrão, um criminoso. Isso é o que as pessoas veem. Precisamos dizer que o racismo é um problema, temos de lutar contra ele.

A disposição de Soandres era animadora. A ousadia de sua crítica das atuais relações raciais em Cuba era muito estimulante. Ouvindo suas palavras, me dei conta de que por mais que eu respeite o amor dos cubanos pela ideia da *cubanidad*, respeito mais ainda aqueles que veem como Cuba está ficando aquém das ambições dessa ideia e resolvem fazer alguma coisa a respeito, apesar da repressão do Estado.

Deixei Soandres e fui visitar Miguel Barnet, o mais renomado escritor cubano vivo, autor do best-seller internacional, *Biografia de un cimarrón* [Biografia de um escravo fugido]. Trabalha em Havana como diretor da Fundação Fernando Ortiz, uma função muito adequada, pois foi aluno de Ortiz. Acredita que só uma coisa pode realmente extirpar o racismo em Cuba: a educação.

"O conhecimento que as pessoas têm de seu legado africano vem das raízes, vem da família", disse-me ele em seu gabinete. "Mas quero que elas falem sobre esse legado nas universidades, nas escolas secundárias, nas escolas primárias."

Barnet disse que não deseja ver o orgulho negro soterrado no orgulho mulato. Embora Cuba seja uma nação mestiça, ele considera que suas raízes negras merecem atenção. "Temos de mostrar mais coisas da mitologia e da história africanas em nossas escolas", disse ele. "O legado que os negros deixaram para este país não é só cultural, filosófico ou artístico. Eles também contribuíram bastante para a economia deste país."

Conversamos, em minúcias, sobre as ciladas trágicas inerentes à *cubanidad*, à democracia racial e outros ideais latino-americanos que têm procurado soterrar a ideia de ser negro. Jamais seria saudável, para país algum, negar ou esconder qualquer uma de suas raízes culturais. E a revolução cubana — por mais bem-intencionada que possa ter sido — suprimiu elementos culturais que eram negros. Ninguém estudava a história afro-cubana. Os jovens não conheciam as origens da cultura afro-cubana. Ao insistir que não existiam linhas raciais em Cuba, a nação também insistia que tampouco havia uma tradição cultural negra separada. Entretanto, bastava pensar no desenvolvimento do son ou nas origens da *santería* para ver claramente que isso não era verdade.

Barnet e eu concordamos que Cuba tivera sucesso em proscrever o racismo institucional com base na cor da pele. Aquilo era um primeiro passo importante em qualquer esforço em favor da igualdade. Mas não basta para erradicar o racismo da mente, para extirpar o racismo comportamental.

Deixei o gabinete de Barnet com a esperança de que sua fundação fosse capaz de liderar essa ampla e profunda reforma educacional. Embora eu tivesse encontrado cubanos que não achavam que houvesse no país um problema racial, também falei com pessoas influentes que sabiam que o racismo ali é um problema grave, que não foi eliminado pela revolução. E essas vozes, veementes, se fazem ouvir com mais vigor.

Com o tempo, acredito, hão de persuadir todos os cubanos a encarar uma dura realidade: que o racismo está entranhado no próprio tecido de sua cultura, enraizado na longa história de escravidão, e que o grande passo avante nesse país multirracial terá de ser erradicá-lo de verdade e para sempre.

Ao deixar a sede da Fundação Ortiz, procurei sintetizar o que vira em Cuba. No auge do poder de Fidel, ficou famosa uma declaração sua: o comunismo havia posto fim ao racismo na ilha. Mais recentemente, porém, ele deu mostras de ter mudado de ideia. Num discurso feito em Nova York, em 2000, Fidel admitiu: "Descobrimos que a marginalização e a discriminação racial não são coisas de que possamos nos livrar com uma lei, ou mesmo com dez leis, e que não conseguimos eliminá-las em quarenta anos". Outros líderes cubanos também têm mencionado essa questão com certa frequência. No entanto, ao que tudo indica, só fizeram isso. Como observa o intelectual cubano Alejandro de la Fuente, não se criaram políticas para remediar o crescente fosso de renda entre brancos e negros em Cuba, como também não se tomou medida alguma no sentido de punir aqueles que declaram publicamente não querer negros trabalhando em suas empresas. Esses líderes agem, quase uniformemente, como se o racismo fosse um legado da velha ordem da escravidão e do capitalismo, um legado histórico que ainda não se extinguiu, em vez de admitir que o racismo em Cuba é um fenômeno vivo, crônico, um fenômeno com vida própria. Eu não vira muitos indícios que confirmassem as teses oficiais do governo em relação ao racismo. Em vez disso, encontrei um racismo informal e difuso, internalizado por alguns brancos e até por alguns negros. O racismo não é apenas algo que se herda de um passado remoto; é, antes, um conjunto de usos e costumes sociais, e de ideias, continuamente recriados e reproduzidos com enormes e devastadoras consequências sociais. O governo cubano dispõe dos meios institucionais para enfrentar o racismo, tanto o estrutural quanto o comportamental, mas, além de pelo menos reconhecer o problema, ainda não começou a confrontá-lo com honestidade e de forma significativa.

Na cultura de Cuba, a negritude ainda trava uma batalha por sua expressão, pela inclusão e por sua verdadeira identidade, por um lugar em pé de igualdade à mesa social e cultural. Na história cubana abundam exemplos de libertários heroicos e patriotas — homens e mulheres, negros e brancos, como também todas as tonalidades imagináveis de pardos —, pessoas que lutaram com nobreza, coragem e determinação por justiça social, geração após geração. Tal como nós nos Estados Unidos, esses ativistas ainda não venceram a batalha pelos direitos civis em Cuba, do mesmo modo como não venceram a batalha para pôr fim ao racismo e à discriminação econômica no Brasil, na República Dominicana, no Haiti, no México e no Peru. Mas eu não duvidava, ao me preparar para a viagem de volta, que em Cuba essa luta admirável só aumentará de intensidade. E também não tenho dúvida alguma de que, com o passar do tempo, prevalecerá o espírito que Soandres encarna, e ao qual sua música sempre dinâmica empresta voz. A luta emergirá, culturalmente, de músicos de hip-hop e de artistas plásticos, e mais adiante, quando esses jovens envelhecerem, se transferirá para o centro da vida política cubana, uma vida posterior a Castro e ao comunismo. E então ela se tornará a próxima revolução cubana. Tenho de acreditar que movimentos semelhantes, em prol da plena igualdade dos afrodescendentes, se ampliarão e se afirmarão em todas as Américas, garantindo que não terão sido vãos os sacrifícios de 11 milhões de escravos, que sobreviveram aos sofrimentos indizíveis da Passagem do Meio, da África para o Novo Mudo, e, depois, ao duro cotidiano da desumana instituição escravista americana.

Apêndice

Categorias de cor na América Latina

Ao longo da elaboração desse projeto, eu me espantava continuamente com o número de termos e categorias aplicados aos negros e mestiços na América Latina. Em alguns casos, essas categorizações tinham um peso sociopolítico muito específico e eram usadas para definir e abarcar gerações de afrodescendentes. Em outros, os termos traduzem apenas as formas mais displicentes de racismo, mas todos foram de interesse para mim.

O que se segue é uma mera tentativa de expor o volume e o teor desse discurso.

BRASIL

Seguem-se os termos referentes a tonalidades dos afro-brasileiros. A lista foi extraída de um artigo de Cristina Grillo, de 1995, publicado na *Folha de S.Paulo*, a respeito de um estudo do Instituto Brasileiro de Geografia e Estatística (IBGE).

Acastanhada	Bronzeada	Galega
Agalegada	Bugrezinha-escura	Galegada
Alva	Burro quando foge	Jambo
Alva escura	Cabo verde	Laranja
Alva rosada	Cabocla	Lilás
Alvarenta	Café	Loira-clara
Alvarinta	Café-com-leite	Loura
Alvinha	Canela	Lourinha
Amarela	Canelada	Malaia
Amarela-queimada	Cardão	Marinheira
Amarelada	Castanha	Marrom
Amarelosa	Castanha-clara	Meio amarela
Amorenada	Castanha-escura	Meio branca
Avermelhada	Chocolate	Meio morena
Azul	Clara	Meio preta
Azul-marinho	Clarinha	Melada
Baiano	Cobre	Mestiça
Bem branca	Cor firme	Miscigenação
Bem clara	Cor-de-café	Mista
Bem morena	Cor-de-canela	Morena
Branca	Cor-de-cuia	Morena bem chegada
Branca--avermelhada	Cor-de-leite	Morena-bronzeada
	Cor-de-ouro	Morena-canelada
Branca-melada	Cor-de-rosa	Morena-castanha
Branca-morena	Corada	Morena-clara
Branca-pálida	Crioula	Morena cor-de--canela
Branca-queimada	Encerada	
Branca-sardenta	Enxofrada	Morenada
Branca-suja	Esbranquicento	Morena-escura
Branquiça	Escura	Morena-fechada
Branquinha	Escurinha	Morena-jambo
Bronze	Fogoio	Morenão

Morena-parda	Pouco clara	Roxa
Morena-roxa	Pouco morena	Ruiva
Morena-ruiva	Preta	Russo
Morena-trigueira	Pretinha	Sarará
Moreninha	Puxa para branca	Saraúba
Mulata	Quase negra	Sapecado
Mulatinha	Queimada	Tostada
Negra	Queimada de praia	Trigo
Negrota	Queimada de sol	Trigueira
Pálida	Regular	Verde
Paraíba	Retinta	Vermelha
Parda	Rosa	
Parda-clara	Rosada	
Polaca	Rosa-queimada	

MÉXICO

Os termos mexicanos referentes a matizes de negros e mestiços foram listados em *Las castas del México colonial o Nueva España*, de Nicolás León, e em *Cuijla: Esbozo etnográfico de un pueblo negro*, de Gonzali Aguirre Beltrán. São os seguintes:

Ahi te estás	Chino	Morisco
Albarazado	Genízaro	Mulato
Albino	Galfarro	Mulato obscuro
Barcino	Gente blanca	No te entiendo
Cambujo	Gíbaro	Octavón
Calpamulato (ou campamulato)	Grifo	Puchuela de negro
	Jarocho	Quinterón
Cuarterón	Limpios	Quinterón de mulato
Cuarterón de mulata	Lobo	

Requinterón de	Saltatrás cuarterón	Zambo
mulata	Saltatrás quinterón	Zambo prieto
Saltatrás	Tercerón	

PERU

Os termos peruanos relativos a tonalidades de afrodescendentes foram compilados pelo acadêmico Carlos Aguirre e são os seguintes:

Moreno
Moreno claro
Moreno oscuro
Negro
Negro retinto
Negro tinto (idem)
Trigueño
Zambo (mais usado para designar pessoas de cabelo crespo, e menos como categoria de cor)

Há ainda alguns termos pejorativos, aplicados a negros, que se referem não à cor da pele, e sim a outras características físicas. O mais comum, segundo Aguirre, talvez seja *bembón* ou *negro bembón*, que significa "pessoa de lábios grossos" (a palavra vem de *bemba*, "lábios", e o termo também é usado em Cuba e outros lugares na América Latina).

Além disso, embora os escutasse de vez em quando, pouquíssimos peruanos, segundo me disseram, usam os termos *mulato* ou *mulata* no dia a dia ou para se autoclassificar.

REPÚBLICA DOMINICANA

No começo da década de 1970, a socióloga Daysi Guzmán identificou doze designações comuns de cor de pele na República Dominicana:

Lechoso (leitoso)
Blanco
Cenizo (cinzento)
Descolorido
Pálido (com aspecto de doente)
Desteñido (ictérico)
Pecoso (sardento)
Pinto (claro, mas com sardas grandes ou nevos)
Trigueño (claro, um pouco moreno)
Manchado (escuro com listras escuras)
Negro (muito escuro)
Morado (preto a ponto de parecer roxo)

Além disso, Daysi Guzmán apontou dez estruturas faciais, seis tipos físicos, cinco tipos raciais gerais e, curiosamente, quinze tipos de textura de cabelo, que variam do *bueno* (bom), para o cabelo macio, caucásico, ao *malo* (ruim), para o cabelo negroide, entre os quais os seguintes:

Lacio (liso e macio)
Achinado (liso e firme)
Espeso (grosso, abundante, pouco ondulado)
Macho (grosso e forte, abundante, sem brilho)
Rizado (grosso e fine com pequenas ondas, opaco)
Muerto (fino e gorduroso)
Ondulado (grosso, seco e rebelde; variável, de qualquer tipo)

Crespo (grosso e frisado)
De pimiento (cresce devagar e junto do crânio, em cachos)
Motica (como o anterior, mais fino, ondulado)
Pega'ito (colado ao crânio, não pode ser penteado)

As atuais categorias de cor de pele na República Dominicana, do branco para o negro, são as seguintes, segundo a lista preparada para mim por Frank Moya Pons:

Blanco
Blanco colorado
Blanco leche
Blanco jojoto
Jabao
Grifo
Trigueño
Indio claro
Indio
Indio canela
Indio quemado
Indio oscuro
Mulatón
Prieto
Moreno
Negro
Negro haitiano

Outras categorizações comuns de africanidade são as seguintes:

Blanco fino
Blanco ordinario
Blanquito

Mulaton, mulatona
Chino, china
Negro fino
Negro ordinario
Negro bembón

HAITI

É possível que as categorizações raciais no Haiti sejam mais bem definidas não pelo discurso contemporâneo, e sim pelo livro definitivo sobre a questão, escrito pelo historiador francês Médéric Louis Élie Moreau de Saint-Méry, nascido numa família *créole* da Martinica em 1750. Reproduzo aqui o material relevante do trabalho de Saint-Méry:

I. Combinaisons du Blanc

D'un Blanc et d'une Négresse, vient	un Mulâtre
Mulâtresse	Quarteron
Quarteron	Métis
Métive	Mamelouque
Mamelouque	Quarteronné
Quarteronnée	Sang-mêlé
Sang-mêlée	Sang-mêlé, qui s'approche continuellement du Blanc
Marabou	Quarteron
Griffone	Quarteron
Sacatra	Quarteron

II. Combinaisons du Nègre

D'un nègre et d'une Blanche, vient	un Mulâtre
Sang-mêlée	Mulâtre
Quarteronné	Mulâtre
Mamelouque	Mulâtre
Métive	Mulâtre
Quarteronne	Marabou
Mulâtresse	Griffe
Marabou	Griffe
Griffonne	Sacatra
Sacatra	Sacatra

III. Combinaisons du Mulâtre

D'un Mulâtre et d'une Blanche, vient	un Quarteron
Sang-mêlée	Quarteron
Quarteronnée	Quarteron
Mamelouque	Quarteron
Métive	Quarteron
Quarteronne	Quarteron
Marabou	Mulâtre
Griffonne	Marabou
Sacatra	Marabou
Négresse	Griffe

IV. Combinaisons du Quarteron

D'un Quarteron et d'une Blanche, vient	un Métis
Sang-mêlée	Métis
Quarteronnée	Métis
Mamelouque	Métis

Métive	Métis
Mulâtresse	Quarteron
Marabou	Quarteron
Griffonne	Mulâtre
Sacatra	Mulâtre
Négresse	Marabou

v. Combinaisons du Métis

D'un Métis et d'une Blanche, vient	un Mamelouc
Sang-mêlée	Mamelouc
Quarteronnée	Mamelouc
Mamelouque	Mamelouc
Quarteronne	Métis
Mulâtresse	Quarteron
Marabou	Quarteron
Griffonne	Quarteron
Sacatra	Mulâtre
Négresse	Mulâtre

vi. Combinaison du Mamelouc

D'un Mamelouc et d'une Blanche, vient	un Quarteronné
Sang-Mêlée	Quarteronné
Quarteronnée	Quarteronné
Métive	Mamelouc
Quarteronne	Métis
Mulâtresse	Quarteron
Marabou	Quarteron
Griffonne	Quarteron
Sacatra	Mulâtre
Négresse	Mulâtre

VII. Combinaisons du Quarteronné

D'un Quarteronné et d'une Blanche, vient un Sang-mêlé

Sang-Mêlée	Sang-Mêlé
Mamelouque	Quarteronné
Métive	Mamelouc
Quarteronne	Métis
Mulâtresse	Quarteron
Marabou	Quarteron
Griffonne	Quarteron
Sacatra	Mulâtre
Négresse	Mulâtre

VIII. Combinaisons du Sang-mêlé

D'un Sang-Mêlé et d'une Blanche, vient un Sang-mêlé

Quarteronnée	Sang-mêlé
Mamelouque	Quarteronné
Métive	Mamelouc
Quarteronne	Métis
Mulâtresse	Quarteron
Marabou	Quarteron
Griffonne	Quarteron
Sacatra	Quarteron
Négresse	Mulâtre

IX. Combinaisons du Sacatra

D'un Sacatra et d'une Blanche, vient un Quarteron

Sang-mêlée	Quarteron
Quarteronnée	Mulâtre
Mamelouque	Mulâtre

Métive	Mulâtre
Quarteronne	Mulâtre
Mulâtresse	Marabou
Marabou	Griffe
Griffonne	Griffe
Négresse	Sacatra

x. Combinaisons du Griffe

D'un Griff e et d'une Blanche, vient	un Quarteron
Sang-mêlée	Quarteron
Quarteronnée	Quarteron
Métive	Quarteron
Quarteronne	Mulâtre
Mulâtresse	Marabou
Marabou	Marabou
Sacatra	Griffe
Négresse	Sacatra

xi. Combinaisons du Marabou

D'un Marabou et d'une Blanche, vient	un Quarteron
Sang-mêlée	Quarteron
Quarteronnée	Quarteron
Mamelouque	Quarteron
Métive	Quarteron
Quarteronne	Quarteron
Mulâtresse	Mulâtre
Griffonne	Marabou
Sacatra	Griffe
Négresse	Griffe

CUBA

Num ensaio de 1996, "Etnicidad y racialidad en la Cuba actual", Jesús Guanche Pérez elencou vinte tipos raciais, tirados da linguagem popular. Do negro para o branco, são os seguintes:

Negro-azul
Negro color teléfono
Negro coco timba
Negro cabeza de puntilla
Negro
Moro
Mulato
Indio
Mulato chino
Mulato color cartucho
Mulato blanconazo
Trigueño
Jabao
Colorao
Chino
Blanco
Rubio
Blanco orillero
Blanco lechoso
Albino

Tomás Fernández Robaina enviou-me os seguintes acréscimos a essa lista:

Negro (ou negra)
Negro achinado

Negro moro
Negro azul
Moreno
Mulato
Mulato indio ou mulato indio
Mestizo
Jabao ou java
Blanco capirro
Moro ou mora
Afrocubano
Trigueño

Referências bibliográficas

AGUIRRE, Carlos. *Agentes de su propia libertad: Los esclavos de Lima y la desintegración de la esclavitud, 1821-1854.* Lima: Pontificia Universidad Católica del Perú, 1993.

_____. *Breve historia de la esclavitud en el Perú: Una herida que no deja de sangrar.* Lima: Fondo Editorial del Congreso del Perú, 2005.

_____. *Dénle duro que no siente: Poder y transgresión en el Perú republicano.* Lima: Fondo Editorial del Pedagógico San Marcos, 2008.

_____. "La población de origen africano en el Perú: De la esclavitud a la libertad". In: _____. *Lo africano en la cultura criolla.* Lima: Fondo Editorial del Congreso del Perú, 2000.

AGUIRRE, Carlos; WALKER, Charles (Orgs.). *Bandoleros, abigeos y montoneros: Criminalidad y violencia en el Perú (siglos XVIII-XX).* Lima: Instituto de Apoyo Agrario/ Instituto Pasado & Presente, 1990.

AGUIRRE BELTRAN, Gonzalo. *Cuijla: Esbozo etnográfico de un pueblo negro.* Cidade do México: Secretaria de Educación Pública, 1958.

ALBUQUERQUE, Wlamyra Ribeiro de. *Algazarra nas ruas: Comemorações da independência na Bahia (1889-1923).* Campinas: Unicamp, 1999.

_____. *Uma história do negro no Brasil.* Salvador: Centro de Estudos Afro-Orientais, 2006.

ANDREWS, George Reid. *Afro-Latin America, 1800-2000.* Oxford: Oxford University Press, 2004.

ANDREWS, George Reid. *Blackness in the White Nation: A History of Afro-Uruguay.* Chapel Hill: University of North Carolina Press, 2010.

APTHEKER, Herbert (Org.). *The Correspondence of W. E. B. Du Bois.* Amherst: University of Massachusetts Press, 1976.

ARRELUCEA BARRANTES, Maribel. *Conducta social de los esclavos de Lima a fines de la colonia.* Lima: UNMSM, 1999. Monografia (Licenciatura em Sociologia).

_____. *Poder masculino, esclavitud femenina y violencia doméstica en Lima, 1760-1820.* In: Congreso Internacional Mujeres, Familia y Sociedad en la Historia de América Latina, siglos XVIII-XXI, 2003. Lima: PUCP, 2003.

_____. *Replanteando la esclavitud: Estudios de etnicidad y género en Lima borbónica.* Lima: CEDET, Centro de Desarrollo Étnico, 2009.

BACHA, Edmar Lisboa; KLEIN, Herbert S. *Social Change in Brazil, 1945-1985: The Incomplete Transition.* Albuquerque: Universidade do Novo México, 1989.

BANDELT, Hans-Jürgen et al. "Phylogeography of the Human Mitochondrial Haplo-Group L 3e: A Snapshot of African Prehistory and Atlantic Slave Trade". In: *Annals of Human Genetics.* Londres: University College London, 2001, v. 65, pp. 549-63.

BARNET, Miguel. *Afro-Cuban religions.* Princeton: Wiener, 2001.

_____. *Biography of a Runaway Save.* Willimantic: Curbstone, 1995.

_____. *Rachel's Song.* Willimantic: Curbstone, 1995.

_____. *A True Story: A Cuban in Nova York.* Trad. de Regina Galasso. Nova York: Jorge Pinto, 2010.

BEATO, Lucila Bandeira. "Inequality and Human Rights of African Descendants in Brazil". *Journal of Black Studies,* Thousand Oaks, CA, v. 34, n. 6, pp. 766-86, jul. 2004.

BEAUVOIR, Dominique Rachel; CHARLES, Morrison. *L'Ancienne Cathédrale de Port--au-Prince: Perspectives d'un vestige de carrefours.* Porto Príncipe: Henri Deschamps, 1991.

BENNETT, Herman L. *Africans in Colonial Mexico: Absolutism, Christianity, and Afro-Creole Consciousness, 1570-1640.* Bloomington: Indiana University Press, 2003.

_____. *Colonial Blackness: A History of Afro-Mexico.* Bloomington: Indiana University Press, 2009.

_____. *Lovers, Family and Friends: The Formation of Afro-Mexico: 1580-1810.* Durham: Duke University Press, 1993.

BETTELHEIM, Judith. "Negotiations of Power in Carnaval Culture in Santiago de Cuba". *African Arts,* UCLA James S. Coleman African Studies Center, v. 68, abr. 1991.

BROCK, Lisa; CASTAÑEDA FUERTES, Digna. *Between Race and Empire: African-*

-*Americans and Cubans before the Cuban Revolution*. Filadélfia: Temple University Press, 1998.

BRONFMAN, Alejandra. *Measures of Equality: Social Science, Citizenship and Race in Cuba, 1902-1940*. Chapel Hill: University of North Carolina, 2004.

_____. *On the Move: The Caribbean since 1989*. Halifax, NS: Fernwood, 2007.

BROWN, David H. *Santeria Enthroned: Art, Ritual and Innovation in an Afro-Cuban Religion*. Chicago: University of Chicago, 2003.

BROWN, Karen McCarthy. *Mama Lola: A Vodou Priestess in Brooklyn*. Berkeley: University of California, 2001.

BURKE, Peter; PALLARES-BURKE, Maria Lúcia G. *Gilberto Freyre: Social Theory in the Tropics*. Witney: Peter Lang, 2008.

CAMPOS DÁVILA, José. *Las negras noches del dolor*. Lima: San Marcos, 2004.

CANDELARIO, Ginetta E. B. *Black Behind the Ears: Dominican Racial Identity from Museums to Beauty Shops*. Durham: Duke University Press, 2007.

CANINO, Maria Josefa; TORRES-SAILLANT, Silvio. *The Challenges of Public Higher Education in the Hispanic Caribbean*. Princeton: Wiener, 2004.

CARRILLO ZEGARRA, Mónica. *Unicroma*. Lima: Santo x Oficio, 2007.

COOPER, Frederick; HOLT, Thomas C.; SCOTT, Rebecca J. *Beyond Slavery: Explorations of Race, Labor, and Citizenship in Postemancipation Societies*. Chapel Hill: University of North Carolina Press, 2000.

CRAHAN, Margaret E.; KNIGHT, Franklin W. *Africa and the Caribbean: The Legacies of a Link*. Baltimore: Johns Hopkins University Press, 1979.

CRUZ-CARRETERO, Sagrario: MARTÍNEZ MARANTO, Alfredo; SANTIAGO SILVA, Angélica. *El carnaval en Yanga: Notas y comentarios sobre una fiesta de la negritud*. In: Consejo Nacional para la Cultura y las Artes, Dirección General de Culturas Populares. Veracruz: Unidad Regional Centro de Veracruz, 1990.

DAVIS, Darien J. (Org.). *Beyond Slavery: The Multilayered Legacy of Africans in Latin America and the Caribbean*. Lanham, MD: Rowman and Littlefield, 2007.

DAVIS, F. James. *Who is Black: One Nation's Definition*. University Park: Penn State University Press, 2001.

DERBY, Lauren. "Haitians, Magic and Money: Raza and Society in the Haitian--Dominican Borderlands, 1900 to 1937". *Comparative Studies in Society and History*, Cambridge, v. 36, n. 3, p. 488, 1994.

DOMÍNGUEZ, Jorge I. *Cuba: Order and Revolution*. Cambridge: Belknap Press of Harvard University Press, 1978.

_____. *To Make a World Safe for Revolution: Cuba's Foreign Policy*. Cambridge: Harvard University Press, 1989.

DOUGLASS, Frederick. "Address Written to Be Presented to Louis Mondestin Florvil Hyppolite". (Discurso público, 14 nov. 1889.)

_____. "American Opinion of Haiti: An Address Delivered in Port-au-Prince". (Discurso público, 18 fev. 1890).

_____. "A Fervent Hope for the Success of Haiti". (Discurso público, 11 dez. 1889).

_____. "Haiti among the Foremost Civilized Nations of the Earth". (Discurso público, 2 jan. 1893.)

_____. "Haiti and the Haitian People". (Discurso público, 2 jan. 1893.)

_____. "Resignation but Not Retirement: An Interview Given in Washington". (Entrevista, 11 ago. 1891.)

_____. "Self-Made Men: An Address Delivered in Carlisle, Penn". (Discurso público, mar. 1893.)

DOUGLASS, Frederick et al. *The Frederick Douglass Papers*. New Haven: Yale University Press, 2003.

DUBOIS, Laurent. *Avengers of the New World: The Story of the Haitian Revolution*. Cambridge: Belknap Press of Harvard University Press, 2004.

_____. *A Colony of Citizens: Revolution and Slave Emancipation in the French Caribbean, 1787-1804*. Chapel Hill: University of North Carolina Press, 2004.

_____. *Haiti in the Early Nineteenth Century*. Kingston: Jamaican Historical Society, 2007.

DUBOIS, Laurent; GARRIGUS, John D. *Slave Revolution in the Caribbean, 1789-1804: A Brief History with Documents*. Boston: Bedford/ St. Martin's, 2006.

DUBOIS, Laurent; SCOTT, Julius Sherrard. *Origins of the Black Atlantic*. Nova York: Routledge, 2010.

DU BOIS, William Edward Burghardt. *The Negro*. 1915. Reimpressão, Filadélfia: University of Pennsylvania Press, 2001.

DUMESLE, Hérard. *Voyage dans le Nord d'Hayti*. Cayes: Imprimerie du Gouvernement, 1824.

DUMONT, Henry. *Antropología y patología comparadas de los hombres de color africanos que viven en Cuba*. Havana: La Real Academia de Ciencias Médicas, Físicas y Naturales de la Habana, 1876.

DZIDZIENYO, Anani; OBOLER, Suzanne (Orgs.). *Neither Enemies nor Friends: Latinos, Blacks, Afro-Latinos*. Nova York: Palgrave Macmillan, 2005.

ELTIS, David; RICHARDSON, David. *Atlas of the Transatlantic Slave Trade*. New Haven: Yale University Press, 2010.

_____. *Extending the Frontiers: Essays on the New Transatlantic Slave Trade Database*. New Haven: Yale University Press, 2008.

ELTIS, David; RICHARDSON, David. *Voyages: The Trans-Atlantic Slave Trade Database*. Disponível em: <http://www.slavevoyages.org>. Acesso em: 4 set. 2012.

FATTON, Robert. *Haiti's Predatory Republic: The Unending Transition to Democracy*. Boulder: Lynne Rienner, 2002.

FELDMAN, Heidi Carolyn. *Black Rhythms of Peru: Reviving African Musical Heritage in the Black Pacific*. Middletown: Wesleyan University Press, 2006.

FERNÁNDEZ ROBAINA, Tomás. *Apuntes para la historia de la Biblioteca Nacional José Martí de Cuba: Cien años, 1901-2001*. Havana: Biblioteca Nacional José Martí, 2001.

_____. *Cuba, personalidades en el debate racial: Conferencias y ensayos*. Havana: Editorial de Ciencias Sociales, 2007.

_____. *Historias de mujeres públicas*. Havana: Letras Cubanas, 1998.

_____. *Identidad afrocubana: cultura y nacionalidad*. Santiago de Cuba: Oriente, 2009.

FERRER, Ada. *Insurgent Cuba: Race, Nation and Revolution, 1868-1898*. Chapel Hill: University of North Carolina Press, 1999.

_____. "Rustic Men, Civilized Nation: Race, Culture and Contention on the Eve of Cuban Independence". *Hispanic American Historical Review*, Pittsburgh, v. 78, n. 4, pp. 663-86, nov. 1998.

FICK, Carolyn E. "The Haitian Revolution and the Limits of Freedom: Defining Citizenship in the Revolutionary Era". *International Review of Social History*, Cambridge, v. 32, n. 4, pp. 394-414, 2007.

FONT, Mauricio A.; QUIROZ, Alfonso W. *Cuban Counterpoints: The Legacy of Fernando Ortiz*. Lanham, MD: Lexington, 2005.

FRANCO PICHARDO, Franklin J. *Los negros, los mulatos y la nación dominicana*. São Domingos: Editora Nacional, 1970.

_____. *Los problemas raciales en la Republica Dominicana y el Caribe*. São Domingos: Ayuntamiento del Distrito Nacional, 1998.

FREYRE, Gilberto de Melo. *Sobrados e mocambos: Decadência do patriarcado rural e desenvolvimento do urbano*. São Paulo: Companhia Editora Nacional, 1936.

_____. *Casa-grande & senzala: Formação da família brasileira sob o regime de economia patriarcal*. Rio de Janeiro: Maia & Schmidt, 1933.

_____. *Ordem e progresso: Processo de desintegração das sociedades patriarcal e semipatriarcal no Brasil sob o regime de trabalho livre...* Rio de Janeiro: José Olympio, 1959.

FUENTE, Alejandro de la. "A propósito de un curso sobre 'Racialidad en la Cuba actual': Diálogo virtual con mis colegas de la isla". *Espacio Laical*, Havana, v. 7, n. 26, pp. 35-9, abr./jun. 2011.

_____. "Myths of Racial Democracy: Cuba, 1900-1912". *Latin American Research Review*, Albuquerque, v. 34, n. 3, pp. 39-73, outono 1999.

FUENTE, Alejandro de la. *A Nation for All: Race, Inequality and Politics in Twentieth Century Cuba*. Chapel Hill: University of North Carolina Press, 2001.

_____. "The New Afro-Cuban Cultural Movement and the Debate on Race in Contemporary Cuba". *Journal of Latin American Studies*, Cambridge, v. 40, n. 4, pp. 697-720, nov. 2008.

_____. "Race and Income Inequality in Contemporary Cuba". *NACLA Report on the Americas*, Nova York, v. 44, n. 4, jul./ago. 2011.

FUENTE, Alejandro de la; CASEY, M. "Race and the Suffrage Controversy in Cuba, 1898-1901". In: MCCOY, Alfred; SCARANO, Francisco (Orgs.). *Colonial Crucible: Empire in the Making of the American Modern State*. Madison: University of Wisconsin Press, 2009, pp. 220-9.

FUENTE, Alejandro de la; GARCIA DEL PINO, Cesar; IGLESIAS, Delgado Bernardo. *Havana and the Atlantic in the Sixteenth Century*. Chapel Hill: University of North Carolina Press, 2008.

FURTADO, Júnia Ferreira. *Chica da Silva: A Brazilian Slave of the Eighteenth Century*. Cambridge: Cambridge University Press, 2009.

_____. *O livro da capa verde: O regimento diamantino de 1771 e a vida no distrito diamantino no período da real extração*. São Paulo: Annablume, 1996.

GARRAWAY, Doris Lorraine. *Tree of Liberty: Cultural Legacies of the Haitian Revolution in the Atlantic World*. Charlottesville: University of Virginia Press, 2008.

GARRIGUS, John D.; MORRIS, Christopher (Orgs.). *Assumed Identities: The Meanings of Race in the Atlantic World*. College Station: Texas A&M University Press, 2010.

GEGGUS, David Patrick; FIERING, Norman. *The World of the Haitian Revolution*. Bloomington: Indiana University Press, 2009.

GOLDSCHMIDT, Henry; MCALISTER, Elizabeth A. *Race, Nation, and Religion in the Americas*. Oxford: Oxford University Press, 2004.

GONZÁLEZ, Anita. *Afro-Mexico: Dancing between Myth and Reality*. Austin: University of Texas Press, 2010.

GRILLO, Cristina. "Brasil quer ser chamado de moreno e só 39% se autodefinem como brancos". *Folha de S.Paulo*, São Paulo, 25 jun. 1995. Caderno Especial, n. 5.

GUANCHE PÉREZ, Jesús. "Etnicidad y racialidad en la Cuba actual". *Temas*, Havana, v. 7, p. 54, 1996.

GUDMUNDSON, Lowell; WOLFE, Justin. *Blacks and Blackness in Central America: Between Race and Place*. Durham: Duke University Press, 2010.

GURIDY, Frank Andre. "'Enemies of the White Race': The Machadista State and the UNIA in Cuba". *Caribbean Studies*, Porto Rico, v. 31, n. 1, jan./jun. 2003.

GURIDY, Frank Andre. *Forging Diaspora: Afro-Cubans and African Americans in a World of Empire and Jim Crow*. Chapel Hill: University of North Carolina Press, 2010.

_____. "Racial Knowledge in Cuba: The Production of a Social Fact, 1912-44". Ann Arbor: University of Michigan, 2002. Tese (Pós-doutorado).

GUTMANN, Matthew C. *Perspectives on Las Americas: A Reader in Culture, History, and Representation*. Malden, MA: Blackwell, 2003.

HABER, Stephen H. *Mexico since 1980*. Cambridge: Cambridge University Press, 2008.

HANCHARD, Michael George. *Racial Politics in Contemporary Brazil*. Durham: Duke University Press, 1999.

HARRIS, Christopher. "Edwin F. Atkins and the Evolution of United States Cuba Policy, 1894-1902". *New England Quarterly*, Boston, v. 78, n. 2, pp. 202-31, jun. 2005.

HELG, Aline. "Abolition and Afro-Latin Americans". In: HOLLOWAY, Thomas H. (Org.). *A Companion to Latin American History*. Malden, MA: Blackwell, 2008.

HERNÁNDEZ, Cuevas Marco Polo; JACKSON, Richard L. *African Mexicans and the Discourse on Modern Nation*. Lanham, MD: University Press of America, 2004.

HERRERA, Claudia. *The African Presence in Mexico: From Yanga to the Present*. Chicago: Mexican Fine Arts Center Museum, 2006.

HEYWOOD, Linda M. "Angolan-Afro-Brazilian Cultural Connections". *Slavery and Abolition*, Londres, v. 20, n. 1, abr. 1999.

_____. *Central Africans and Cultural Transformations in the American Diaspora*. Cambridge: Cambridge University Press, 2002.

HEYWOOD, Linda M.; AFRICAN DIASPORA COMMITTEE (Orgs.). *The African Diaspora: Africans and their Descendants in the Wider World to 1800*. Boston: Ginn, 1989.

HEYWOOD, Linda M.; FAUSTINO, Oswaldo. *Diáspora negra no Brasil*. São Paulo: Contexto, 2008.

HEYWOOD, Linda M.; THORNTON, John K. *Central Africans, Atlantic Creoles, and the Foundation of the Americas, 1585-1660*. Nova York: Cambridge University Press, 2007.

HOOKER, Juliet. *Race and the Politics of Solidarity*. Oxford: Oxford University Press, 2009.

HTUN, Mala. "From 'Racial Democracy' to Affirmative Action: Changing State Policy on Race in Brazil". *Latin American Research Review*, Austin, v. 39, n. 1, pp. 60-8, 2004.

IGLESIAS UTSET, Marial. *A Cultural History of Cuba during the U. S. Occupation, 1898-1902*. Chapel Hill: University of North Carolina Press, 2011.

IGLESIAS UTSET, Marial. *Las metáforas del cambio en la vida cotidiana: Cuba, 1898- -1902.* Havana: Ediciones Unión, 2003.

JIMÉNEZ ROMÁN, Miriam; FLORES, Juan (Orgs.). *The Afro-Latin Reader: History and Culture in the United States.* Durham: Duke University Press, 2010.

JONES, Marcus D.; ROWELL, Charles Henry (Orgs.). "Yanga, Mata Clara y pueblos cercanos: África en México contemporánea". *Callaloo*, Baltimore, v. 31, n. 1, inverno 2008.

KLEIN, Herbert S. *The Atlantic Slave Trade.* Cambridge: Cambridge University Press, 1999.

_____. *The Middle Passage: Comparative Studies in the Atlantic Slave Trade.* Princeton: Princeton University Press, 1978.

_____. *Slavery in the Americas: A Comparative Study of Virginia and Cuba.* Chicago: University of Chicago Press, 1967.

KLEIN, Herbert S.; VIDAL LUNA, Francisco. *Brazil since 1980.* Cambridge: Cambridge University Press, 2006.

_____. *Slavery and the Economy of São Paulo, 1750-1850.* Stanford: Stanford University Press, 2003.

_____. *Slavery in Brazil.* Cambridge: Cambridge University Press, 2010.

KLEIN, Herbert S.; VINSON III, Ben. *African Slavery in Latin America and the Caribbean.* Nova York: Oxford University Press, 1986.

KNIGHT, Franklin W. *The Caribbean: The Genesis of a Fragmented Nationalism.* Nova York: Oxford University Press, 1978.

KNIGHT, Franklin W. *Slave Society in Cuba During the Nineteenth Century.* Madison: University of Wisconsin Press, 1970.

KNIGHT, Franklin W.; LEWIS, Gordon K.; MOYA PONS, Frank. *Migration and Caribbean Cultural Identity: Selected Papers from Conference Celebrating the 50th Anniversary of the Center.* Gainesville: University of Florida, Center for Latin American Studies, 1982.

KNIGHT, Franklin W.; MARTINEZ, Vergne Teresita. *Contemporary Caribbean Cultures and Societies in a Global Context.* Chapel Hill: University of North Carolina Press, 2005.

KNIGHT, Franklin W.; PALMER, Colin A. *The Modern Caribbean.* Chapel Hill: University of North Carolina Press, 1989.

LANDERS, Jane; ROBINSON, Barry. *Slaves, Subjects, and Subversives: Blacks in Colonial Latin America.* Albuquerque: University of New Mexico Press, 2006.

"La pintura de castas/The painting of castas". *Artes de México y del Mundo*, Cidade do México, v. 8, n. 1, p. 79, 1990.

LEÓN, Nicolás. "Las castas de México colonial o Nueva España". *Talleres Gráficos del Museo Nacional de Arqueología, Historia, y Etnografía,* Cidade do México, 1924.

LIBBY, Douglas Cole; FURTADO, Júnia Ferreira. *Trabalho livre, trabalho escravo: Brasil e Europa, séculos XVIII e XIX.* São Paulo: Annablume, 2006.

LORINI, Alessandra. *An Intimate and Contested Relation: The United States and Cuba in the Late Nineteenth and Early Twentieth Centuries.* Florença: Firenze University Press, 2005.

LURIA, Sarah. *Santo Domingo, or the Ambiguities: Frederick Douglass, Black Imperialism e the 'Ku Klux War'.* Filadélfia: American Studies Association, 11 out. 2007. Tese (Doutorado em Sociologia).

MARTINS, Sérgio da Silva; MEDEIROS, Carlos Alberto; NASCIMENTO, Elisa Larkin. "Paving Paradise: The Road from 'Racial Democracy' to Affirmative Action in Brazil". *Journal of Black Studies,* Thousand Oaks, CA, v. 34, n. 6, pp. 787-816, jul. 2004.

MATORY, James Lorand. *Black Atlantic Religion: Tradition, Transnationalism, and Matriarchy in the Afro-Brazilian Candomblé.* Princeton: Princeton University Press, 2005.

_____. *A Broken Calabash: Social Aspects of Worship Among Brazilian and West African Yoruba.* Cambridge: Universidade Harvard, 1982. Tese (Doutorado em Antropologia).

MCKNIGHT, Kathryn Joy; GAROFALO, Leo. *Afro-Latino Voices: Narratives from the Early Modern Ibero-Atlantic World, 1550-1812.* Indianápolis: Hackett, 2009.

MINORITY RIGHTS GROUP (Org.). *No Longer Invisible: Afro-Latin Americans Today.* Londres: Minority Rights Publications, 1995.

MINTZ, Sidney W. *Caribbean Transformations.* Piscataway: Transaction, 2007.

_____ (Org.). *Slavery, Colonialism, and Racism.* Nova York: Norton, 1974.

_____. *Sweetness and Power: The Place of Sugar in Modern History.* Londres: Penguin, 1986.

_____. *Three Ancient Colonies: Caribbean Themes and Variations.* Cambridge: Harvard University Press, 2010.

MINTZ, Sidney W.; PRICE, Richard. *The Birth of African-American Culture: An Anthropological Perspective.* Boston: Beacon, 1992.

MINTZ, Sidney W.; PRICE, Sally (Orgs.). *Caribbean Contours.* Baltimore: Johns Hopkins University Press, 1985.

MOORE, Robin. *Nationalizing Blackness: Afrocubanismo and Artistic Revolution in Havana, 1920-1940.* Pittsburgh: University of Pittsburgh Press, 1997.

MORENO, Fraginals Manuel; MOYA PONS, Frank; ENGERMAN, Stanley L. *Between Slavery and Free Labor: The Spanish-Speaking Caribbean in the Nineteenth Century.* Baltimore: Johns Hopkins University Press, 1985.

MOYA PONS, Frank. *Después de Colón: Trabajo, sociedad y política en la economía del oro*. Madri: Alianza, 1987.

_____. *The Dominican Republic: A National History*. Princeton: Wiener, 2010.

_____. *History of the Caribbean: Plantations, Trade, and War in the Atlantic World*. Princeton: Wiener, 2007.

NICHOLLS, David. *From Dessalines to Duvalier: Race, Colour, and National Independence in Haiti*. New Brunswick: Rutgers University Press, 1996.

OLANIYAN, Tejumola; SWEET, James H. *The African Diaspora and the Disciplines*. Bloomington: Indiana University Press, 2010.

ORTIZ, Fernando. *Contrapunteo cubano del tabaco y el azúcar*. 2 ed. Madri: Edito Cuba España, 1999.

_____. *La africanía de la música folklórica de Cuba*. 2 ed. Madri: Música Mundana, 1998.

_____. *Los instrumentos de la música afrocubana*. 2 ed. Madri: Música Mundana, 1996, 2 v.

_____. *Los negros brujos*. 2 ed. Miami: Ediciones Universal, 1973.

PALLARES-BURKE, Maria Lúcia G. *Gilberto Freyre: Um vitoriano dos trópicos*. São Paulo: Editora Unesp, 2005.

PALMIE, Stephan. *Africas of the Americas: Beyond the Search for Origins in the Study of Afro-Atlantic Religions*. Leiden: Brill, 2008.

PATERSON, Thomas G. "U.S. Intervention in Cuba, 1898: Interpreting the Spanish--American-Cuban-Filipino war". *Magazine of History*, Madison, v. 12, n. 3, pp. 5-10, primavera 1998.

PENA, Sérgio D. J. et al. "The Genomic Ancestry of Individuals from Different Geographical Regions of Brazil is More Uniform than Expected". *PLoS ONE*, San Francisco, v. 6, n. 2, pp. 1-9, fev. 2011.

PÉREZ, Louis A., Jr. *Cuba in the American Imagination: Metaphor and the Imperial Ethos*. Chapel Hill: University of North Carolina Press, 2008.

PÉREZ, Sarduy Pedro; STUBBS, Jean. *Afro-Cuban Voices: On Race and Identity in Contemporary Cuba*. Gainesville: University Press of Florida, 2000.

PRICE, Richard. *First-Time: The Historical Vision of an African American People*. Chicago: University of Chicago Press, 2002.

_____. *Making Empire: Colonial Encounters and the Creation of Imperial Rule in Nineteenth-Century Africa*. Cambridge: Cambridge University Press, 2008.

_____. *Maroon Societies: Rebel Slave Communities in the Americas*. Baltimore: Johns Hopkins University Press, 1996.

PRICE-MARS, Jean. *Ainsi Parla l'Oncle: Essais d'Ethnographie*. Porto Príncipe: Imprimerie de Compiegne, 1928.

_____. *De Saint-Domingue à Haïti*. Paris: Présence Africaine, 1959.

PRICE-MARS, Jean. *La République d'Haïti et la république Dominicaine.* Porto Príncipe: [s.n.], 1953.

_____. *La Vocation de l'elite.* Porto Príncipe: E. Chenet, 1919.

_____. *Silhouettes de Nègres et de négrophiles.* Paris: Présence Africaine, 1960.

REIS, João José. *Death is a Festival: Funeral Rites and Popular Rebellion in Nineteenth-Century Brazil.* Chapel Hill: University of North Carolina Press, 2003.

_____. *Slave Rebellion in Brazil: The Muslim Uprising of 1835 in Bahia.* Baltimore: Johns Hopkins University Press, 1993.

RESTALL, Matthew. *Beyond Black and Red: African-Native Relations in Colonial Latin America.* Albuquerque: University of New Mexico Press, 2005.

ROTHMAN, Adam. *Slave Country: American Expansion and the Origins of the Deep South.* Cambridge: Harvard University Press, 2005.

SALCEDO-MITRANI, Lorry. *A la sombra del guarango.* Lima: Fondo Editorial del Congreso del Perú, 2007.

SAWYER, Mark Q. "Du Bois' Double Consciousness versus Latin American Exceptionalism: Joe Arroyo, Salsa and Negritude". *SOULS,* Nova York, v. 7, ns. 3-4, pp. 88-98, 2004.

_____. "Racial Politics in Multi-Ethnic America: Black and Latino Identities and Coalitions". In: DZIDZIENYO, Anani; OBOLER, Suzanne (Orgs.). *Neither Enemies nor Friends: Latinos, Blacks, Afro-Latinos.* Nova York: Palgrave Macmillan, 2005.

_____. *Racial Politics in Post-Revolutionary Cuba.* Nova York: Cambridge University Press, 2006.

_____. "Unlocking the Official Story: Comparing the Cuban Revolution's Approach to Race and Gender". *UCLA Journal of International Law and Foreign Affairs,* Los Angeles, pp. 401-17, inverno 2001.

SAWYER, Mark Q.; GUIDRY, John. "Contentious Pluralism: The Public Sphere and Democracy". *Perspectives on Politics,* Cambridge, v. 1, n. 2, pp. 273-89, jun. 2003.

SAWYER, Mark Q.; PASCHEL, Tianna. "Contesting Politics as Usual: Black Social Movements, Globalization, and Race Policy in Latin America". *SOULS,* Nova York, v. 10, n. 3, pp. 197-214, jul. 2008.

SAWYER, Mark Q.; PEÑA, Yesilernis. "Racial Cycles? A Dynamic Approach to the Study of Race in Post-Revolutionary Cuba and Beyond". *National Political Science Review,* Tempe, v. 9, n. 1, pp. 138-55, 2003.

SAWYER, Mark Q.; PEÑA, Yesilernis; SIDANIUS, James. "Cuban Exceptionalism: Group-Based Hierarchy and the Dynamics of Patriotism in Puerto Rico, the Dominican Republic and Cuba". *Du Bois Review,* Cambridge, v. 1, n. 1, pp. 93-114, 2004.

SAWYER, Mark Q.; PEÑA, Yesilernis; SIDANIUS, James. "Inclusionary Discrimination: Pigmentocracy and Patriotism in the Dominican Republic". *Journal of Political Psychology*, Columbus, v. 22, n. 4, pp. 827-51, dez. 2001.

_____. "'Racial Democracy' in the Americas: A Latin and North American Comparison". *Journal of Cross-Cultural Psychology*, Thousand Oaks, CA, v. 35, n. 6, pp. 749-62, 2004.

SCHWARTZ, Stuart B. *Sugar Plantations in the Formation of Brazilian Society: Bahia, 1550-1835*. Cambridge: Cambridge University Press, 1985.

_____. *Tropical Babylons: Sugar and the Making of the Atlantic World, 1450-1680*. Chapel Hill: University of North Carolina Press, 2004.

SCOTT, Rebecca J. *The Abolition of Slavery and the Aftermath of Emancipation in Brazil*. Durham: Duke University Press, 1988.

_____. *Degrees of Freedom: Louisiana and Cuba after Slavery*. Cambridge: Belknap Press of Harvard University Press, 2005.

_____. *Mobilizing Resistance among Slaves and Free People: Two Moments of Rural Rebellion in Cuba*. Ann Arbor, MI: [s.n.], 1988.

_____. *Slave Emancipation in Cuba*. Pittsburgh: University of Pittsburgh Press, 2000.

SEED, Patricia. "Conquest of Mexico and Peru". In: HOLLOWAY, Thomas H. (Org.). *A Companion to Latin American History*. Malden, MA: Blackwell, 2008.

SERNA, Juan Manuel de la (Org.). *De la libertad y la abolición: africanos y afrodescendientes en iberoamérica*. Cidade do México: Universidad Nacional Autónoma de México, 2010.

_____. *El Caribe en la encrucijada de su historia, 1780-1840*. Cidade do México: Universidad Nacional Autónoma de México, Coordinación de Humanidades, Centro Coordinador y Difusor de Estudios Latinoamericanos, 1993.

_____. *Ideas pedagógicas en el Caribe*. Cidade do México: SepCultura, Dirección General de Publicaciones, 1985.

_____. *Los afronorteamericanos: Historia y destino*. Cidade do México: Instituto de Investigaciones dr. José María Luis Mora. 1994. Tese (Doutorado em Antropologia).

_____. (Org.). *Pautas de convivencia étnica en América Latina colonial: Negros, mulatos y esclavos*. Cidade do México: Universidad Nacional Autónoma de México, 2005.

SHERWIN, Martin J.; WINN, Peter. "The U.S. and Cuba". *Wilson Quarterly*, Washington, DC, v. 1, n. 1, pp. 56-68, inverno 1978.

SIMMONS, Kimberly Eison. *Reconstructing Racial Identity and the African Past in the Dominican Republic*. Gainesville: University Press of Florida, 2009.

SINGLETON, Theresa A. "Slavery and Spatial Dialectics on Cuban Poffee Plantations". *World Archaeology*. Londres, v. 33, n. 1, pp. 98-114, 2001.

SOMMER, Doris. *Cultural Agency in the Americas*. Durham: Duke University Press, 2006.

_____. *Foundational Fictions: The National Romances of Latin America*. Berkeley: University of California Press, 1991.

_____. *One Master for Another: Populism as Patriarchal Rhetoric in Dominican Novels*. Lanham: University Press of America, 1983.

_____. *The Places of History: Regionalism Revisited in Latin America*. Durham: Duke University Press, 1999.

_____. *Proceed with Caution when Engaged with Minority Writing in the Americas*. Cambridge: Harvard University Press, 1999.

STAVANS, Ilan. *José Vasconcelos: The Prophet of Race*. New Brunswick: Rutgers University Press, 2011.

_____ (Org.). *The Norton Anthology of Latino Literature*. Nova York: Norton, 2010.

SWEET, James H. *Domingos Alvares, African Healing and the Intellectual History of the Atlantic World*. Chapel Hill: University of NorthCarolina Press, 2011.

_____. *Recreating Africa: Culture, Kinship and Religion in the African-Portuguese World, 1441-1770*. Chapel Hill: University of North Carolina Press, 2003.

TELLES, Edward Eric. *Race in Another America: The Significance of Skin Color in Brazil*. Princeton: Princeton University Press, 2004.

TELLES, Edward Eric; ORTIZ, Vilma. *Generations of Exclusion: Mexican Americans, Assimilation and Race*. Nova York: Russell Sage Foundation, 2008.

THOMAS, Hugh. *The Conquest of Mexico*. Londres: Pimlico, 1994.

THOMPSON, Robert Farris. *Flash of the Spirit: African and Afro-American Art and Philosophy*. Nova York: Random House, 1983.

THORNTON, John K. *Africa and Africans in the Making of the Atlantic World, 1400--1800*. Cambridge: Cambridge University Press, 1998.

_____. "African Soldiers in the Haitian Revolution". *Journal of Caribbean History*, Cave Hill, n. 25, pp. 59-80, 1993.

_____. "As guerras civis no Congo e o tráfico de escravos: A história e a demografia de 1718 a 1844 revisitadas". *Estudos Afro-Asiaticos*, Rio de Janeiro, n. 32, pp. 55-74, 1997.

———. "'I am the Subject of the King of Congo': African Ideology in the Haitian Revolution". *Journal of World History*, Honolulu, n. 4, pp. 181-214, 1993.

———. "On the Trail of Voodoo: African Christianity in Africa and the Americas". *Americas*, Filadélfia, n. 44, pp. 261-78, 1988.

TORRES-SAILLANT, Silvio. *An Intellectual History of the Caribbean*. Basingstoke: Palgrave Macmillan, 2006.

_____. "The Tribulations of Blackness: Stages in Dominican Racial Identity". *Callaloo*, Baltimore, v. 23, n. 3, pp. 1086-111, verão 2000.

TORRONI, Antonio et al. "Do the Four Clades of the mtDNA Haplogroup L2 Evolve at Different Rtes?" *American Journal of Human Genetics*, Nova York, n. 69, pp. 1384-56, 2001.

TROUILLOT, Michel-Rolph. "Abortive Rituals: Historical Apologies in the Global Era". *Interventions*, Baltimore, v. 2, n. 2, pp. 171-86, 2000.

_____. "Alter-Native Modernities: Caribbean Lessons for the Savage Slot". In: KNAUFT, Bruce (Org.). *Critically Modern*. Bloomington: Indiana University Press, 2002.

_____. "The Caribbean Region: An Open Frontier in Anthropological Theory". *Annual Review of Anthropology*, Palo Alto, CA, n. 21, pp. 19-42, 1992.

_____. "Coffee Planters and Coffee Slaves: From Saint-Domingue to Dominica". In: BERLIN, Ira; MORGAN, Phillip (Orgs.). *Cultivation and Culture: The Shaping of Slave Life in the Americas*. Charlottesville: University of Virginia Press, 1993.

_____. "Culture, Color and Politics in Haiti". In: GREGORY, Steven; SANJEK, Roger (Orgs.). *Race*. New Brunswick: Rutgers University Press, 1994.

_____. "Culture on the Edges: Creolization in the Plantation Context". *Plantation Society in the Americas*, New Orleans, v. 5, n. 1, pp. 8-28, 1998.

_____. "Discourses of Rule and the Acknowledgment of the Peasantry in Dominica, W.I., 1838-1928". *American Ethnologist*, Nova York, v. 16, n. 4, pp. 704-18, 1989.

_____. *Haiti, State against Nation: The Origins and Legacy of Duvalierism*. Nova York: Monthly Review Press, 1990.

_____. *Peasants and Capital: Dominica in the World Economy*. Baltimore: Johns Hopkins University Press, 1988.

_____. "Silencing the Past: Layers of Meaning in the Haitian Revolution". In: SIDER, Gerald M.; SMITH, Gavin A. (Orgs.). *Between History and Histories: The Making of Silences and Commemorations*. Toronto: University of Toronto Press, 1997.

TROUILLOT, Michel-Rolph. *Silencing the Past: Power and the Production of History*. Boston: Beacon, 1995.

TURITS, Richard Lee. *Foundations of Despotism: Peasants, the Trujillo Regime, and Modernity in Dominican History*. Stanford: Stanford University Press, 2003.

_____. "A World Destroyed, a Nation Imposed: The 1937 Haitian Massacre in the Dominican Republic". *American Historical Review*, Nova York, v. 82, n. 3, pp. 589-635, ago. 2002.

VASCONCELOS, José. *The Cosmic Race.*1925. 2 ed. Baltimore: Johns Hopkins University Press, 1997.

VAUGHN, Bobby. "Race and Nation: A Study of Blackness in Mexico." Stanford: Stanford University, 2001. Tese (Doutorado em Antropologia).

VEGA, Bernardo; PICHARDO, José del Castillo. *Dominican Cultures: The Making of a Caribbean Society*. Princeton: Wiener, 2007.

VELÁZQUEZ GUTIÉRREZ, María Elisa. *Juan Correa:"Mulato libre, maestro de pintor"*. Cidade do México: Consejo Nacional para la Cultura y las Artes, 1998.

_____. *La huella negra en Guanajuato: Retratos de afrodescendientes de los siglos XIX y XX*. Guanajuato: Ediciones la Rana, 2007.

_____. *Mujeres de origen africano en la capital novohispana, siglos XVII y XVIII*. Cidade do México: Universidad Nacional Autónoma de México, 2006.

VELÁZQUEZ GUTIÉRREZ, María Elisa; CORREA DURÓ, Ethel. *Poblaciones y culturas de origen africano en México*. Cidade do México: Instituto Nacional de Antropología e Historia, 2005.

VINSON, Ben. "African (black) Diaspora History, Latin American History — A comment". *Americas*, Berkeley, v. 63, n. 1, pp. 1-18, jul. 2006.

_____. *The African Diaspora in the Colonial Andes*. Washington, DC: Academy of American Franciscan History, 2006.

_____. "Afro-Mexican History: Trends and Directions in Scholarship". *History Compass*, Berkeley, v. 3, n. 1, pp. 1-14, 2005.

_____. "Articulating Space: The Free-Colored Military Establishment in Colonial Mexico from the Conquest to Independence". *Callaloo*, Baltimore, v. 27, n. 1, pp. 150-71, fev. 2004.

_____. *Bearing Arms for his Majesty: The Free-Colored Militia in Colonial Mexico*. Stanford: Stanford University Press, 2001.

_____. "Fading from Memory: Historiographical Reflections on the Afro--Mexican Experience". *Review of Black Political Economy*, Nova York, pp. 65-78, verão 2005.

_____. "Free-Colored Voices: Issues of Representation and Racial Identity in the Colonial Mexican Militia". *Journal of Negro History*, Washington, DC, v. 80, n. 4, pp. 170-82, outono 1995.

_____. "La categorización racial de los afromexicanos durante la época colonial: Una revision basada en evidencia referente a las milicias". *Memorias de la Academia Mexicana de la Historia: Correspondiente de la real de Madrid*, Madri, n. 44, pp. 27-53, 2001.

VINSON, Ben. "Los milicianos pardos y la construcción de la raza en el México colonial". *Signos Históricos*, Albuquerque, v. 2, n. 4, pp. 87-106, jul./dez. 2000.

_____. "Race and Badge: The free-Colored Militia in Colonial Mexico". *Americas*, Berkeley, v. 56, n. 4, pp. 471-96, abr. 2000.

———. "The Racial Profile of a Rural Mexican Province in the 'Costa Chica': Igualapa in 1791". *Americas*, Berkeley, v. 57, n. 2, pp. 269-82, out. 2000.

VINSON, Ben; KING; Stewart R. "Introducing the New African Diasporic Military History in Latin America". *Journal of Colonialism and Colonial History*, Baltimore, v. 5, n. 2, out. 2004.

VINSON, Ben; MILTON, Cynthia. "Counting Heads: Race and Non-Native Tribute Policy in Colonial Spanish America". *Journal of Colonialism and Colonial History*, Baltimore, v. 3, n. 3, pp. 1-18, 2002.

VINSON, Ben; RESTALL, Matthew. *Black Mexico: Race and Society from Colonial to Modern Times*. Albuquerque: University of New Mexico, 2009.

VINSON, Ben; VAUGHN, Bobby. *Afroméxico: El pulso de la población negra en México: Una historia recordada, olvidada y vuelta a recordar*. Cidade do México: Fondo de Cultura Económica, 2004.

WHITNEY, Robert. *State and Revolution in Cuba: Mass Mobilization and Political Change, 1920-1940*. Chapel Hill: University of North Carolina Press, 2001.

WUCKER, Michele. *Why the Cocks Fight: Dominicans, Haitians, and the Struggle for Hispaniola*. Nova York: Hill and Wang, 1999.

Índice remissivo

Os números de páginas em *itálico* referem-se a ilustrações

ação afirmativa no Brasil, 84-9
Acapulco, México, 107, 112, 120, 126
açúcar, indústria do: Brasil, 37; Cuba, 251-2; escravidão, 37; fim na América Latina, 25; Haiti, 219, *220*, 243, 246; Hispaniola, 94; México, 37; Peru, 37; República Dominicana, 177, *178*, 199; Revolução Haitiana (Rebelião Negra, 1791-1803), 252
Adams, John, 116, 198
Afonso I do Congo, 224
África Central, 43
africanidade: Cuba e, 280, 294, 305; descoberta ao ir a Nova York, 189; descoberta devido a privação ou carência, 139; Haiti e, 209, 216; invisibilidade e, 97, 117, 122, 160, 168, 282; México e, 98-100, 102, 106-7, 118-9, 130; movimentos de orgulho mestiço, 282; orgulho nacional, 281; Peru e, 157, 167; República Dominicana e, 188, 191, 195, 198, 200, 207; sociedades mestiças, 101-2
afro-americanos, 17, 20, 24, 30, 32-3, 106, 122-3, 138, 139, 143, 175, 190; contatos com pretos do Caribe e da América Latina, 20-5; jogadores de beisebol passando por cubanos, 24
afro-brasileiros, 35, 51-2, 62, 76, 80, 83-4, 86, 91, 95, 309
afro-cubanos, 252-3, 256, 259, 263-4, 268-71, 273-6, 279, 282, 286, 289, 291, 295, 297-8, 300-2
afro-dominicanos, 183, 187-8, 193, 198, 207
afro-mexicanos, 37, 92, 115, 117, 119--20, 122-3, 125, 129, 131-2, 134
afro-peruanos, 37, 135-9, 143, 154, 157, 158, 160-2, 164, 165, 166-71
agricultura, 234, 299

Aguirre Beltrán, Gonzalo, 311

Aguirre, Carlos, 139-41, 143, 148-9, 151, 153, 160-1, 312

Ainsi parla l'oncle (Price-Mars), 222

ajiaco, 279-82

Álbum áureo de Trujillo, O, 202

Albuquerque, Wlamyra, 65, 67

Alemanha, 19

Alexandre, Guy, 220-3

alfabetização, 212, 287, 293

algodão, colheita do, 154, 157

Alma do Peru negro, A (disco), 136

Along this way (Johnson), 23

Alves, Dora, 62-3

Amado, Jorge, 67

amárico, 19

América Latina (o termo), 17

Ameríndio e sua esposa negra, Um (quadro), *105*

Amo, Anton Wilhelm, 19-20

Angerona, plantation, 252-4

Angola, 34-5, 37, 41, 43, 47-8, 106, 129, 136-7, 223, 225

Argentina, 104

Aristide, Jean-Bertrand, 218

Arrelucea Barrantes, Maribel, 143, 145-6, 148

Artemisa, Cuba, 252

Aruba, 218

assistência médica: em Cuba, 286, 293; no Peru, 166

Associação Cultural da Juventude Peruana, 168

Associação Universal para o Progresso Negro (UNIA), 21

astecas, 109-10, 119

ativismo negro no Peru, 161-71

Baca, Susana, 136-9, 158, 163

Bacallao Villaverde, Francisco Antonio, 277

Bahia, 33-9, 41, 43-4, 48, 50, 53-5, 65, 67, 71, 87, 109, 256; *ver também* Salvador

Ballumbrosio, Chebo, 158-60, 170-1

Ballumbrosios, Los (conjunto musical), 157

"Bamba, La" (música), 106

Banco de Dados do Comércio Transatlântico de Escravos, 14, 34, 93, 213

Bandera, Quintín, 269-70

Barnet, Miguel, 304-5

batata, 136

Batista, Fulgencio, 283-4, 291, *295*

Beauvoir, Max, 224-5, *226*

Beauvoir, Rachel, 227, 229, 236, 238-9

beisebol na República Dominicana, 193-5, 207

Belo Horizonte, Minas Gerais, 62

Bencomo Pedroso, Juan, 267

Benin, 34, 41, 51, 137, 217, 268

Beyoncé, 112

Biografia de um escravo fugido (Barnet), 304

Blake (Delany), 21

Blakey, Art, 24

blocos afros na Bahia, 50-2

Bobo, Lawrence, 116

Bois Caïman ("Mata dos Jacarés"), Haiti, 227-9, 231, 237

Bolívar, Simón, 151-3

bossa-nova, 90

Boukman, 227-9, 231

Boyer, Jean-Pierre, *245*

"branqueamento", políticas visando ao, 58, 61, 64, 66, 72, 75, 81; em Cuba, 273; no México, 118; objetivos, 25

Brasil, 15, 29-91; ação afirmativa no, 84-9; açúcar, indústria do, 37; afro--brasileiros, 35, 51-2, 62, 76, 80, 83--4, 86, 91, 95, 309; amálgama racial, 29; Bahia, 35-9, 41, 43-4, 48, 50, 53--5, 65, 67, 71, 87, 109, 256; baía de Todos-os-Santos, 37; Belo Horizonte, 62; blocos afros, 50-2; branqueamento, políticas de imigração visando ao, 66, 72, 80; no Brasil, 51, 66, 72, 80; cabelo de negros, 62-3; candomblé *ver* candomblé; capas de revistas, 79; capoeira, 46, *47*, 48, 66, 90; Carnaval, 32-3, 36, 48-9, *50*, 51-2; categorias de cor de pele, 16, 26, 35, 64, 309, 311; Cidade de Deus, 80, 84, 90; classes no, 40, 59; cor como classe, sistema de, 65; cristianismo, 78; deuses africanos, 77-8; Diamantina, 54, *56*, 57-8; economia de plantation, 35; educação, 82-3, 89; escravidão, 14, 30, 33-5, 37-9, 54-5, 65-6, 68, 77, 83, 226; identidade cultural do, 67-8, 70-3; Ilê Aiyê, *49*, 50-3, *55*, 73; imigração japonesa, 66; interior do, 54-5, 57; Minas Gerais, 39, 54, 62, 65; miscigenação, 69; mobilidade social, 61; mulheres, 56-7; *ver também* Silva, Chica da; *negros de ganho*, 55; opinião de W. E. B. Du Bois sobre, 29; Pernambuco, 35, 55, 71; Porto Alegre, 33; proximidade da África, 37, 40; racismo, 34, 68, 76, 83; Recife, 71; Rio de Janeiro *ver* Rio de Janeiro; Salvador, 33, 37-8, 41, *42*, *49*, 65, 71; São Paulo, 33, 39, 50, 55; segregação, 83; teoria de democracia racial, 34, 69-73, 77, 81, 89-90

Brocos, Modesto, *74*

Broyard, Anatole, 61

Bryce-Laporte, Roy, 14

Buenos Aires, Argentina, 137

Bündchen, Gisele, 63

Cabral, Amílcar, 289

Cabrera, Alberto, *127*

café, indústria do, 25

Camero, Candido, 24

Campos Dávila, José "Cheche", 167-9

Camus, Marcel, 31

Canadá, 15, 229

candomblé, 41, 43, 45; aceitação, 45; catolicismo angolano e, 34, 41; em *Orfeu do Carnaval*, 32; Ilê Aiyê, 51--2; literatura do, 41; Olodumaré, 44; origens do, 33, 41, 43, 45, 268; perseguição, 66; trajes usados pelos adeptos, 36

Cap Haïtien, 219, 227, 236, 238, 240, 248

Capitein, Jacobus, 19

capoeira, 46, *47*, 48, 66, 90

Caribe, 14-5, 17, 20-5, 31, 37-8, 102, 173, 175, 179, 199, 212, 215, 231, 239, 246, 251-2, 275

Carillo, Mónica, *150*, 162-5, 167, 169--70

Carmen (moça mexicana), 108

Carmen Barcia, María del, 252, 253-4

Carnaval, 32-3, 36, 48, *49-50*, 52-3, 73, 90, 106, 275

Casa-grande & senzala (Freyre), 68, 71-2

castas, pinturas de, 100, *105*, 110-4

Castilla, Ramón, 154

Castro, Fidel, 251-2, 285-6, 288-9, 306--7

categorias de cor de pele: Brasil, 16, 26, 35, 64, 309, 311; cor como classe, sistemas de *ver* cor como classe, sistemas de; Cuba, 298, 320; Haiti, 222, 315-7, 319; México, 26, 109, 113, 311; Peru, 312; pinturas de *casta*, 100, *105*, 110-1, 112, 114; pobreza e, 27, 132, 161, 191, 195; "regra de uma gota", 26, 177; República Dominicana, 26, 190-1, 195, 313-4

catolicismo, 19, 34, 43, 45, 70, 90, 129, 173, 206, 223, 266; "catolicismo angolano", 34, 43

Césaire, Aimé, 25

Céspedes, Carlos Manuel de, 255-6

Chailloux, Graciela, 282-91, 300

Chevalier, Ercina, 201

Christophe, Henri, 19, 208, 216, *230*, 238-9, *240*, 243

Cidade de Deus, 80, 84, 90

Cidade de Deus (filme), 90

Cidade do México, 96, 109, 110, 118

Cimarrón, El (programa de rádio), 129

classes: no Brasil, 40, 59; raça e, 16, 59, 273; sistemas de cor como classe *ver* cor como classe, sistemas de; sociedades mestiças, 101-2

Clemente, Roberto, 194

Cofradía de los Congos del Espíritu Santo de Villa Mella, La, 191-2

Colômbia, 38, 136

Colombo, Bartolomeu, 174

Colombo, Cristóvão, 174-5, 178, 187, 192, 242, 252

colonialismo, 160, 206, 264

comércio triangular atlântico, 15, 17

Conferência Pan-Africana (Londres, 1900), 22

Congo, 18, 34, 43, 106, 224, 226, 239, 289-90

congos, 192, 224, 236

Congresso Pan-Africano (Paris, 1919), 22

Cooper, Anderson, 214

cor como classe, sistemas de: Brasil, 65; centralidade da raça, 16; Cuba, 297-301; enfraquecimento, 223; expectativas referentes a pessoas em posições elevadas, 121; Haiti, 209, 213, 222; justificativas pseudocientíficas para, 112; México, 101-3, 111-2, 121; República Dominicana, 200; sistemas mestiços, 101-2; *ver também* categorias de cor de pele

Cortés, Hernán, 94, 109

Costa Chica, México, 106, 115, 120-1, 125, 129, 131-2, 134

Costa do Ouro, 19

cozinha: cubana, 279; dominicana, 174

créole, 173, 206, 218, 221-3, 227, 229, 315

crise dos mísseis (Cuba), 286, 292

cristianismo, 34, 41, 43, 49, 78, 129, 192

Cristo *ver* Jesus Cristo

Cruz, Frank, 183

Cruz-Carretero, Sagrario, 92, 95, 100, 107, 114, 133

Cuajui, México, 125, 129

Cuba, 43, 251-307; açúcar, indústria de, 251-2; africanidade, 280, 294, 305; afro-cubanos, 252-3, 256, 259, 263, 264, 268-71, 273-6, 279, 282,

286, 289, 291, 295, 297-8, 300-2; *ajiaco*, 279-82; Angerona, plantation, 252-4; Artemisa (província), 252; assistência médica, 286; atletismo, 295; beleza natural, 252; categorias de cor de pele, 298, 320; cor como classe, sistema de, 297-8, 300-1; cozinha, 279; *cubanidad*, 280-2, 286, 293, 297, 299, 304-5; desigualdade, 285, 297-8; economia, 298; educação, 286, 288, 293, 300, 304; efeitos da Revolução Haitiana em, 252-3; elite branca, 264; embargo comercial, 286; embranquecimento, políticas de migração visando ao, 272-3; escravidão, 34, 251-3, 255; Espanha e, 255; filial da UNIA, 21; Guerra de Independência, 22; Guerra dos Dez Anos (1868--78), 255, 257; Guerra Hispano--Americana (1898), 23, 199, 260-2, 264; guerras de independência, 255-64; "Guerrinha" (1879-1880), 256, 259; Havana, 22, 252, 254, 256-8, 260, 262, 265, 269, 271, 273, *275*, 282-3, 290, 293, 298, 304; Henry Highland Garnet e, 20; intervenções militares na África, 289; "*Iquiriada*", 269; Ligas Negras de Beisebol, 24; mulheres, 291; música, 276-80; ocupação pelos Estados Unidos, 261-2, 264-6; Oriente (província), 254; Partido Independente de Color (PIC), 22-3, *263*, 273-4, *275*; perfil demográfico, 251-2; pobreza, 254, 298; raça, 293--4; racismo, 252, 259-62, 270-1, 273, 275-6, 286, 288, 291-2, 297-8, 300-1, 303, 305; raízes africanas, 269, 276, 280-1, 283, 304; relações raciais, 261-2, 264, 282-3, 291, 299, 301, 303-4; remessas vindas dos Estados Unidos, 299; Revolução Cubana, 289, 291-2, 305; santeria, 223, 265-9, *270*, 305; Santiago de Cuba, 255, 276, 289; segregação, 297; sistemas monetários, 300; son (gênero musical), 276-7; Taoro, fazenda, 267; turismo, 282, 300; União Soviética, queda da, 298; USS *Maine*, 260-2, 264; volta da segregação, 261

"Cubana Be, Cubana Bop" (música), 24

D'Ogeron, Bertrand, 219

Dajabón, República Dominicana, 204, *205*, 206

Dança zamacueca (quadro), *149*

Daomé, 41, 43, 225-6, 239

Davis, Benjamin O., 258

Davis, James, 52

Dawn, Marpessa, 32, 37

De la littérature des nègres (Grégoire), 19

Delany, Martin R., 21

Delatour, Patrick, 241-8

democracia racial: Brasil, 69-73, 77, 81, 89-90; e Gilberto Freyre, 32, 34, 38, 69-73, 90, 148; racismo e, 83

desigualdade em Cuba, 285, 297-8

"desracialização categórica", 132

Dessalines, Jean-Jacques, 210, 216, 236, *237*, 238-9

Detter, Thomas, 21

deuses: africanos, 41, 45, 78, 192; Elegua, 268; Esu Elegbara, 268; Exu, 29, 77-9, 91, 268; *iwa*, 44; Ochún (*santería*), 269; Ogum, 32; Olodumaré, 44, 267; Olorum, 78; Omulu, 50; orixás, 34, 43-5, 78, 267; Xangô, 266

Diamantina, Minas Gerais, 54, *56*, 57-8

Diederich, Bernard, 248-9

Dom Quixote (Cervantes), 18

Douglass, Frederick, 20-2, 139, 210-2, *213*, 258

Dreke, Victor, 289-92

Du Bois, W. E. B., 22-3, 29, 35, 67, 71, *235*

Duarte, Juan Pablo, 197-8, *200*

Dubois, Laurent, 212

Dumesle, Hérard, 228

Dumont, Henri, 271

Duvalier, François "Papa Doc", 247-8, 250

Duvalier, Jean-Claude "Baby Doc", 175

educação: no Brasil, 82-3, 89; em Cuba, 286, 288, 293, 300, 304

El Carmen, Peru, 155, 157-8

El Negrito (Lucky), 93

"El negro Juan Latino", 18

El Negro Mama (personagem da TV), *150*, 163-5, 169, 170

Elegua, 268

Eltis, David, 14, 93-4

"Enfoque tricontinental", 14

Equiano, Olaudah (Gustavus Vassa), 20

escravidão: abolição, 20, 48, 54, 65-6, 68, 116, 154, 165, 232, 238; açúcar, indústria de, 37; ascensão social, 143, 177-80, 182; Brasil, 14, 30, 33-5, 37-9, 54-5, 65-6, 68, 77, 83, 226; catolicismo romano e, 34; Colômbia, 38; Cuba, 34, 251-3, 255; escravos fugidos, 108, 120, 150; escravos libertos, 36, 55, 153-4; Espanha e, 129; Estados Unidos e, 15, 30; Haiti, 180, 220-1, 226, 246; *jornaleros*, 142, 151; José de San Martín e, 151; legados da, 83; manumissão, 39, 41; México, 37, 93-4, 116, 132, 136; *negros de ganho*, 55; Novo Mundo, 30; *palenques*, 150; Peru, 37, 93, 140-1, 143, 145-6, 148-9, 151, 153-4; República Dominicana, 174, 177-9, 225; Simón Bolívar e, 151, 153; sociedades agrícolas *vs.* pecuaristas, 179, 182; Toussaint L'Ouverture e, 236; urbana *vs.* rural, 142

"Escravo oitavão de Cuba, O" (Detter), 21

Escutia, Anacleto, *133*

Espanha: Cuba e, 255; escravidão e, 129; "hispanidade", 180; República Dominicana e, 182, 198, 207

Estados Unidos: escravidão nos, 15, 30; escravidão nos, 156; ocupação da República Dominicana, 199-201, 203-5, 207; ocupação de Cuba, 261-2, 264-6; ocupação do Haiti, 199, 246

Estenoz, Evaristo, 273-4, *275*, *278*

Esu Elegbara, 268

Etiópia, 18, 209

Eugênio IV, papa, 18

Europa, contatos africanos com a, 17-9

excepcionalismo afro-americano, 30

Exu, 29, 77-9, 91, 268

fandango, 104, 106-7, 184

Fernández Robaina, Tomás, 272-6, 297, 320

Ferrer, Ada, 257, 259, 261

festa de quinze anos *ver* quinceañera

Fick, Carolyn E., 233

Fierro Palas, Francisco "Pancho", 143, 145-6, *147*, 148, *149*, 158

Figueroa, Rafael, 104-7

fon, religião de voduns, 33, 43, 268; *ver também* vodu

Fort Dimanche, Haiti, 248, 249

Fox, Fox, Vicente, 123, *127*, 128

França, 19, 130, 166, 173, 180, 202, 209, 219-20, 230, 232, 234, 236, 238-9, 243, 245-6

Frederick Douglass (navio), 21

Fredericks, Edmund Fitzgerald, 22

Freyre Neto, Gilberto, 71-3, 77

Freyre, Gilberto, 67-8, 70-3; aeroporto com seu nome (Recife), 71; fontes, 72; impacto, 70-2; José María Vasconcelos e, 119; juventude, 67; *Quilombo* (revista), 77; teoria da "mestiçagem", 26; teoria da democracia racial, 32, 34, 38, 69-73, 90, 148

Fuente, Alejandro de la, 306

fumo, indústria do, 25

Funta (ou Ne Vunda), Antonio Emanuele, 18

Furtado, Júnia, 54-5, *56*, 57-8

futebol, 80, 90, 160, 173, 206, *278*

gado, criação de, 96, 179, 182

gagá, 226

Garnet, Henry Highland, 20

Garrido, Juan, 109

Garvey, Marcus, 21-2

Gates, Gemina Pena, 107

Gato Moré, Penélope, 265

Gillespie, Dizzie, 24

Glissant, Edward, 206

Gómez, Juan Gualberto, 21

Gómez, Máximo, 22, 271, 289

González, Elian, 251

González, Pablo, 93

Goytisolo Arreglada, Vincente, 264, *266*

Grau San Martín, Ramón, 283, 284

Grégoire, Henri, 19, 20

Gregorius, Abbas, 18

Grillo, Cristina, 309

Guanche Pérez, Jesús, 320

Guerra da Restauração (1863-1865), 198

"Guerra das Facas" (Guerre des Couteaux), 232

Guerra de Secessão (EUA), 30, 156, 210, 246, 271

Guerra dos Dez Anos (1868-1878), 255, 257

Guerra Hispano-Americana (1898), 23, 199, 260-1

Guerrero Saldaña, Vicente Ramón, 115

Guerrero, Adolfo, 176

Guerrero, Vicente, *133*, 154

"Guerrinha" (Cuba, 1879-1880), 256, 259

Guevara, Che, 289-90

Guilbaud, Tertullian, 22

Guillén, Nicolás, 24

Guridy, Frank Andre, 21

Guzmán, Daysi, 313

Hacienda Nigua, 177-8

Hacienda San José, 149, 154-5, 160

Haiti, 196-250; Abraham Lincoln e,

246; açúcar, indústria de, 219, *220*, 243, 246; africanidade, 209, 216; Bois Caïman ("Mata dos Jacarés"), 227-9, 231, 237; Cap Haïtien, 219, 227, 236, 238, 240, 248; Cap-Français ("Le Cap"), 219; categorias de cor de pele, 222, 315-7, 319; Cidadela, 240-4; como "pérola das Antilhas", 219; como Saint-Domingue, 180, 182, 232; comparação com a República Dominicana, 173, 180, 182, 205, 207, 219, 221; congos, 226, 236; constituições, 210; cor como classe, sistema de, 210, 222; *créole*, 173, 206, 218, 221-3, 227, 229, 315; Cristóvão Colombo e, 175; dia de são Tiago (25 de julho), 224; ditadura Duvalier, 247-8, 250; elite, 222; escravidão, 180, 220-1, 226, 246; "êxodo de cérebros", 249; Fort Dimanche, 248-9; Frederick Douglass e, 20-1, 211-2; fundadores negros, 216; gagá, 226; Guerra das Facas (Guerre des Couteaux), 232; independência (1804), 209, 232, 253; *ver também* Revolução Haitiana; James Weldon Johnson, 23; Mariani, 225; massacre de fazendeiros franceses, 238; música, 217-8; Napoleão Bonaparte e, 232; ocupação pelos Estados Unidos, 199, 246; oposição das nações ocidentais, 239, 243-7; pagamentos de reparações à França, 246; pan-africanismo, 210; papiamento e, 218; Petit-Goave, 219; pobreza, 209; Porto Príncipe, 175, 206, 209, 214-6, 219-20, 223-5, 229, 246, 248-9; rebelião negra (1791-

-1803) *ver* Revolução Haitiana; rejeição de vestígios da escravidão, 243; relações com a República Dominicana, 173, 196, 198-201, 203-4, 207, 219, 221-2; rivalidades entre mulatos e pretos, 210, 213; ruína econômica, 243; Sans Souci, 238-9, *240*; terremoto (2010), 214-5; Thomas Jefferson e, 208, 244; Tonton Macoutes, 247; tráfico de escravos, 214; Trou-du-Nord, 224; Vertières, 236; vodu, 25, 43, 221-2, 224-7, 229, 268; W. E. B Du Bois e, 22

"Haiti Espanhol" (República Dominicana), 196

Haiti: um drama do Napoleão negro (Du Bois), *235*

Hamilton, Alexander, 198

Harlem *ver* Renascimento do Harlem

Havana, 22, 252, 254, 256-8, 260, 262, 265, 269, 271, 273, *275*, 282, 290, 293, 298, 304

Hermanos de Causa, 301

Hernández, Judith, 95

Herskovits, Melville, 14

Heywood, Linda, 43, 224

Hidalgo, padre, 114, 115

hip-hop, 80, 158-9, 171, 301, 303, 307

"hispanidade", 180

Hispaniola: açúcar, indústria de, 94; divisão de, 219; ocupações pelos Estados Unidos, 199-203, 206, 246; rio do Massacre, 173, 203, *205*; tráfico de escravos, 94; Tratado de Basle (1795), 232; *ver também* Haiti; República Dominicana

Hughes, Langston, 24

Hume, David, 19, 212

Hurston, Zora Neale, 32, 139

identidade étnica índia, 175, 183, 187-8

Iglesias Utset, Marial, 262-3, 266, *277--8, 296*

Igreja Católica, 49, 110, 113, 197

Igreja Episcopal de São Filipe (Maryland, EUA), 13

Ilê Aiyê, *49*, 50-3, *55*, 73

imigração, políticas visando ao branqueamento, 25, 26, 118

incas, 135-6, 140, 159

indigenismo, 119, 188

índios/indígenas, 29, 33, 35, 54, 69-71, 90, 97, 101-4, 106, 109-10, 112-3, 115, 117-8, 132, 137-8, 140, 168, 173-4, 176-8, 188

Inglaterra, 20, 239, 243

iorubá, língua e religião, 32-4, 36, 41, 43-4, 50-1, 79, 265-9

"*Iquiriada*", 269

Itália, 19

Iturbide, Agustín de, 116

iwa, 44

Jackson, Jesse, 123, 128

Jackson, Michael, 203

Jamaica, 19, 20, 22, 179

japoneses no Brasil, 66

Jefferson, Thomas, 208, 212, 244

Jemmott, Glyn, 120-5, 134

Jesus Cristo, 120, 126, 141, *144*

João Jorge (fundador do Olodum), 51-2, *53*

João Luiz, Pai, 41, *42*, 43, 45-6

Johnson, James Weldon, 23

jornaleros, 142, 151

Juan Latino, 18

Kant, Immanuel, 212

Ku Klux Klan, 156, 212

Lansky, Meyer, 283, 284

latim, 18-9, 50

Latino, Juan, 18

Lemba, 176

León, Nicolás, 311

Libéria, 20

Ligas Negras de Beisebol, 24

Lima, Peru, 136-7, 139, 141, *144*, 146, 148-9, *152*, 160-1

Linares, Omar, 295-7, 300

Lincoln, Abraham, 116, 246

Lomas del Cielo, 194

Lotería Mexicana, La, 93

"Lucky" ("Sortudo", El negrito), 92-3, 134

Lumumba, Patrice, 289

LUNDU (Centro de Estudios y Promoción Afroperuanos), 162, 164

Luria, Sarah, 212

Maceo, Antonio ("Titã de Bronze"), 22-3, 216, 256-62, 269-73, 275, 280

Maceo, Marcos, 256

Machado, Gerardo, 22, 279, 283

Machu Picchu, 136, 159

mandingas, 135, 182

manumissão, 39, 41

Marcelin, Louis Lesley (Zhao), 217-8

Mardi Gras, 49-50, 147

Mariani, Haiti, 225

Marrero, Angel, 278

Martí y Pérez, José Julián, 259

Martín de Porres, são, 136

Martinez, Sabu, 24

Massacre, rio do, 173, 203, 205

Matory, J. Lorand, 16, 44, 51, 256

Mella, Ramón Matías, 198, *200*

Mello, Breno, 32

Memín Pinguín (personagem de quadrinhos), 123-4, *127*, 128, 134, 163
merengue, 174, 183-4, *185*, 186-7, 191
mestiçagem, 26, 40, 54, 65, 69, 101, 111-2, 132, 134, 190, 241; no México, 101, 132
Mestre Boa Gente (capoeirista), 46, *47*, 48
México, 92-134; abolição de raça como categoria oficial, 26, 116, 118; Acapulco, 107, 112, 120, 126; açúcar, indústria de, 37; africanidade, 98-102, 106-7, 118-9, 130; afro-mexicanos, 37, 92, 115, 117, 119-20, 122-3, 125, 129, 131-2, 134; astecas, 109, 110, 119; branqueamento, políticas de imigração visando ao, 118; categorias de cor de pele, 26, 109, 113, 311; Cidade do México, 96, 109-10, 118; *Cimarrón, El* (programa de rádio), 129; cor como classe, sistema de, 101-3, 113, 121; Costa Chica, 106, 115, 120-1, 125, 129, 131-2, 134; criação de gado, 96; Cuajui, 125, 129; El Negro Mama (personagem da TV), *150*, 163-5, 169-70; escravidão, 37, 93-4, 116, 132, 136; fandango, 104, 106-7, 184; Guerra de Independência, 114-5; Igreja Católica, 110, 113; *indigenismo*, 119; jogos de mesa, 93; La Lotería Mexicana, 93; Lucky (Sortudo, El negrito), 92-3; Memín Pinguín (personagem de quadrinhos), 123-4, *127*, 128, 134, 163; mestiçagem, 101, 132; mineração, 96; *morenos*, 99; movimento de orgulho negro, 129-30; movimento de "orgulho pardo", 119; Oaxaca,

99, *121*; pinturas de *casta*, 100, *105*, 110-2, 114; pobreza, 132; primeiro presidente negro, 116; racismo, 114, 122-3; relações raciais, 132; sotaques, 106; Tenochtitlán, 94, 109-10; Tlacotalpan, 103; Tlaxcala, 109; Toro de Petate, dança, 126; tráfico de escravos, 94, 96-7, 108, 114, 129; Veracruz, 95, *96-9*, 103, 106-8, 132-4; Yanga, 107
Minas Gerais, 39, 54, 62, 65
Minier, Maximiliana, 192
Minier, Román, 192-3
Mintz, Sidney, 14
miscigenação: Brasil, 69; Igreja Católica, 110, 113; na América Latina, 25
mobilidade social, 61, 143, 180
Morelos y Pavón, José María, 115-7, 216
morenos, 16, 99-101, 186
Motta, Zezé, 58, 74-6, 79
Moya Pons, Frank, 173, 177-80, 183, 189, 314
Moyano, María Elena, 165
Moyano, Marta, 165-70
Mpanzu a Kitima, 224
mulheres, 19, 36, 38, 56-7, 64, 104, 110, 146, 148, 150, 154, 156, 163, 172, 253, 291, 307
multiculturalismo no Peru, 168, 171
Muñoz Portela, Rafael, 297
música: blocos afros, 50-2; Cuba, 276-7, 279-80, 301, 303; fandango, 104-7, 184; Haiti, 217, 218; hip-hop, 80, 158-9, 171, 301, 303, 307; Los Ballumbrosios (conjunto), 157; merengue, 174, 183-4, *185*, 186-7, 191; parcerias raciais, 24; samba, 48, 50-1, 90; son, 277, 279-80

MV Bill (rapper brasileiro), 80-1, *82*, 83-5

Napoleão Bonaparte, 209, 232, 236
Nascimento, Abdias do, 76, 79, 83, 85, 91
Nascimento, Milton, 80
Négritude, movimento da (Paris), 25
negro (o termo), 101
negros de ganho, 55
Ne Vunda (ou Funta), Antonio Emanuele, 18
Neymar, 80
Nigéria, 33-4, 36, 37, 41, 43, 46, 217, 225

Oaxaca, México, 99, 121
Obama, Barack, 83, 89, 112, 116, 169
Ochún (*santería*), 269
Ogum, 32
Olodum (bloco afro), 51-3, 73
Olodumaré, 44, 267
Olorum, 78
Omulu, 50
Orfeu do Carnaval (filme), 31-3, 90
orgulho mestiço, movimentos de, 132, 187, 282
orgulho negro, movimentos de, 129
Orgy in rhythm (disco de Art Blakey), 24
orixás, 32-4, 43-5, 78, 267-8
Ortiz Matos, Yoxander, 293-4, 297
Ortiz, Fernando, 26, 222, 280, 304
Oviedo y Valdés, Gonzalo Fernández de, 94, 182

Pai João Luiz *ver* João Luiz, Pai
palenques, 150
Palma, Ana Peña, 154, 156

Palma, Juana Portilla, 154
pan-africanismo: candomblé *ver* candomblé; capoeira, 46, 48; comunidades intelectuais pan-africanas, 25; Haiti, 210
papiamento, 218
Partido Independiente de Color (PIC), 22-3, *263*, 273-5
Passagem do Meio (África — Novo Mudo), 307
"passar por branco", 59
Pelé, 80
pele, cor de *ver* categorias de cor de pele
Peres, Shimon, 89
Pernambuco, 35, 55, 71
"Pérola das Antilhas" (Haiti), 219
Peru, 135-172; açúcar, indústria de, 37; africanidade, 157, 167; afro-peruanos, 135-9, 143, 154, 158, 160-2, 164-71; ativismo negro, 161-2, 164--6, 168-9, 171; Ballumbrosios, Los (conjunto musical), 157; categorias de cor de pele, 312; colheita de algodão, 154, 157; destino negro, 160; El Carmen, 155, *157*, 158; escravidão, 37, 93, 140-1, 143, 145-6, 148-9, 151, 153-4; Guerra de Independência, 151, 153; Hacienda San José, 149, 154-5, 160; *jornaleros*, 142, 151; Lima, 136-7, 139, 141, *144*, 146, 148-9, *152*, 160-1; mineração, 140; multiculturalismo, 168, 171; *palenques*, 150; pedido de desculpas a cidadãos negros, 162, 164, 169; pobreza, 161; povos indígenas, 140; *quinceañera*, 170; racismo, 137, 139, 158, 160, 162, 164; tráfico de escravos, 136, 140, 161

Pétion, Alexander, 210, *211*
Petit-Goave, Haiti, 219
Pichardo, Franklin Franco, 199
"pigmentocracia", 102; *ver também* cor como classe, sistemas de
Pinkster, 147
Pizarro, Francisco, 140
plantation, 177, 200, 231, 234, 243, 252
pobreza: América Latina, 27; categorias de cor de pele e, 27, 132, 161, 191, 195; Cuba, 254, 298; Haiti, 209; México, 132; Peru, 161; República Dominicana, 191, 195
Porto Alegre, Rio Grande do Sul, 33
Porto Príncipe, Haiti, 175, 206, 209, 214-6, 219, 220, 223-5, 229, 246, 248-9
Portugal, 34, 58-9
Powell, Colin, 292
Pozo, Chano, 24
preto (o termo), 101
Price-Mars, Jean, 25-6, 222

Querino, Manuel, 21, 66-9
Quilombo (revista), 77
quinceañera, 160, 170
Quiñones, Tato, 298-300

raça: abolição como categoria oficial, 26, 116, 118; classe e, 16, 59, 273; cor como classe, sistemas de *ver* cor como classe, sistemas de; cor da pele *ver* categorias de cor de pele; Cuba, 292, 294; "desracialização categórica", 132; grossura dos lábios na categorização, 27, 312; "passar por branco", 59; *raça* (o termo), 30; séries de televisão sobre,

15; textura de cabelo na categorização, 16, 313
racismo: abolição de raça como categoria oficial, 26, 116, 118; Brasil, 34, 68, 76, 83; cabelo de negros, 62--3; comparação com a política, 131; Cuba, 252, 259-62, 270-1, 273, 275-6, 286, 288, 291-2, 297-8, 300--1, 303, 305; democracia racial e, 83; El Negro Mama (personagem de TV), *150*, 163-5, 169-70; experimentos em cadáveres, 271, 273; imagens de haitianos como Sambos, 189; Memín Pinguín (personagem de quadrinhos), 123-4, *127*, 128, 134, 163; México, 114, 122-3; Peru, 137, 139, 158, 160, 162, 164; República Dominicana, 189, 201; teste da sacola de papel pardo (EUA), 190
Rangel, Armando, 271-2
rap, 130-1, 302-3
"Raza cósmica, La" (Vasconcelos), 118
Recife, Pernambuco, 71
Redenção de Cam, A (Brocos), *74*
"regra de uma gota", 26, 177
Reis, João José, 37-9, 65
relações raciais: Cuba, 261-2, 264, 282--3, 291, 299, 301, 303-4; México, 132; pedido de desculpas a cidadãos negros (Peru), 162, 164, 169; República Dominicana, 179, 201; sociedades agrícolas *vs.* pecuaristas, 179, 182
religiões: afro-brasileiras, 33; candomblé *ver* candomblé; "catolicismo angolano", 34; catolicismo romano, 19, 34, 43, 45, 70, 90, 129, 173, 206, 223, 266; Cofradía de los Congos

del Espíritu Santo de Villa Mella, 191-2; cristãos evangélicos, 46, 228; cristianismo, 34, 41, 43, 49, 78, 129, 192; fon, 33, 43, 268; gagá, 226; religião iorubá dos orixás, 34, 35, 43, 267; santeria, 223, 265-8, *270*, 305; umbanda, 32-3, 41; vodu, 25, 43-4, 173, 206, 209, 221-5, *226*, 227-9, 266, 268

remessas de dinheiro para Cuba, 299

Renascimento do Harlem, 23-5, 61, 118

República Dominicana, 173-207; açúcar, indústria de, 177, *178*, 199; africanidade, 175, 188, 191, 195, 198, 200, 207; afro-dominicanos, 183, 187-8, 193, 198, 207; Altar da Pátria, 198, *200*; ancestralidade africana, 177; auto-identidade, 174-6, 189, 206; beisebol, 193-5, 207; categorias de cor de pele, 26, 190-1, 195, 313-4; Cofradía de los Congos del Espíritu Santo de Villa Mella, 191-2; como "Haiti Espanhol", 196; como São Domingos (colônia espanhola), 177-80, 182; comparação com o Haiti, 173, 180, 182, 205, 207, 219, 221; cor como classe, sistema de, 200; cozinha, 174; criação de gado, 179, 182; Cristóvão Colombo e, 174-5; Dajabón, 204, *205*, 206; elite, 222; escravidão, 174, 177-9, 225; Espanha e, 182, 198, 207; Frederick Douglass e, 20, 211-2; gagá, 226; Guerra da Restauração (1863-1865), 198; Hacienda Nigua, 177-8; haitianos na, 199-200, 203-4; Henry Highland Garnet e, 20; "hispanidade", 180,

182; identidade étnica índia, 175, 183, 187-8; imagens haitianas de Sambos, 189; independência, 174, 195-6, 198-201, 203-4; Lomas del Cielo, 194; massacre de haitianos, 203; merengue, 174, 183-4, 186-7; mobilidade social, 180, 182; movimento do orgulho mestiço, 187; ocupação pelos Estados Unidos, 199-201, 203-5, 207; opinião dos dominicanos sobre os haitianos, 221; pobreza, 191-2, 194; povos indígenas, 178; racismo, 189-91, 201; relações com o Haiti, 173, 196, 198- -201, 203-4, 207, 219, 221-2; relações raciais, 179, 201; São Domingos (cidade/capital), 174-75, *200*; sotaques, 107

Revolução Haitiana (Rebelião Negra, 1791-1803), 227, 229; açúcar, indústria de, 252; Bois Caïman ("Mata dos Jacarés"), 227; Boukman e, 227, 229; efeito sobre Cuba, 252-3; Frederick Douglass e, 21; planejamento da, 227; singularidade, 209; Toussaint L'Ouverture e, 231; vodu e, 229

Reyes, Israel, 129-31, 134

Richardson, David, 14

Rigaud, André, 232

Rijo, José, 193-5

Rio de Janeiro: bairros ricos, 79; capoeira, 46; Carnaval, 50; escravidão, 39; favelas, 80-1

Rivas, Sabrina María, 202-4

Robertson, Pat, 223

Robinho, 80

Rodríguez, Juan, 177, 187

Ronaldinho, 80
Ronaldo, 80
Rosario Sánchez, Francisco del, *200*
Rothman, Adam, 243
Roumain, Jacques, 25
Russell, George, 24

Saint-Domingue, 179-81, 222, 225-6, 232; *ver também* Haiti
Saint-Méry, Médéric Louis Élie Moreau de, 222, 315
Salvador, Bahia, 33, 37-8, 41, 49, 65, 71
samba, 48, 50-1, 90
San Martín, José de, 151-3
Sánchez, Rosario, 198
Sancho, Ignatius, 20
Santa Cruz, Nicomedes, 158
Santana, Francis, 183, *185*, 191
santeria, 43, 223, 265-9, 305
Santiago de Cuba, 255, 276, 289
São Domingos (cidade, capital da República Dominicana), 174-5, *200*
São Domingos (colônia espanhola), 177-80, 182; *ver também* República Dominicana
São Paulo, SP, 33, 39, 50, 55
Schomburg, Arturo, 23
Scott, Rebecca, 22
segregação racial, 31, 35, 69-71, 83, 284-5, 293, 297; no Brasil, 83
Self-determining Haiti (Johnson), 23
Sendero Luminoso, 165
Senegâmbia, 137, 225
Senghor, Léopold Sédar, 25
Señor de los milagros, El (quadro), 120, 141-2, *144*
Septeto Típico de Sones (conjunto musical), 276, *280*
Serra Leoa, 137, 225

Silenciando o passado (Trouillot), 238
Silva, Chica da, 57-9, *60*, 61-4, 74-6
Silva, Marilene Rosa Nogueira da, 85-7
Smith, James McCune, 61
Soandres (rapper), 301-4, 307
Sociedade de Civilização Africana, 20
son (gênero musical), 276-7
Sosa, Sammy, 203
sotaques, 106
Soyinka, Wole, 78, 168
Stovall, Suesan, 92-3
Suíça, 79

Taoro, fazenda, 267
Tenda dos milagres (Amado), 67
Tenochtitlán, México, 94, 109-10
"tese do sal", 95
Their eyes were watching God (Hurston), 32
Thompson, Robert Farris, 14-5, 17, 31
Thornton, John: catolicismo angolano, 34; origens do candomblé, 43; rebeldes contra Toussaint L'Ouverture, 236; tradução do discurso de Boukman, 231; tráfico de escravos no Peru, 137; vodu, 224
Tiago Maior, são, 224
Tlacotalpan, México, 103
Tlaxcala, México, 109
Tonton Macoutes (milícia haitiana), 247
Toomer, Jean, 61, 118
Toro de Petate, dança, 126
Torres Cuevas, Eduardo, 279-82
Torres-Saillant, Silvio, 183, 195-206, 245
Toussaint L'Ouverture: economia de plantation, 231-4; escravidão, 233-4; Frederick Douglass e, 21, 211;

"Guerra das Facas" (Guerre des Couteaux), 232; imagem de, *233*; mobilidade social, 180; monumento a, 216; oficiais militares, 234; parecer de Thomas Jefferson sobre, 244; prisão e morte, 234; rebeldes contra, 236; Revolução Haitiana (Rebelião Negra, 1791-1803), 231

tráfico de escravos: Angola, 34-5; Banco de Dados do Comércio Transatlântico de Escravos, 14, 34, 93, 213; batismo antes do embarque, 43; comércio triangular atlântico, 15, 17; criação de uma "identidade negra" pan-ética, 211; exame físico na chegada, 96; Haiti, 213; Hispaniola, 94; México, 93-4, 96-7, 107, 114, 129; número de escravos levados para o Novo Mundo, 14; papel das elites africanas, 17-8; Passagem do Meio, 307; Peru, 136, 140, 161; proximidade da África (Brasil), 37, 40; "tese do sal", 95; trecho de Cartagena, 136

Tratado de Aranjuez (1777), 219

Tratado de Basle (1795), 232

Tratado de Ryswick (1697), 219

Trou-du-Nord, Haiti, 224

Trouillot, Michel-Rolph, 238-9

Trujillo, Rafael Leónidas, 186, 201-4, 248

turismo em Cuba, 282, 300

Uhuru Afrika (disco), 24

umbanda, 32-3, 41

União Soviética, 285, 298-9, 302

USS *Maine*, 260, 264

Valdés, Carlos "Patato", 24

Vasconcelos, José María, 26-7, 92, 118--9, 132, 222, 281

Vassa, Gustavus (Olaudah Equiano), 20

Velasco, Luís de, 107

Velázquez, María Elisa, 110, 114

Venezuela, 23, 266

Veracruz, México, 95-6, *98, 99*, 103, 106-8, 132-4

Vertières, Haiti, 236

Vicente, Nelson Rivera, 267

Vinson III, Ben, 100, 111

vodu, 25, 43, 173, 206, 209, 221-9, 266, 268

"Vovô", Antônio Carlos, 51-2

Washington, Booker T., 21, 67

Washington, George, 115-6, 151, 198, 234

Weston, Randy, 24

Wheat, David, 136

Wheatley, Phillis, 19-21

Who is black? (Davis), 52

Williams, Francis, 19

Wilson, Woodrow, 199

wolof, 182

Woods, Tiger, 112

Woodson, Carter G., 67

Xangô, 266

Yanga, Gaspar, 108

Yanga, México, 107

Yoxander *ver* Ortiz Matos, Yoxander

Yvonnet, Pedro, 273-5, *296*

Zapata, Eduardo, 125-9, 134

Zurbano, Roberto, 300-1

1ª EDIÇÃO [2014] 1 reimpressão

ESTA OBRA FOI COMPOSTA PELA SPRESS EM MINION E IMPRESSA EM OFSETE
PELA GRÁFICA PAYM SOBRE PAPEL PÓLEN SOFT DA SUZANO S.A. PARA A
EDITORA SCHWARCZ EM FEVEREIRO DE 2021

A marca FSC® é a garantia de que a madeira utilizada na fabricação do
papel deste livro provém de florestas que foram gerenciadas de maneira
ambientalmente correta, socialmente justa e economicamente viável,
além de outras fontes de origem controlada.